LA CELEBRACIÓN DE LA EUCARISTÍA

Una guía ceremonial práctica
para el clero y otros ministros litúrgicos

Patrick Malloy

Traducido por Adrián Cardenás-Torres

Copyright © 2007 por Patrick Malloy
Todos los derechos reservados.

Ninguna parte de este libro puede ser reproducida o almacenada en sistemas electrónicos recuperables, ni transmitido por ninguna forma o medio, electrónico, mecánico, incluyendo fotocopias, grabaciones, u otros, sin previa autorización por escrito del Editor.

A menos que se indique lo contrario, las citas de las Escrituras aquí contenidas son de la Biblia *Dios habla hoy* ®, © Sociedades Bíblicas Unidas, 1966, 1970, 1979, 1983, 1996. Usadas con permiso. Todos los derechos reservados.

Impreso en los Estados Unidos de América.
Ilustraciones de Dorothy Thompson Perez
Diseño de la portada por Jennifer Glosser
Diseño interior por Vicki K. Black

Church Publishing Incorporated
19 East 34th Street
New York, NY 10016

Un registro de este libro está disponible en la Biblioteca del Congreso de los Estados Unidos.

ISBN-13: 978-1-64065-466-2 (encuadernación blanda)
ISBN-13: 978-1-64065-467-9 (libro electrónico)

La Celebración de la Eucaristía

CONTENIDO

Presentación por el Rev. Juan M.C. Oliver, PhD / vii
Prefacio / xi

PRIMERA PARTE: ORAR Y CREER

1. Una acción vale más que mil palabras 3
2. Rúbricas y costumbres..10
3. Principios en la toma de decisiones litúrgicas 18
4. El espacio litúrgico 31
   Al incorporar la liturgia en varios espacios / 37
5. Vestuario y utensilios 45
   El alba / 46
   Vestimentas eucarísticas / 48
   Utensilios / 55
6. El año litúrgico 66
   Orígenes y desarrollo / 69
   Prácticas pastorales / 74
   El ciclo pascual / 75
   El ciclo de la natividad / 80
7. Los ministerios litúrgicos 83
   La liturgia y el "mundo real" / 84
   Ministros litúrgicos asignados por las rúbricas del Libro de Oración / 86
   Ministros litúrgicos no mencionados de forma explícita en las rúbricas del Libro de Oración / 91

8. Posturas y gestos 98
    Orar / 99
    Sentarse / 100
    Caminar / 101
    De pie / 102
    La genuflexión / 103
    La reverencia / 103
    Arrodillados / 105
    Girarse / 105
    La señal de la cruz / 106
    Mirar / 107
    Traslado de objetos / 109
    Al intercambiar la paz / 109
    Besar / 110
    Incensar / 111

9. Lo más y lo menos 119
    Reunidos / 121
    Proclamar y responder / 122
    Rezar por el mundo y la Iglesia / 123
    Al intercambiar la paz / 124
    Al preparar la mesa / 124
    Al hacer Eucaristía / 126
    Al partir el pan / 128
    Al compartir los dones de Dios / 129

SEGUNDA PARTE: LA EUCARISTÍA DOMINICAL

10. Los ritos de apertura 133
    Reunidos / 135
    Elementos de los ritos de apertura / 140

11. La liturgia de la Palabra 143
    Las primeras lecturas / 145
    La proclamación del Evangelio / 148
    El sermón / 153
    El Credo Niceno / 155
    La oración de los fieles / 156
    La confesión de pecado / 159
    La paz / 160

12. La liturgia de la Santa Eucaristía 162
    Al preparar la mesa / 163
    Al hacer Eucaristía / 169
    La fracción del pan / 176
    Al compartir los dones de Dios / 178
    Después de la Comunión 185

13. Los ritos de cierre 186
    Panorama general / 187
    La bendición / 187
    Los anuncios / 189
    La despedida / 189
    La asamblea se retira / 190

14. La celebración del bautismo durante la Eucaristía del domingo 192
    El bautismo en la Iglesia de hoy / 194
    El agua: el símbolo principal en la celebración del bautismo / 195
    Símbolos bautismales opcionales / 199
    La liturgia bautismal / 200

La Celebración de la Eucaristía

CONTENIDO

Presentación por el Rev. Juan M.C. Oliver, PhD / vii
Prefacio / xi

PRIMERA PARTE: ORAR Y CREER

1. Una acción vale más que mil palabras 3
2. Rúbricas y costumbres 10
3. Principios en la toma de decisiones litúrgicas 18
4. El espacio litúrgico 31
   Al incorporar la liturgia en varios espacios / 37
5. Vestuario y utensilios 45
   El alba / 46
   Vestimentas eucarísticas / 48
   Utensilios / 55
6. El año litúrgico 66
   Orígenes y desarrollo / 69
   Prácticas pastorales / 74
   El ciclo pascual / 75
   El ciclo de la natividad / 80
7. Los ministerios litúrgicos 83
   La liturgia y el "mundo real" / 84
   Ministros litúrgicos asignados por las rúbricas del Libro de Oración / 86
   Ministros litúrgicos no mencionados de forma explícita en las rúbricas del Libro de Oración / 91

8. Posturas y gestos 98
   Orar / 99
   Sentarse / 100
   Caminar / 101
   De pie / 102
   La genuflexión / 103
   La reverencia / 103
   Arrodillados / 105
   Girarse / 105
   La señal de la cruz / 106
   Mirar / 107
   Traslado de objetos / 109
   Al intercambiar la paz / 109
   Besar / 110
   Incensar / 111

9. Lo más y lo menos 119
   Reunidos / 121
   Proclamar y responder / 122
   Rezar por el mundo y la Iglesia / 123
   Al intercambiar la paz / 124
   Al preparar la mesa / 124
   Al hacer Eucaristía / 126
   Al partir el pan / 128
   Al compartir los dones de Dios / 129

SEGUNDA PARTE: LA EUCARISTÍA DOMINICAL

10. Los ritos de apertura 133
    Reunidos / 135
    Elementos de los ritos de apertura / 140

11. La liturgia de la Palabra 143
    Las primeras lecturas / 145
    La proclamación del Evangelio / 148
    El sermón / 153
    El Credo Niceno / 155
    La oración de los fieles / 156
    La confesión de pecado / 159
    La paz / 160

12. La liturgia de la Santa Eucaristía 162
    Al preparar la mesa / 163
    Al hacer Eucaristía / 169
    La fracción del pan / 176
    Al compartir los dones de Dios / 178
    Después de la Comunión   185

13. Los ritos de cierre 186
    Panorama general / 187
    La bendición / 187
    Los anuncios / 189
    La despedida / 189
    La asamblea se retira / 190

14. La celebración del bautismo durante la Eucaristía del domingo 192
    El bautismo en la Iglesia de hoy / 194
    El agua: el símbolo principal en la celebración del bautismo / 195
    Símbolos bautismales opcionales / 199
    La liturgia bautismal / 200

PRESENTACIÓN

Es un honor y una alegría presentar a los lectores hispanohablantes este volumen del Rev. doctor Patrick Malloy, subdeán y canónigo para la liturgia y las artes en la Catedral de San Juan el Teólogo en Nueva York. Esperamos sea de buen uso a las hermanas y hermanos anglicanos latinos en Estados Unidos y por todo el anglicanismo.

No ha habido hasta ahora, al menos en español, un manual tan importante sobre la celebración anglicana de la Santa Eucaristía basado en los estudios de peritos litúrgicos desde el Concilio Vaticano II y la tradición anglicana del Libro de Oración Común de 1979, dos desarrollos que siguen teniendo repercusiones en la vida de las Iglesias anglicanas hoy y en el porvenir.

El Padre Malloy, profesor jesuita de liturgia antes de ser recibido como sacerdote episcopal, nos recuerda que la Eucaristía es la obra de la Iglesia completa y no sólo de las personas ordenadas. Esta es quizás la aseveración más profunda y contundente que transmite todo el libro: *todos* celebramos la Eucaristía juntos en una acción comunitaria facilitada por una variedad de líderes: lectores, acólitas, presidente, diacona, ujieres, intercesoras y músicos con la ayuda más amplia de todo el liderato parroquial, la cofradía del altar, etc. El o la obispa o sacerdote *presiden* en esta celebración comunitaria asistidos por una gama de otros ministros. Por esto en los estudios litúrgicos ya no decimos que quien preside "celebra". *Toda* la Iglesia celebra la Eucaristía. Una persona preside la celebración. Como consecuencia, es natural que la comunidad y sus maneras de expresarse —desde la decoración hasta los gestos, movimientos objetos y música— sean incluidos y respetados en el proceso de diseñar y preparar la celebración de la Santa Eucaristía.

Más aún, como señala el autor, "La liturgia, [es] ...la destilación en forma ritual de todo lo que significa ser discípulos de Cristo y miembros de su Cuerpo resucitado. El núcleo de la liturgia eucarística es el núcleo de la vida bautismal. Es un ensayo para vivir en el reino de Dios". Es decir, no solo celebra la Iglesia entera la liturgia; la liturgia manifiesta y celebra lo que la Iglesia es: la comunidad de personas bautizadas en la muerte y resurrección de Cristo, miembros de su Cuerpo resucitado, y su presencia continua en la historia.

Resultado de la experiencia pastoral y estudio académico del autor, el libro consiste de dos partes: La primera comienza con un análisis de cómo funcionan los ritos, que son mucho más que textos: son *eventos*. El autor no señala un solo estilo anglicano de celebración como la única manera de celebrar la liturgia, aunque *sí* hace referencia a ciertas reliquias persistentes del anglo-catolicismo decimonónico que ya no son adecuadas en una celebración anglicana —muchas veces ni siquiera en una romana. En su lugar, sienta bases y criterios aplicables a *todos* los estilos de celebración, desde los más "altos" a los más "bajos"; desde anglo-católicos a anglo-evangélicos, y otros más, como el estilo anglo-ortodoxo de la iglesia de San Gregorio Niceno en San Francisco, CA. Estas bases o principios son tan fundamentales que podría decirse que son universales y, estando profundamente ligadas a la teología y eclesiología del Libro de Oración Común, constituyen el meollo del libro.

A la luz de estos principios, Molloy describe cómo planificar y celebrar un evento vivo en el cual usamos textos, por supuesto, pero también otros medios de comunicación como el lugar, el espacio litúrgico, su decoración, los objetos y utensilios que usamos, la música y el canto, y el movimiento, las posturas y los gestos —no solo de quien preside, sino de la asamblea. Sobre todo recalca las *acciones* que la congregación lleva a cabo y que constituyen el rito: Reunirnos, proclamar la Palabra y responder, orar por el mundo y la Iglesia, traer ofrendas a la mesa, dar gracias, comer juntos y salir en misión al mundo. Todo esto ocurre en relación a la fe de la Iglesia: pues "la regla de oración determina la regla de la fe". En fin, como oramos es como creemos.

El tiempo litúrgico es también un medio de comunicación que nos ofrece diferentes miradas o ángulos de la acción amorosa de Dios para con Israel y en la vida, ministerio, predicación, servicio, sanaciones, milagros, perdón y finalmente arresto, tortura, ejecución y resurección de Jesús, el Cristo. Al final, Molloy señala también cuáles ministros son esenciales para una Eucaristía y cuáles opcionales según las rúbricas, y la relación entre lo que hacen en la liturgia y lo que hacen en la vida diaria.

La segunda parte del libro consiste de una descripción detallada, momento a momento, de las acciones arriba mencionadas, que constituyen la Santa Eucaristía siempre mencionando las posibles variaciones y distinguiendo entre lo obligatorio y lo opcional. Concluye con una descripción del rito bautismal cuando ocurre en la Santa Eucaristía principal de un domingo, tal y como dictan las rúbricas.

Cabe aquí una reflexión: siendo de origen anglosajón, es importantísimo que las recomendaciones del Padre Molloy tomen carne y hueso en la realidad *latina*. En nuestras culturas no siempre "menos es más" en la decoración del edificio, —ni en la retórica de una oración. Además, a veces el respeto al clero, característico de nuestros pueblos, no les permite asumir alegres su responsabilidad de contribuir de manera activa a la preparación y celebración de la liturgia —un reto que requiere suma habilidad pastoral de parte del clero para alentar, escuchar, notar y facilitar la participación del pueblo en el diseño y preparación del culto anglicano.

Es una alegría presentar esta publicación de Church Publishing Inc., la editorial de la Iglesia Episcopal, según trata de servir mejor a los anglicanos y anglicanas hispanohablantes de la Iglesia Episcopal y del anglicanismo global.

Rev. Juan M.C. Oliver, PhD
Guardián del Libro de Oración Común
La Iglesia Episcopal
Santa Fe, NM. Festividad de San Pedro y San Pablo, 2021.

PREFACIO

La editorial Church Publishing me pidió que escribiera un manual sobre la costumbre eucarística de la Iglesia Episcopal: un libro de instrucciones prácticas para ministros, laicos y ordenados, y para la congregación. He hecho más. Desde la Reforma, cierto grupo de anglicanos, y luego otros, han reclamado tener el conocimiento de la forma auténtica de celebrar la Eucaristía. No quise meterme en esa disputa.

Además, a este punto del desarrollo de la liturgia occidental, hay demasiadas ideas en movimiento como para que alguien se atreva a dar la última palabra. Los materiales litúrgicos oficialmente autorizados se multiplican, y los espacios litúrgicos se configuran en disposiciones siempre cambiantes.

Los episcopales (así como la mayoría de los demás grupos de cristianos) eran muy diversos cuando el actual Libro de Oración se dio a conocer en 1979. El Rito 13, la Quinceañera, los crematorios, los rituales para el divorcio, la suspensión del soporte vital, así como la bendición a las uniones del mismo sexo que hoy ocupan los titulares, son realidades contemporáneas que los creadores del Libro de Oración de 1979 no pudieron imaginar en el contexto de la oración común. Las otras grandes denominaciones también se encuentran viviendo en un mundo litúrgico nuevo y desafiante, aunque no aparezcan tan a menudo en los noticieros.

Los eruditos y pastores que coordinaron las experimentaciones y compilaron los hallazgos que condujeron al Libro de Oración Común de 1979 no eran ingenuos. Sabían que estaban creando un libro de oración para formar una Iglesia que viviría en un mundo inconcebible. Alguien muy listo dijo que las cajas de los libros de oración lanzadas a las puertas de casi todas las iglesias episcopales en aquel 1979 estaban llenas de bombas de tiempo. Hasta la fecha, siguen haciendo tic-tac de forma inaudible en alguna iglesia.

Los sabios y eruditos editores del Libro de Oración Común, inmersos en el rico caldo que finalmente hirvió en el Vaticano II, vislumbraron una Iglesia en la que el bautismo, no la ordenación, era el umbral para ser miembro con pleno derecho, en la que la voz de Dios pudiera venir de gente que nunca había tenido el derecho de hablar. Donde el rostro de Dios pudiera parecerse a una persona que ningún episcopal de cuna hubiera visto de cerca. Donde la voluntad de Dios podría amanecer primero en alguien que no fuera un sacerdote. Hoy, vivimos en un presente que los creadores del Libro de Oración vislumbraron en la niebla del futuro: demasiado lejos y demasiado nublado para que supieran exactamente lo que era; sin embargo, lo insinuaron.

En otro tiempo la gente discutió sobre el lenguaje del Libro de Oración tanto como lo hacemos hoy sobre el matrimonio igualitario. Hay quienes todavía lo hacen. Pero el lenguaje es lo de menos. El Libro de Oración Común de 1979 no era un odre nuevo para contener vino viejo, un nuevo modo de decir las mismas cosas de siempre. Algunos afirman que supuso una revolución. Tanto el odre como el vino eran nuevos. La revolución comenzó antes que la revisión del Libro de Oración, pero cuando salió el texto y llegó a las bancas, trazó un camino que llevaría la revolución al futuro. Este Libro de Oración Común fue, de hecho, una bomba de tiempo, y sigue haciendo tic-tac.

La liturgia es un asunto serio. No se trata de vestirse y desfilar, decir palabras peculiares y hacer cosas raras. Es una confrontación con Dios que cambia vidas. Y las vidas cambiadas cambian el mundo. Annie Dillard escribió que las congregaciones de los domingos son como niños con juegos de química, mezclando lotes de TNT. Son incapaces de advertir el poder que tienen en sus manos.

Este libro surge tanto de la experiencia pastoral como del estudio académico. A lo largo de seis años, la gente de la iglesia de la Gracia en Allentown, Pensilvania, se ha dado cuenta de que estaban tratando con explosivos, y los han manejado con cuidado. Han trabajado para celebrar la Eucaristía del domingo con la mayor autenticidad posible, reconociendo lo que está en juego. El rectorado ha sido mío, pero la liturgia ha sido nuestra. Literalmente, docenas de personas y, a veces, toda la parroquia, han considerado en oración cómo hacer que lo que hacemos el domingo refleje lo más plenamente posible lo que nosotros como cristianos episcopales creemos. Al mismo tiempo, hemos trabajado para que aquello que hacemos durante la semana sea coherente con lo que hacemos el domingo. Ya sea ajustando algún detalle menor o deshaciéndolo todo para recomenzar, lo hemos decidido juntos.

Los dos primeros capítulos de este libro establecen en términos generales cómo funcionan los ritos y, en particular, cómo funciona la Iglesia. La mayoría de casi todos los ejemplos son de la tradición episcopal. Con raras excepciones, las referencias a lo largo del libro corresponden a los propios textos litúrgicos y a algunos de los principales comentarios sobre ellos. El siguiente capítulo establece los principios de cómo una comunidad puede tamizar todos esos detalles mientras encuentra su propio camino. Los capítulos restantes de la primera parte consideran, desde perspectivas teológicas, históricas y de las ciencias sociales, los bloques de construcción del rito eucarístico: posturas y gestos, edificios, objetos, tiempo y los ministerios. Un esquema de lo que está al centro de la liturgia eucarística, proporcionando una matriz que permite centrarse en lo que es esencial y no distraerse con los infinitos detalles que pueden alejar el intelecto, el corazón y la imaginación de la esencia, que es nada menos que la presencia de Cristo.

La segunda parte, sobre la Eucaristía del domingo, es el "cómo", algo que Church Publishing quería en un principio. Esos capítulos no describen el modo de hacerlo; más bien, establecen un camino, salpicado liberalmente con opciones que, en un entorno pastoral particular, podrían ser mucho más convenientes. Solo en raras ocasiones me dispongo a decir que hacerlo de otra manera sería un error. Y, ya que una imagen realmente vale más que mil palabras, una colección de videos breves que ilustran lo que se describe en este libro se publicará en el sitio web de Church Publishing, http://www.churchpublishing.org/celebratingtheeucharist.

Los capítulos con instrucciones son tan descriptivos como prescriptivos. Describen, en su mayoría, lo que sucede el domingo por la mañana en la iglesia de la Gracia y en muchas otras iglesias episcopales. Los capítulos anteriores y posteriores no están desconectados; sin embargo, la liturgia que celebramos y la teoría que le da forma se alimentan entre sí. En casi todos los casos, es difícil decir qué fue primero. Los seminaristas se quejan a menudo de que sus estudios no tienen nada que ver con la vida en las trincheras, que la teoría no los prepara para la "vida real". Este es un esfuerzo para superar las discrepancias y mostrar que, en realidad, sí nos prepara.

❖ ❖ ❖ ❖ ❖ ❖ ❖

Fue Paul Marshall, el obispo de Bethlehem, quien me presentó a la gente de la iglesia de la Gracia, incluso antes de que fuera sacerdote. Cuando el obispo Marshall y yo nos conocimos, hace casi siete años, sintió lo que creía que era la voluntad de Dios y se propuso hacerla. Sabiendo muy bien el riesgo que estaba corriendo, siguió adelante, sin importarle el costo. Después, hace seis años, el obispo Marshall me ordenó sacerdote. Me dio el mayor regalo que jamás recibiré. Nunca había conocido tal gracia. Nunca pude agradecerle lo suficiente por abrir ante mí el camino de mi vida.

También agradezco a la maravillosa congregación de la iglesia de la Gracia, cuyo amor por la liturgia solo se compara con su amor por los pobres, y que reconoce a Dios tanto en la procesión hacia nuestro banco de alimentos como en la procesión hacia la mesa del cuerpo y la sangre de Cristo. He adorado en muchas de las comunidades litúrgicas más reconocidas de los Estados Unidos y he sido miembro de algunas de ellas, pero nunca he experimentado la alegría, ni he sido testigo de la honestidad o he sentido tan intensamente la presencia de Dios como cuando nos reunimos alrededor del altar en nuestra pequeña iglesia. A menudo se dice que a los ministros se les da más que a aquellos a quienes ministran. Ahora sé que es cierto.

29 de septiembre de 2007
Fiesta de San Miguel y todos los Ángeles

PRIMERA PARTE

ORAR
Y
CREER

Capítulo 1

UNA ACCIÓN VALE MÁS QUE MIL PALABRAS

En octubre de 2006, el gobierno de Corea del Norte realizó un ensayo nuclear subterráneo en desafío directo a una resolución de las Naciones Unidas. Mientras las naciones del mundo, individualmente y en consejo, denunciaban este acto aparentemente hostil, el gobierno de Corea del Norte condujo a su población a través de una serie de ritos elaborados, altamente sensoriales y cuidadosamente coreografiados. Estas eran liturgias seculares. Durante el día, miles de soldados marchaban en perfecto paso de ganso ante los monumentales retratos del presidente, Kim Jong-il. Por la noche, cientos de miles de marchantes que habían ensayado durante meses se preparaban, cada uno sosteniendo una antorcha ardiente, en perfecta formación a través de la campiña norcoreana. Nada de esto fue espontáneo. Era eminentemente litúrgico.

 Estas manifestaciones, como todas las movilizaciones políticas, pretendían tener un doble efecto: *expresar* algo y dejar una *impronta*. Los rituales norcoreanos estaban diseñados para no solo expresar el supuesto orgullo del pueblo hacia su gobierno y su logro nuclear, sino para persuadirlos. Estos dos efectos no estuvieron separados en el tiempo; existieron de forma simultánea. El conjunto de reivindicaciones expresadas por la población, así como el conjunto de reivindicaciones que se inculcaba en la población, eran idénticos, y el medio por el cual se expresaban era el mismo. La dinámica resultaba perfectamente simbiótica. A medida que se promulgaba el rito, se puede suponer, el orgullo de los coreanos crecía y, a medida que el orgullo de los coreanos crecía, los ritos ganaban un fervor que ninguna cantidad de ensayos podría haber fomentado. Decir qué fue primero, si el rito o el orgullo, es tan absurdo como fallar a favor del huevo o la gallina. La expresión ritual del orgullo, y el orgullo mismo, surgieron juntos en un movimiento uniforme.

Esta misma dinámica simbiótica opera en la liturgia cristiana. La relación entre la oración común y la fe común es dinámica. El título del famoso libro de Leonel Mitchell, que aquí traducimos como *La oración moldea la fe*, es cierto. Lo contrario también es cierto: la fe moldea la oración. Y así, como ese día en Corea del Norte, la liturgia expresa e inculca un conjunto de creencias y, lo que es más importante, una visión del mundo que la mayoría de las veces ni siquiera resultaría consciente para los participantes.

El primer Libro de Oración Común se creó precisamente porque los ritos medievales que este reemplazó no incorporaban las creencias emergentes y oficialmente sancionadas de la Iglesia inglesa. En otras palabras, los ritos medievales expresaban e inculcaban en la gente lo que se había convertido en una cosmovisión inaceptable. Los reformadores sabían que la teología reformada nunca echaría raíces entre las personas que celebraban ritos no reformados. Y así los ritos fueron cambiados. El resultado fue una colección de liturgias que expresaban y enseñaban una cosmovisión.

Las liturgias que los cristianos celebran hoy tienen el mismo efecto dinámico. Por eso, vale la pena dedicar tiempo a leer tantas palabras y explorar lo que toma poco más de una hora en la agitada actividad semanal de una congregación. Nada es más importante para la vida de una congregación que lo que sucede durante esa hora del domingo. Al nivel más pragmático, la liturgia del domingo es el único momento en la vida regular de una feligresía en el que todos se reúnen. De domingo a domingo, los miembros de la comunidad y los subgrupos dentro de esa comunidad viven sus vocaciones particulares dentro de su vocación bautismal. Sin embargo, el cuerpo histórico de Cristo, al igual que el cuerpo eclesial de Cristo, la comunidad de los bautizados en toda su diversidad se experimenta a sí misma en su totalidad. De este modo, la Eucaristía dominical es un momento crucial, tanto en la expresión que hace de sí la Iglesia, sobre lo que es, como en lo que se está transformando.

He aquí un ejemplo concreto de cómo esta dinámica puede entrar en juego con consecuencias reales en la vida de una parroquia real: Si la liturgia del domingo es en gran parte un asunto clerical, hecho por el sacerdote para el pueblo, de modo que el pueblo es un mero participante u observador antes que un actor clave, las posibilidades de que la parroquia crezca hasta convertirse en un grupo de ministros integrados, con iniciativa propia y con poder de decisión, se reducen considerablemente. La liturgia habrá expresado una visión del mundo y al mismo tiempo habrá inculcado la creencia de que "el padre sabe más", o "el sacerdote tiene todo el poder", o "nuestro trabajo como bautizados es esperar a que el clero hable para saber cómo responder", o "nosotros los laicos sabemos cómo ocuparnos 'de las tuercas y los tornillos' de esta operación, pero cuando se trata de Dios, es mejor dejarlo en manos de los profesionales". Siempre habrá un pequeño grupo de personas en cualquier congregación que, debido a la educación teológica, la historia personal o las relaciones personales con el clero, podrán superar los mensajes que tal liturgia expresa y moldea. Pero la liturgia es, precisamente, una oración común, que expresa y crea una vida común. Para la mayoría de la comunidad de fieles, el mensaje de la liturgia no es fácil de resistir.

Además, en cualquier asamblea dominical siempre habrá quienes no sean miembros de la iglesia, pero que han venido con la esperanza de encontrar algo que dé sentido y dirección a sus vidas. Son verdaderos participantes, pero normalmente mantienen una distancia segura, a menudo literal, del resto del grupo. La Eucaristía del domingo les facilita un panorama de lo que es la iglesia, o más bien, de lo que la iglesia aspira a ser. No es el único lugar donde pueden explorar la iglesia. Podrían visitar el comedor parroquial, por ejemplo, y ver la iglesia como una fuerza de cambio social y compasión. Podrían participar en un grupo de lectura entre semana y experimentar la iglesia como una comunidad de aprendizaje y exploración. Podrían observar la escuela dominical de los niños y ver a la iglesia como un agente que cuida de los vulnerables e incluye a todos, sin importar la edad. No obstante, todo lo que podría ver alguien en cualquiera de esos espacios, y muchos más, se exhibe en un momento con la Eucaristía del domingo. Lo que este curioso buscador ve no será perfecto, porque ninguna congregación es perfecta, pero verá lo que esta comunidad imperfecta se esfuerza por llegar a ser, lo que imagina cuando visualiza la vida en el reino de Dios.

La asamblea dominical de la iglesia, entonces, es el momento más importante en la relación de la iglesia local consigo misma y en su relación con el mundo. Si se hace bien, al ministrar en la Eucaristía dominical se facilita que la iglesia pueda verse y experimentarse a sí misma como el cuerpo en el que está creciendo y, a la vez, mostrar al mundo una imagen de cómo viven los seres humanos cuando el reino de Dios viene a la tierra como en el cielo. La liturgia, en otras palabras, es tanto formativa como evangelizadora. Experimentando lo mejor de sí misma, la comunidad se inspirará a la conversión. Mostrándose en su mejor momento, la feligresía inspirará a otros hacia la conversión. En la dinámica litúrgica, entonces, la formación y el evangelismo se fusionan. El domingo es el día en que la iglesia "vuelve a casa" e invita a los buscadores y curiosos a "venir y ver".

Para los cristianos anglicanos, la liturgia, especialmente la Eucaristía, es el momento central de la vida semanal de la comunidad. La liturgia es como un lente a través del cual los anglicanos ven el mundo. Presionados a resumir lo que creen, los anglicanos no suelen recurrir a fórmulas doctrinales o a los escritos de los teólogos fundadores. Se dirigen a la liturgia. A menudo citan una versión simplificada de la máxima de Próspero de Aquitania, *Lex orandi legem credendi statuat*, es decir: la ley de la oración establece la ley de la fe. La oración común establece la fe común. Es igualmente cierto, como hemos visto, que la fe común establece la oración común. La forma en que los anglicanos oran y creen son imágenes reflejas una de la otra.

La liturgia no es estática y atemporal, encarnando verdades eternas para la posteridad. Es orgánica. Da forma a las percepciones de la iglesia y es moldeada por las percepciones de esta última. Es el crisol donde el pasado y el presente se encuentran para los anglicanos, y donde se funden en algo nuevo, continuo con el pasado y, sin embargo, divergente de él en manera significativa. Esta relación dinámica entre teología y liturgia no se promulga en los niveles superiores del gobierno de la Iglesia, sino en las parroquias. La academia y los diversos organismos nacionales autorizados son clave para vigilar, examinar y juzgar lo que ocurre en las parroquias locales, pero las parroquias son el crisol en el que se forja la oración común, y cada vez más, con mayor fuerza. Si esto no fuera cierto, los ministros litúrgicos de las parroquias no serían muy importantes. Además, libros como este no serían necesarios. Las comunidades litúrgicas podrían simplemente ser informadas con precisión de lo que deben hacer por alguna autoridad designada, y se habría dicho la última palabra. Sin embargo, la interacción entre la liturgia y la fe se produce en el interior de la liturgia cuando ésta es celebrada. Es, esencialmente, un fenómeno de base parroquial. Su dinámica no se encuentra en un libro.

Mientras los anglicanos se definen a sí mismos en términos de oración litúrgica más que la mayoría de las otras tradiciones cristianas, la dinámica *lex orandi, lex credendi* es universal, y opera en todas las tradiciones cristianas, incluso en aquellas que negarían ser litúrgicas. Funciona por igual en las tradiciones que desprecian el propio término, "liturgia". Hasta las comunidades que dicen rendir culto con total espontaneidad utilizan frases comunes y repiten ciertos comportamientos, tal vez sin darse cuenta de que lo están haciendo. Un hecho antropológico y sociológico determina que, si los patrones rituales no evolucionan en un grupo, el grupo no sobrevivirá. La gente interioriza y luego exterioriza las reglas y patrones de su comunidad, incluso si piensan que no están siguiendo ninguna regla o patrón. Los cristianos no litúrgicos tienen una liturgia, aunque la llamen por otro nombre.

Al otro extremo del espectro de los cristianos "no litúrgicos" están aquellos que (como los anglicanos) son intencional y orgullosamente litúrgicos. Las Iglesias luterana, católica romana, ortodoxa y, cada vez con más frecuencia, algunas de las principales Iglesias protestantes, son conscientemente "litúrgicas". Rezan de acuerdo con un *ordo*, un patrón de culto que está inscrito en libros oficialmente difundidos. Se refieren a los textos de sus libros litúrgicos, así como a los textos de las Escrituras o a los escritos de sus teólogos fundadores, para definir lo que su tradición particular considera verdadero. Sin embargo, no solo los textos entran en juego en la liturgia. La liturgia no es el texto; la liturgia es el acontecimiento real.

En cierto modo, aquellos que dan forma a la liturgia y aquellos que participan voluntariamente en ella saben instintivamente que las palabras de la liturgia no representan la totalidad de la *lex orandi*. Saben que el entorno arquitectónico, los artefactos físicos y los actos corporales de la liturgia tienen al menos tanto significado y un impacto tan fuerte como las palabras de la liturgia. Cuando el movimiento de Oxford del siglo XIX y, más directamente, su contemporáneo, el movimiento de Cambridge, se dedicaron a reformar los edificios de la Iglesia, los objetos sagrados y los gestos, los disturbios se extendieron desde las iglesias inglesas hacia las calles. De forma instintiva, la gente supo que una nueva mentalidad teológica estaba surgiendo y siendo promulgada a través de canales visuales, táctiles, cinéticos e incluso olfativos. Todo esto ocurría de forma inequívoca, aunque no se había cambiado ni una palabra del Libro de Oración. El Parlamento debatió, los anglicanos se lanzaron anatemas unos contra otros, y los cristianos se juzgaron dignos del infierno, no porque alguien estuviera jugando con los textos, sino porque lo hacían con el ceremonial litúrgico.

Todos estos arcos góticos, altares cercados con barandillas y rejas, velas en el altar y ornamentos eucarísticos, pan ácimo e incienso, sacerdotes orientados de cara al este desde el lado oeste, en vez de sacerdotes de cara al sur desde el estrecho lado norte, todo esto indicaba que un cambio teológico fundamental estaba en marcha. Algunas personas se encontraban dispuestas a luchar por ello y otras tantas a luchar contra ello. Sin embargo, sin importar de qué lado se hallaran, sabían que el carácter esencial de la oración en común estaba siendo cambiado radicalmente, aunque no se añadía ni se quitaba ni una letra en el Libro de Oración. Es cierto que algunos tractarianos y anglocatólicos insertaron textos breves en las liturgias del Libro de Oración, pero esos textos no eran el centro de las batallas. Las batallas eran sobre lo que se hacía y dónde se hacía y con que se hacía, no sobre lo que se decía. En todas partes de la Comunión Anglicana, independientemente de la edición del Libro de Oración que la Iglesia nacional particular usaba, el cambio de los artefactos y la coreografía de la liturgia llevó a nuestros antepasados a los golpes.

Nuestros antepasados captaron instintivamente lo que a menudo pasamos por alto, aunque, como nosotros, quizás no sabían exactamente lo que veían. El significado se transmite no solo por las palabras de una página o, incluso, por la entonación de esas palabras en voz alta. El significado y el impacto de la liturgia vienen principalmente de la interacción dada en el escenario, los objetos, los estímulos sensoriales, y, por supuesto, los textos, pero difícilmente los textos solos. Las palabras, impresas o habladas, pueden, de hecho, ser secundarias. Como ha señalado Gordon Lathrop, profesor de Liturgia en el *Seminario Teológico Luterano de Filadelfia*, el significado litúrgico se produce en la yuxtaposición de una cosa contra otra. Los textos son sólo una de las muchas cosas que la liturgia yuxtapone. Lo que hacemos en la liturgia, no solo lo que decimos, expresa lo que creemos. Lo que creemos encuentra su expresión no únicamente en lo que decimos en la liturgia, sino en lo que hacemos. Como rezamos, así creeremos, y como creemos, así rezaremos. Los desfiles del Tercer Reich alemán no podrían haber cambiado a nadie que no estuviera dispuesto a ser cambiado. Pero, seguramente, muchos de los que inicialmente se resistieron al programa nazi fueron convencidos poco a poco de que, al menos lo consideraran, por los convincentes despliegues rituales de la identidad nazi. Los ritos hicieron que el mensaje no solo fuera agradable, sino irresistible. La combinación de un fuerte ritual cargado de significado y un grupo de participantes abiertos a la transformación dio lugar a la conversión.

Semana tras semana, la liturgia es celebrada por una feligresía. Semana tras semana, la liturgia con sus sutiles mensajes asalta y da forma a la congregación. La posibilidad de que nada cambie en el pueblo o en la liturgia es escasa. Nada menos que los ritos del Tercer Reich, o los ritos de los programas de los Doce Pasos, o los ritos celebrados en Corea del Norte en 2006, la liturgia está orientada hacia el cambio y producirá cambios, incluso cuando el cambio no sea bienvenido o reconocido. Casi siempre, el cambio que se produce como resultado de un evento litúrgico, ya sea un cambio en los participantes o un cambio en los ritos, es tan infinitesimal que pasa inadvertido. Solo con el tiempo, y durante largos períodos, se hace evidente que se ha producido una transformación y, para entonces, ya es demasiado tarde para deshacerla.

Los cambios que tienen lugar en la liturgia reverberan más allá de esa hora crucial del domingo. La liturgia es una especie de "ensayo". En, y a través de ella, la Iglesia, mediada por el rito, se comporta como aspira siempre a hacerlo, pero de una manera muy estilizada y controlada. El intercambio de la paz, por ejemplo, rara vez es un evento real de reconciliación entre enemigos, sino que es un gesto estilizado que permite a la feligresía ensayar la manera de llegar con amor a quien esté cerca. Por ese mismo acto de "ensayo", la iglesia puede crecer, aunque solo sea mediante los más mínimos incrementos, hasta ser lo que aspira llegar a ser. La práctica hace la perfección, o mejor dicho, la práctica impulsa a la Iglesia a ir más allá en el camino hacia una perfección que nunca puede alcanzar.

El bautismo convierte a la Iglesia en el Cuerpo de Cristo. La Eucaristía forma a la Iglesia para poder vivir lo que real y verdaderamente es. La Eucaristía es el aspecto continuo de los sacramentos de iniciación, ya que continúa lo que el bautismo comienza: la incorporación de la Iglesia a Cristo. No es una mera afirmación teológica, sino una afirmación práctica, psicológica y sociológica. La liturgia cambia a la Iglesia.

La fuerza central de la liturgia, por supuesto, es la gracia. En primer lugar, la gracia motiva la participación en la liturgia y, dentro de la liturgia, esta se encuentra también presente. La gracia; una relación con Dios sea consciente o no; es tanto la condición previa como la oferta de la liturgia. Sin la gracia, la liturgia cristiana es hueca, y la participación fructífera en ella es imposible. La liturgia, como todo lo bueno de la vida, es un ejemplo de gracia. La gracia, sin embargo, no opera aparte de la acción humana. Opera a través de ella. Todo lo que llevó al visitante o al creyente a la puerta de la iglesia es la gracia, y todo lo que dentro de la liturgia mueve al visitante o al creyente más allá en la acción salvadora de Dios en Cristo es la gracia. Nada de esto es puramente humano, pero todo es enteramente humano. La invitación personal a un amigo para que venga algún domingo, el comentario directo sobre cuánto amas tu parroquia, o bien el anuncio en las páginas amarillas que lleva a un interesado a la puerta son, todas a la vez, acciones humanas e instrumentos de la gracia divina.

Lo mismo ocurre dentro de la propia liturgia. El magnífico sermón, el himno conmovedor, los esplendorosos vitrales; son todos a la vez, el florecimiento de la acción humana y el derramamiento de la gracia divina. El momento de gracia en la liturgia que abre el corazón o la mente del ser humano, que desencadena la imaginación humana, que obliga a la respuesta humana, es precisamente un momento lleno de gracia. De esta manera, el gesto de ser solidarios ante Dios con otros cuya teología no es como la nuestra, o cuyas personalidades no nos gustan, eso también es gracia. Toda la acción litúrgica es sacramental, no solo el pan y el vino consagrados. En todas las realidades concretas de la vida humana que se ponen en movimiento en la Eucaristía, cuerpos humanos, palabras humanas, gestos humanos, objetos humanos, percepciones humanas, emociones humanas, comida y bebida humanas. la realidad divina está presente y disponible. La gracia impregna todo el evento litúrgico. Todo lo que conduce a la Comunión no es un requisito previo para hacer comida y bebida llenas de gracia. En cada momento, en cada acción, en cada objeto, hay gracia presente en lo más básico y ordinario.

Cada miembro de la congregación, sin importar quiénes son o cuál es su función en la liturgia, es una instancia de la gracia hecha carne. La gracia se hace presente de una manera única a través de las acciones de lectores, acólitos, diáconos y diáconas, sacristanes, solistas, y todos los demás ministros de la liturgia. A menudo pasada por alto, pero la más básica de todas es la gracia hecha presente a través de las muchas acciones de la asamblea en su totalidad. El sacerdote es también una instancia concreta y específica de la humanidad a través de la cual la gracia se hace real. Para los anglicanos, por muy clerical que parezca, creemos que la gracia que se hace presente a través de la acción humana del sacerdote que preside es única.

Hay un gran peligro en sobre enfatizar la importancia o el "poder" del sacerdote que preside. No menos peligroso, sin embargo, es tratar el papel a la ligera. Los niños pequeños de la congregación corren a veces hacia mí, me abrazan y me llaman Jesús. Es gracioso, pero no es una broma. Quien preside la Eucaristía está de pie en medio de la asamblea como un símbolo de Cristo. Quien preside es un símbolo del cuerpo místico de Cristo y un símbolo del cuerpo glorificado de Cristo. La persona que preside modela la postura de la Iglesia ante Dios, y la postura de Dios en Cristo hacia la Iglesia.

Desinterés, humildad, reverencia, valentía, transparencia, amor: estas son las actitudes del Cristo glorificado ante el mundo, y, del mismo modo, son las actitudes que la Iglesia, el Cuerpo de Cristo, aspira a encarnar ante su salvador. Los ministros litúrgicos, ordenados o no, son iconos de ambos. El narcisismo, la prepotencia, la pretensión piadosa, las lisonjas, el recelo y el altivo desdén no tienen cabida en un ministro litúrgico digno. Es evidente que todos los ministros litúrgicos ejercen un poder significativo en la Iglesia, pero el sacerdote que preside, sobre todo si es también el predicador, tiene un poder único para determinar si la liturgia encarna los más altos ideales de la Iglesia, y si lo hace con tal intensidad y vigor que difícilmente puede ser resistida. Como dijo Robert Hovda, el liturgista pastoral católico romano americano del siglo XX, quien quizás más que cualquier otra persona anunció para todas las iglesias una nueva pero antigua visión de lo que es presidir el culto común: los que presiden la liturgia deben esforzarse por ser "fuertes, amorosos y sabios". Todo está en esas pocas palabras.

Todos quienes preparan cualquier rito: visionarios, diseñadores, técnicos, son cruciales para la eventual capacidad del rito de suscitar apertura, vulnerabilidad, confianza, rendición y, finalmente, incorporación a lo que el rito representa. Pero más allá de todos ellos, son los que llevan el rito a la práctica quienes determinan si el rito hará realmente lo que se supone que debe hacer. Una buena planificación no sustituye a una buena puesta en práctica. Este no es un libro de instrucciones para los ministros litúrgicos. La gracia no es lo mismo que la magia, ni la liturgia es hacer hechizos. Este es un libro sobre cómo los seres humanos que son elegidos para presidir y, de varias maneras para dirigir y animar la oración común de la iglesia, pueden usar todo lo que son, la plenitud de su humanidad, en el servicio de la manifestación de Dios en el mundo. Así pues, incluso cuando exploramos cómo un sacerdote eleva el pan eucarístico, o cómo un acólito sostiene las manos durante la oración, o cómo un turífero balancea un incensario, debajo de todo esto hay una pregunta más básica: ¿Cómo puede un ministro litúrgico utilizar lo que es humano, mundano y concreto para que una feligresía pueda abrirse a la gracia que Dios está ofreciendo, y recibir lo que se ofrece libremente? Esto es, salir a encarnar a Cristo en el mundo.

Capítulo 2

RÚBRICAS Y COSTUMBRES

Hace poco, durante un ensayo justo antes de la liturgia, un sacerdote me preguntó si debía incensar la cruz junto con el pan, el vino y las ofrendas monetarias durante el ofertorio. ¿Quién lo decide? ¿Qué reglas se aplican? Las rúbricas del Libro de Oración Común mencionan el incienso solo una vez, pero aun así el texto no dice qué hacer con él (ver Dedicación y consagración de una iglesia, LOC 469). Como estábamos apurados por el tiempo, y la liturgia iba a comenzar, recurrí al más completo y más ampliamente aplicado conjunto de reglas litúrgicas occidentales, las rúbricas del rito romano. Le dije que el rito romano del Vaticano II no había incluido el incensar la cruz, pero que la revisión de 2003 sí lo hace. Dijo que realmente no le importaba el rito romano, pero al final, la incensó. ¿Había elegido bien o mal? ¿Quién lo determina?

No sé por qué decidió incensar la cruz. Quizás tenía claro ciertos principios litúrgicos, antropológicos o teológicos en mente. Tal vez simplemente decidió hacer lo que había visto antes. El "siempre lo hemos hecho así" es quizás, más de lo que nos gustaría admitirlo, la base de buena parte de nuestras decisiones litúrgicas. Es probable que deseara incensar la cruz como un acto de devoción personal. O pudo hacerlo por razones puramente estéticas o por un efecto dramático. No lo sé. Si hubiésemos contado con tiempo para razonarlo, podríamos haber buscado los principios que guían la decisión de incensar la cruz o de incensar cualquier otra cosa. Pero no había tiempo, así que le di una respuesta basada en las reglas más simples de mi arsenal.

Los episcopales, claro, no están obligados por las rúbricas romanas, o por cualquier otra rúbrica que no sea la nuestra. El problema es que tenemos muy pocas. El Libro de Oración Común es vago, y de forma deliberada, sobre lo que se supone debemos hacer cuando llevamos a cabo la liturgia. Durante la redacción del actual Libro de Oración americano, y el período de experimentación y pruebas en las parroquias, que se llevó a cabo mientras se refinaban los borradores, la Comisión Litúrgica Permanente, recogió continuas reacciones "desde el terreno". Las notas sobre los borradores y los informes sobre las experimentaciones se recogieron en una serie de folletos enumerados, denominados *Prayer Book Studies*, folletos que aparecieron a lo largo del período de revisión. El *Prayer Book Studies IV* se refería a la Eucaristía. Se distribuyó ampliamente, y la Comisión recogió y depuró las reacciones. Luego, en el *Prayer Book Studies XVII*, los comisionados describieron su muy consciente decisión, en vista de las respuestas que habían recibido, de mantener las rúbricas al mínimo.

> Las rúbricas en el *Prayer Book Studies IV* mostraban una tendencia muy marcada hacia la fijación del ceremonial, especialmente la de las posturas del celebrante y del pueblo. Muchos acogieron esto como un paso hacia la clarificación de la confusión. Otros lo resaltaron como una intrusión innecesaria y una limitación de lo que debería permanecer libre y abierto a las costumbres y elecciones locales…
>
> La Comisión ha tratado de enfrentar el problema de forma objetiva y ha llegado a la conclusión unánime de que debe continuarse con la tradición del Libro de Oración de ser abiertos con respecto al ceremonial. Esta opinión no es una mera concesión a la dificultad de lograr cualquier norma básica sobre la práctica en una Iglesia como la nuestra, con su profunda aversión a la uniformidad autoritaria en asuntos que son esencialmente "indiferentes". Se deriva de nuestra convicción de que la época actual es de cambio y experimentación litúrgica, que está afectando a toda la cristiandad. A pesar de las dificultades e inconvenientes para muchos fieles, creemos que las nuevas experimentaciones y usos de prueba nos ayudarán a largo plazo a establecer pautas de culto más significativas en la era moderna, y nos darán flexibilidad en el actual fermento ecuménico de renovación litúrgica. Un intento de "congelar" el ceremonial en el momento actual podría alejarnos de valiosas ideas y posibilidades de desarrollo, ya que se están dando dentro de los intercambios de nuestra tradición anglicana y de los compañeros cristianos de otras comuniones.[1]

Y así se dejaron vacíos donde pudieron haber estado las rúbricas. La liturgia, sin embargo, como la naturaleza, aborrece el vacío. El liturgista y orientalista jesuita Robert Taft ha dicho que los "puntos blandos" de la liturgia, los momentos en que algo tiene que suceder además de la lectura de un texto, tienden a acumular material provisional y, con el tiempo, ese material se fija. Las liturgias de los libros de oración están llenas de puntos débiles, que invariablemente se rellenan con ceremonial. Entonces lo que se ha añadido se vuelve "firme". Las partes blandas se solidifican. Olvida por un momento que has celebrado la Eucaristía en una iglesia episcopal. Borra de tu memoria "cómo se hace". Luego, toma un libro de oración y observa con nueva mirada las acciones que el texto ordena

---

1. *Prayer Book Studies XVII* (New York: Church Pension Fund, 1966), 24s.

realmente, las que identifica como opciones, y las que prohíbe. No encontrarás mucho. De este modo, la gente crea rúbricas y las importa y, con el tiempo, estos comportamientos, aunque una vez fueron innovaciones, se vuelven cuasi-canónicos. Todo el mundo, o casi todo el mundo, olvida que alguna vez se hizo de otra manera. Incluso pueden llegar a creer que no se puede hacer de otra forma. Llegan a pensar que cualquier otro modo sería menos que "piadoso y decente". Desde 1549, cuando el prefacio del primer Libro de Oración Común vio la luz, ningún anglicano comprometido ha querido quedarse corto en cuanto a la piedad y la decencia en la Iglesia.

Hace poco empecé una clase para aspirantes a sacerdotes y diáconos pidiéndoles que enumeraran, sin abrir el Libro de Oración Común de 1979, las rúbricas del principio del Rito II de la Eucaristía. Estaban seguros de que una procesión de los ministros era obligatoria, y que el Libro de Oración enumeraba el orden en el que debían venir por el pasillo. La versión de las rúbricas de la página 277, impresa en sus cerebros, incluía las palabras "coro revestido" y "crucifijo y antorchas". Recordaban claramente la instrucción de que la congregación debía estar de pie cuando la procesión entrara. También podían ver las palabras "preludio" e "himno de entrada", y sabían que había una instrucción de que algo debía ser reverenciado, aunque discutían sobre qué era. ¿Era la cruz, la mesa o el sacramento reservado en el altar? No se hallaban seguros de eso, pero de todo lo demás sí, y en eso existía total acuerdo.

En realidad, casi ninguna de estas instrucciones está en el Libro de Oración. El Rito II de la Eucaristía comienza con un "himno, salmo o antífona" opcional. Luego, con la gente de pie, la persona que preside dice la aclamación de apertura. Eso es todo. Todo lo demás que los aspirantes a clérigos podían ver tan claramente en su edición mental del Libro de Oración no se encontraba en la edición de papel y tinta del Libro de Oración autorizada en 1979. Las acreciones que enumeraron no son aberraciones, pero tampoco están en el Libro de Oración. Esto simplemente muestra que, al poner en práctica el Libro de Oración, la gente necesariamente inserta "rúbricas", es decir, instrucciones de lo que se debe hacer. A menudo, con el tiempo, asumen que las instrucciones están realmente impresas allí bajo la autoridad de la Convención General. A veces la gente escribe estas reglas para sí o para sus parroquias. Normalmente no lo hacen. Aunque escriban o no lo que deciden hacer, lo deciden, y es obligación hacerlo. Si no lo hicieran, los episcopales se reunirían el domingo por la mañana y ni siquiera sabrían cómo empezar.

Pronto, muchos de mis estudiantes serán ordenados al diaconado y al sacerdocio, y algunos se encargarán de las congregaciones. Los cánones de la Iglesia Episcopal dan a los rectores un control singular sobre cómo se celebra la liturgia en la parroquia. Liberados de la ilusión de que el Libro de Oración proporciona instrucciones explícitas sobre cómo debe comenzar la liturgia, se darán cuenta de que la propia comunidad debe decidir cómo comenzará, cómo y en qué orden se ensamblará, con qué acompañamiento musical, y todo lo demás. Y eso es solo el comienzo. Después de estos primeros minutos, el servicio durará a menudo más de una hora. La decisión subyacente que esta parroquia y su rector tendrán que tomar sobre su culto es: ¿Cómo lo decidimos? La verdad es que todo sacerdote tiene que guiar a las congregaciones a través de esas decisiones. Incluso dejar las cosas como siempre han sido, es tomar una decisión sobre cómo se desarrollará la liturgia. "La manera en que siempre lo hemos hecho" es una elección. No es una obligación.

Existen al menos, tres vías para tomar decisiones litúrgicas: tomarlas sobre la marcha, adoptar los patrones de alguna otra tradición o adoptar un conjunto de principios que permitan a la propia comunidad decidir con responsabilidad. La primera opción suele dar lugar a un caos. La segunda puede proporcionar alternativas interesantes que pueden expandir la propia experiencia, pero cuando esas prácticas se adoptan a gran escala y de manera arbitraria, sin pensar con detenimiento en su lugar dentro de una congregación episcopal, pueden restringir como una camisa de fuerza. Solo la tercera opción proporciona una forma duradera y sensata de tomar decisiones litúrgicas. Cualquier persona encargada de preparar, dirigir o servir a la congregación durante la liturgia necesita tener una forma basada en principios para decidir qué acciones implantar o no en los interminables "puntos blandos" de las liturgias del Libro de Oración Común. Y para que esos principios den forma al culto de una congregación particular con efectividad, deben ser entendidos y adoptados por todos (o la mayoría) de los miembros, y no permanecer como preferencias privadas y misteriosas de quien preside.

El Libro de Oración Común no es el único texto litúrgico que guarda silencio sobre el comportamiento ritual. Como la primera (y muchos dirían preeminente) liturgia en inglés, el *Prayer Book* ha influido en otros cristianos que rinden culto en inglés. Sus libros, también, son generalmente vagos sobre cómo se debe hacer la liturgia. El admirable *Libro de Culto Común de la Iglesia presbiteriana* (1993), por ejemplo, solo da esta directriz para comenzar el Servicio del Día del Señor: "Todos pueden estar de pie cuando el ministro(s) y otros líderes del culto entren". El *Libro de culto luterano* de 1978 solo dice: "Pónganse de pie... Se canta el himno o salmo de entrada... El ministro saluda a la congregación".[2] *El Culto evangélico luterano* (2006), el sucesor del *Libro de culto luterano* apenas es un poco más directivo. Una de las opciones sobre cómo comenzar el servicio de Comunión dice: "La asamblea se pone de pie. Todos pueden hacer la señal de la cruz, la señal que se marca en el bautismo, al comenzar el ministro que preside" (ELW, 94). Comparen estas instrucciones libres con las rúbricas introductorias de la misa romana:

> Después de que el pueblo se haya reunido, el sacerdote y los ministros se dirigen al altar mientras se canta el himno de entrada. Cuando el sacerdote se acerca al altar, hace la acostumbrada reverencia con los ministros, besa el altar y (si se usa incienso) lo inciensa. Luego, con los ministros, va a la silla. Después del canto de entrada, el sacerdote y los fieles permanecen de pie y hacen la señal de la cruz...

Incluso muchos más detalles se dan en el *Instrucción general del misal romano*, la costumbre oficial que guía la celebración de la Eucaristía en la Iglesia católica romana, que

---

2. Para expandir estas instrucciones adicionales, la Editorial Augsburg publicó *Manual on the Liturgy: Lutheran Book of Worship*. Sin embargo, no fue una publicación oficial de los organismos luteranos la que autorizó el *Book of Worship*.

llena los vacíos y elimina la ambigüedad de frases como "la reverencia acostumbrada". Lo explica todo, de modo que se deja poco al azar. Y a medida que pasa el tiempo y la liturgia romana reformada de los años 60 se reforma en sí misma, cada vez se deja menos al azar. La extrema especificidad del rito romano puede ser restrictiva y plantear serios desafíos a una comunidad local que trata de apropiarse de la liturgia. Ese es un extremo del espectro rubricado. En el otro extremo están los ritos que casi no ofrecen direcciones. Estos plantean retos igualmente serios para las comunidades que desean celebrarlos de manera "piadosa y decente". Como todos los desafíos, pueden ser un pozo en el que se puede caer o una oportunidad que hay que aprovechar.

Cuando el arzobispo Thomas Cranmer y sus colaboradores compilaron las primeras ediciones del Libro de Oración, se inspiraron con mayor fuerza en los libros litúrgicos del uso de Sarum, la liturgia romana tal como se celebraba en la diócesis de Salisbury (o Sarum en latín). Los libros del uso de Sarum, como otros libros litúrgicos medievales, aparecían muy rubricados. Las rúbricas se imprimían dentro de los propios ritos con tinta roja (y de ahí el nombre de "rúbricas"), en los prefacios de los libros litúrgicos y en los libros de instrucciones oficiales y suplementarias llamados "costumbres". Las rúbricas no dirigían las palabras que debían decirse durante la liturgia, sino las acciones que debían realizarse. Casi exclusivamente, las instrucciones iban destinadas al clero. Los libros medievales tenían poco o nada que decir sobre lo que el resto de la gente hacía, ya que no se consideraban importantes, y mucho menos esenciales, para la realización de los ritos. Los reformadores, sin embargo, estaban convencidos de que estas rúbricas fomentaban la superstición y la escrupulosidad dentro de los ritos que se habían convertido en actos de magia más que en expresiones de fe ante un Dios que salva libremente. Los reformadores se opusieron a las liturgias que (según ellos) fomentaban el temor de que la salvación requería no solo la aceptación del don de la gracia en Jesucristo, sino la ejecución fastidiosa de rituales arcanos. La famosa frase "hocus pocus" es una corrupción de la frase litúrgica latina *Hoc est enim, corpus meum*: "Este es mi cuerpo". "Hocus pocus" es como sonaba para el pueblo la oración murmurada de los sacerdotes. La liturgia se había convertido en un complejo sistema de "palabras mágicas" emparejadas con "gestos mágicos". Los reformadores, especialmente los más radicales, fueron tras la raíz y las ramificaciones de las rúbricas de la liturgia medieval.

Cranmer y sus asociados también recortaron drásticamente las rúbricas, pero no de forma tan implacable como muchos de sus homólogos continentales. Los reformadores ingleses suprimieron la mayoría, pero no todos los gestos. Cranmer retuvo solo lo que podía defender con base en la antigüedad o la necesidad práctica. Para muchos anglicanos, no fue suficiente. Los de tendencia más protestante amenazaron con abandonar la Iglesia, a menos que se eliminaran los pocos gestos que quedaban; finalmente, se fueron. Los puritanos se oponían, en particular, al uso de la capa y del manto, a arrodillarse para la Comunión, a la entrega de un anillo en el matrimonio y a signar la cruz en la frente durante el bautismo. Veían estos actos como restos de una religión corrupta que no era el verdadero cristianismo, y no podían soportarlos.

Estas luchas litúrgicas fueron el telón de fondo del Asentamiento Isabelino, el intento de la reina Isabel I de crear formas litúrgicas tolerables para todos, excepto los más protestantes y de tendencia romana. El Libro de Oración Común de 1559, promulgado durante su reinado, es reconocido por algunos como una maravilla de compromiso e inclusión litúrgica, y por otros como un triunfo de la ambivalencia. Lo que está fuera de duda es que la liturgia era lo suficientemente agradable para la mayoría de sus súbditos como para que, al menos, pudieran ir a la iglesia el domingo sin sentir que violaban sus conciencias. Parte de lo que hizo que estas liturgias tuvieran éxito fue su capacidad de ser implementadas de varias maneras, sin comprometer lo que el Libro de Oración pretendía.

Con regularidad, desde la publicación del Libro de Oración Común de 1559, los anglicanos se han tomado libertades, no tanto con lo que dicen durante la liturgia, sino con lo que hacen. Algunos han sido sumamente obedientes a las rúbricas, aunque son pocos; otros han introducido comportamientos más allá de las rúbricas, afirmando que lo que no está prohibido está permitido; algunos, por principio, han ignorado algunas de las pocas rúbricas que hay. Mucho de lo que algunos anglicanos añadieron al ritual del Libro de Oración fueron las mismas ceremonias que los reformadores detestaban.

Los reformadores ingleses probablemente nunca imaginaron el nivel de complejidad litúrgica que los ritos del Libro de Oración podían acumular y que, con el tiempo, se convertiría en algo habitual en las iglesias anglicanas. Desde la Reforma, decenas de guías completas, algunas de las cuales se han convertido en clásicos anglicanos, se han escrito para saber cómo celebrar realmente los ritos del Libro de Oración. Estas ceremonias no oficiales son libros de rúbricas que podrían estar en el Libro de Oración, si realmente hubiera rúbricas tan extensas en ese texto. Cada ceremonial es diferente, respaldado por un conjunto específico de principios y suposiciones, pero pocos de esos principios son alguna vez establecidos explícitamente. Por lo general, los ceremoniales simplemente dicen lo que se debe hacer, como si fuera la ley, pero nunca dicen por qué.

Como hemos visto antes, cuando las directrices de estos ceremoniales se aplican en la liturgia, no solo afirman una teología y determinada visión del mundo particular, sino que son un medio para transmitirlas. Todos los rituales expresan e inculcan las creencias, desde el uso de bandas de predicación (o bandas de Ginebra), hasta persignarse al nombrar a la Trinidad, o la reverencia ante el altar o el sacramento reservado. Todos los innumerables comportamientos rituales que los anglicanos realizan cada día muestran un conjunto de creencias teológicas, y al mismo tiempo, las propagan sutil y gradualmente. La ausencia de estos gestos rituales, y sobre todo el rechazo explícito y consciente a incluirlos, también constituye una declaración teológica e imparte una visión teológica del mundo. Esta es la afirmación anglicana de que la creencia y la liturgia se reflejan mutuamente en una relación circular, mutuamente determinante, y que en el "cómo rezamos" interviene algo más que las palabras del Libro de Oración. "Cómo rezamos" es la liturgia real, que necesariamente incluye elementos más allá de lo que se encuentra en la página impresa. Los anglicanos siempre han sabido esto y, por lo tanto, han atendido cuidadosamente a lo que la gente hacía en realidad cuando iban a la iglesia, no solo a lo que decían.

Los ceremoniales, ya sea para todo el Libro de Oración o solo para ritos específicos en él, proliferaron especialmente durante el tiempo del Renacimiento católico del siglo XIX. Fue una época en la que los eruditos, primero de Oxford y luego de Cambridge, se fascinaron con lo que la Reforma inglesa había abandonado conscientemente. Creían que, como resultado de lo que se había perdido, la Iglesia se había vuelto piadosamente tibia y teológicamente racionalista, y anhelaban lo que imaginaban era la intensa devoción religiosa y el misticismo de la Edad Media. Creían que restaurar algo de la liturgia medieval constituía la forma más segura de restaurar la intensidad de la piedad medieval. Con ese fin, explicaron en detalle la manera cómo debía hacerse la liturgia, basándose en cómo entendían sus antecedentes medievales. Más tarde, en los barrios industriales de Inglaterra, los sacerdotes que trabajaban con los indigentes fueron más allá del comportamiento ritual y de los artefactos descartados en la Reforma, y se apropiaron de lo que veían como el auténtico desarrollo orgánico de los ritos medievales: la liturgia católica romana posterior a la Reforma. Incluso, más allá de la liturgia, enseñaron y animaron a los anglicanos a emular las costumbres devocionales del catolicismo romano. Esto incluía acreciones extralitúrgicas italianas que ni siquiera existían cuando la Iglesia de Inglaterra y la Iglesia de Roma se separaron. Tal elaboración ritual del Libro de Oración Común fue el pináculo de lo que se ha llegado a conocer como el movimiento anglocatólico. Es irónico que muchos de los gestos introducidos en el siglo XIX, ahora vistos como parte integral de la liturgia anglicana, fueron suprimidos enérgicamente por Cranmer y sus colegas. Aún más notable, muchas de las costumbres fueron importadas de la Contrarreforma de la Iglesia católica romana, que estaba en proceso de denunciar las órdenes anglicanas como "absoluta y totalmente nulas".

Los movimientos de Oxford, Cambridge y el anglocatólico no fueron las únicas revoluciones que surgieron del terreno de la insatisfacción religiosa del siglo XIX. El igualmente importante movimiento litúrgico, una revolución pastoral y académica que envió simultáneamente a los eruditos y pastores anglicanos y católicos romanos a una búsqueda de autenticidad litúrgica bajo la luz de las prácticas y la teología de la Iglesia primitiva, cambiaría la forma en que los anglicanos, los católicos romanos y los miembros de todas las demás tradiciones cristianas históricas entendían y celebraban la liturgia. El movimiento litúrgico compartía con los movimientos de Oxford, Cambridge y el anglocatólico una preocupación pastoral por los creyentes ordinarios, así como un sentido de que la solución para muchas de las deficiencias modernas del cristianismo se encontraba en el pasado. Los proponentes del movimiento litúrgico, sin embargo, se remontaban en la historia hasta más allá de la Edad Media. Gracias a los avances en la arqueología y la erudición textual, fueron capaces de efectuar un intenso retorno a las fuentes que idealizó la era patrística. Al establecerse en una etapa muy anterior a las disputas teológicas que dieron origen a la Reforma, el movimiento litúrgico identificó un terreno común donde casi todas las tradiciones cristianas podían mantenerse en cierta armonía. Las liturgias de los primeros siglos, y, especialmente, las del siglo IV, cuando la liturgia pública formal de la Iglesia occidental surgió por primera vez y adquirió gran parte de la dignidad de la corte imperial, se convirtieron en el modelo que estimularía la mayoría de las principales tradiciones cristianas.

Después de más de cien años de investigación, fermentación y experimentación, a finales del siglo XX se crearon nuevas liturgias que se basaban en gran medida en las evidencias históricas, litúrgicas y teológicas que el movimiento litúrgico había desenterrado y explorado. Estos ritos se formaron y estudiaron con las herramientas de historiadores, antropólogos, sociólogos, psicólogos, lingüistas y especialistas en liturgia, a medida que las iglesias intentaban aprovechar lo más antiguo y lo más moderno, lo que era más duradero y lo que iba surgiendo.

Dejando de lado la cuestión de si la tradición litúrgica de la Iglesia primitiva merece tal emulación, es evidente que estas nuevas liturgias tienen un parecido asombroso; algunas son esencialmente indistinguibles, a pesar de cruzar las líneas denominacionales. Junto con la similitud de los propios ritos, ha surgido una visión litúrgica ecuménica común. La polémica de la Reforma no se ha resuelto, pero por lo general se ha relegado tras una teología y una comprensión comunes de cómo se debe promulgar la liturgia y por qué. Más que en ningún otro momento desde la Reforma, en el siglo XXI ya es posible discernir un patrón litúrgico normativo occidental.

Las liturgias de las numerosas nuevas revisiones del Libro de Oración Común en las iglesias de la Comunión Anglicana, la mayoría todavía escasas en rúbricas, pueden ser celebradas de muchas maneras. Para quienes dirigen el culto en estas iglesias anglicanas las preguntas permanecen: ¿Cómo hacemos estos ritos? ¿Quién lo decide? ¿Qué reglas se aplican? En esta coyuntura histórica de la Iglesia occidental, no solemos buscar respuestas en una época pasada que ha sido denominada como "dorada", ya sea la medieval o la patrística. Tampoco nos dirigimos a la época de la Reforma, cuando se crearon los primeros libros de oración, una época de discordia y agitación teológica durante la cual mucho de lo que se decía y hacía era reactivo, no creativo. En cambio, nos fijamos en el consenso ecuménico que ha surgido de forma constante durante los últimos cincuenta años. Es un consenso dinámico, forjado a medida que las nuevas liturgias se han ido conformando a la luz de las antiguas, según las comunidades las han puesto en marcha, y a medida que los estudiosos han reflexionado sobre la experiencia real de la Iglesia en la oración. Los principios en los que se basa este libro provienen de este período de surgimiento, de las muchas y variadas respuestas que todas las tradiciones cristianas han dado en concilio, en el aula y en la iglesia el domingo. Es en torno a estos principios que nos dirigimos hoy.

Capítulo 3

PRINCIPIOS EN LA TOMA DE DECISIONES LITÚRGICAS

PRIMER PRINCIPIO
Toda la asamblea celebra la liturgia.

El Libro de Oración Común de 1979 se refiere constantemente al sacerdote que preside en la Eucaristía como "el celebrante". En 1979, esto representaba la recuperación de un término antiguo. Reemplazó a las dos palabras "sacerdote" y "ministro" que se usaban en el Libro de Oración Común de 1928, el predecesor inmediato del actual Libro de Oración. El término "celebrante" fue adoptado de manera similar en los libros litúrgicos que surgieron durante esa misma época por muchas otras iglesias, tanto de la Comunión Anglicana como de otras tradiciones. Sin embargo, desde aquellos primeros días en que se publicaron los nuevos textos litúrgicos, prácticamente todos los escritos importantes sobre la liturgia han utilizado la palabra "presidente" o un término derivado para referirse al ministro que dirige el servicio. Esto es consistente con el uso más antiguo. Por ejemplo, Justino Mártir, que en el siglo II registró nuestra primera descripción de lo que los cristianos hacíamos el domingo, habla del "presidente de la asamblea". En los Estados Unidos, donde la palabra "presidente" tiene obvios matices culturales que chocan con la comprensión que la Iglesia tienen respecto al papel de quien preside la liturgia, el neologismo *presider* ("quien preside") es el término aceptado. *El culto evangélico luterano*, el libro litúrgico oficial de la Iglesia evangélica luterana en Estados Unidos, publicado en 2006, ha adoptado la expresión "ministro que preside". En la Iglesia de Inglaterra, los libros litúrgicos recientes usan "presidente".

Sustituir "quien preside" por "celebrante" no es una nimiedad semántica. Habla de una mentalidad que afecta a la forma en que se desarrolla la liturgia y el impacto que puede tener en la vida de una comunidad. Si se entiende que el sacerdote es el celebrante, entonces los demás en la asamblea pueden percibirse como observadores o, en el mejor de los casos, asistentes del que está "al frente". La eclesiología del Libro de Oración Común es que en toda la vida de la Iglesia, incluyendo la liturgia, todos los bautizados son miembros activos, no pasivos, del Cuerpo de Cristo. Una clave para invitar a toda la asamblea a asumir su papel dinámico en la vida de la Iglesia es permitirle asumir su papel activo en la liturgia. Para ello, la persona que preside debe concebirse a sí misma como un miembro de la asamblea que dirige las acciones del conjunto, y no como un actor aislado que celebra ante la vista de la asamblea o en lugar de ella, cuya única tarea es observar, asistir y recibir pasivamente.

SEGUNDO PRINCIPIO
Los actos litúrgicos no son cosas que se hacen durante la oración,
sino que son en sí mismos una oración.

Si alguna vez has tocado suavemente la mejilla de alguien que amas, o has puesto tu mano sobre la cabeza de un niño con fiebre, sabes lo que es el amor en acción. El gesto en sí es amoroso. Se podría decir que el gesto en sí es el amor que se da. La gente sabe por instinto cuando un abrazo o un toque es genuino, cuando es amor encarnado. Sienten que la persona que les toca está de alguna manera totalmente presente en la acción. La gente sabe instintivamente, por el contrario, cuando un gesto es fraudulento o indiferente. La persona está ausente en la acción. Esto es lo que queremos expresar cuando decimos que alguien está "haciendo los gestos". Cuando una persona está siendo auténtica, podríamos decir que está "presente en sus acciones". En la liturgia, cada movimiento puede ser una oración, si el actor está presente. Caminar puede ser una oración, sentarse puede ser una oración, abrir los brazos en postura orante (gesto antiguo de oración) puede ser una oración.

Hay reverencias que se hacen porque se supone que deben hacerse, y hay reverencias que se hacen porque son una respuesta instintiva o profundamente arraigada ante la presencia del Dios vivo. En una reverencia así, los ojos se dirigen al suelo y la cabeza se inclina hacia la cintura porque la idea de estar con el cuello erguido ante Dios es impensable. Una persona que reza no siempre siente las emociones que llevarían a un gesto tan auténtico. Pero el creyente, confiando en la presencia de Dios incluso cuando Dios parece estar ausente, mantiene una actitud de reverencia y asombro incluso cuando faltan los sentimientos inmediatos. En los programas de los Doce Pasos, los adictos en recuperación se animan unos a otros a "fingir hasta que lo consigan". A veces en la liturgia, los sentimientos que idealmente estarían de acuerdo con el gesto se nos escapan. Es entonces cuando el gesto debe emerger de un lugar más profundo y duradero: de una actitud cuidadosamente nutrida.

Otras iglesias anglicanas, como las de África, muchas organizaciones juveniles y congregaciones que forman parte del movimiento de renovación carismática tienen mucho que enseñar a la Iglesia sobre la oración encarnada. Aunque la mayoría de los episcopales no están del todo cómodos con un estilo exuberante de rezar y cantar, bailar y mover el cuerpo durante la liturgia; de hecho, rezamos con nuestros cuerpos a lo largo de la liturgia. Rezamos de pie, de rodillas, sentados o inclinados, y podemos incorporar los principios de la oración corporal aprendidos de otras expresiones incluso en la liturgia más formal.

Rezar con el cuerpo requiere imaginación. ¿Qué hacemos cuando caminamos por el pasillo central? ¿Es sólo ir de aquí para allá, o es una visión de la marcha hacia el reino de Dios, una entrada de los siervos indignos, aunque de buena gana aceptados en la presencia del Cuerpo de Cristo? Una procesión formada por personas que han ocupado su imaginación para rezar con sus cuerpos y que han hecho del simple acto de caminar una oración puede convertirse en una revelación para toda la asamblea de una verdad más profunda sobre lo que Dios está haciendo en medio de ella.

De la misma manera, la posición orante no es simplemente la imitación de una postura antigua, sino que puede ser una forma de abrirse en confianza ante Dios, haciéndose vulnerable e indefenso, tomando el corazón en las manos y luego ofreciéndolo con todo lo que se tiene ante aquel que nos formó. En la posición orante, la persona puede sentir al Dios interior extendiéndose hacia el Dios que habita en la luz inaccesible: un intenso llamado hacia lo profundo.

Cuando el que preside, los otros ministros litúrgicos y todos los miembros de la asamblea oran con el cuerpo y no se limitan a hacer los gestos corporales prescritos mientras oran audiblemente, brilla una autenticidad que expresa e imprime en la iglesia sus convicciones más profundas sobre lo que es estar delante de Dios.

TERCER PRINCIPIO
La iglesia en oración es Cristo en su cuerpo orando.

La Iglesia es santa, no porque sea perfecta o incluso buena, sino porque es el Cuerpo de Cristo mediante el bautismo. Pablo escribió que no sabemos cómo rezar, pero es el Espíritu en nosotros el que reza. Es ese Espíritu, derramado en nosotros en el bautismo, el que nos hace el Cuerpo de Cristo. En nosotros, y a través de nosotros, Cristo grita: "¡Abba, Padre!".

En la liturgia, la Iglesia entra consciente e intencionadamente en la oración que Cristo ofrece continuamente a Dios. La liturgia, entonces, no es cuestión de que algunas personas vean a otras hacer cosas sagradas, sino de que toda la asamblea se vea envuelta en un evento sagrado y eterno. Mientras que la liturgia es considerada a veces como una ventana al cielo, en realidad, es más que eso. Es una participación real en la liturgia celestial. "Unir nuestras voces con los ángeles y arcángeles" es lo de menos. Estamos dando nuestras voces y cuerpos a Cristo, para que Él pueda hacer su oración eterna ante Dios "en la tierra como en el cielo".

Esto requiere de la asamblea y, especialmente, de los ministros litúrgicos, tanto un asombro ante lo que está sucediendo en y a través de ella, como una confianza y fuerza dignas de lo que está sucediendo en y a través de ella. La Iglesia es una comunión de pecadores salvados. Es el mismo Cuerpo de Cristo, pero está formada por personas comunes y corrientes. Cuando la Iglesia es capaz de mantener en tensión la humildad y la fuerza, se acerca a conocerse a sí misma, como realmente es. Los ministros que son a la vez humildes y fuertes son un modelo para el resto de la Iglesia de lo que significa ser el Cuerpo de Cristo. Es una manera de comportarse que nace de un sentido de lo que uno es: *simil iustus et peccator*, a la vez justo y pecador. No se puede adquirir esa conciencia con ponerse los ornamentos. Esa conciencia de sí mismo viene sólo a través de la voluntad de vivir diariamente la vida de Cristo, crucificado y resucitado.

CUARTO PRINCIPIO
El cristianismo y el culto cristiano son terrenales, no esotéricos.

El escándalo del cristianismo es la creencia de que, en Jesús, el Dios eterno y sin forma se hizo carne en un tiempo y lugar determinados. Es una afirmación sorprendente con implicaciones asombrosas para todo lo que existe. La versión del *Te Deum* de la Consulta Internacional Ecuménica sobre Textos Ingleses (ICET, por sus siglas en inglés) dice, "No rehuiste el vientre de la Virgen". La maravilla de la encarnación es que las más terrenales y temporales de las realidades no sólo son toleradas por Dios, sino que son elegidas y abrazadas por Dios como vehículos de la gracia.

La Eucaristía no consiste en un evento esterilizado o de otro mundo. Lo que el mundo vio en Cristo no fue puesto sobre su humanidad o enterrado bajo su humanidad. Era parte integral de su humanidad: relacional, cálida, valiente, vulnerable, amorosa y motivada, al parecer, para llegar a los socialmente alienados y a los religiosamente odiados. Cuando la Iglesia rechazó el Docetismo, rechazó la creencia de que Dios solo parecía ser humano en Cristo. Afirmaba que Dios estaba de hecho presente en la propia humanidad de Cristo.

En lo que era más humano en Jesús, el mundo vio lo divino. En la liturgia, la presencia de Cristo se revela de la misma manera: en lo más humano y terrenal y básico. En el toque humano y el aceite que se prodiga; en el pan partido y el vino vertido, en la comida consumida y bebida; en el agua que lava al que está siendo hecho nuevo; y en cualquier otro uso que la Iglesia haga de las cosas terrenales, Dios en Cristo actúa y se manifiesta. No es necesario hacer estéril o "santo" el "material" de la liturgia para que Dios lo use como un vehículo de gracia. El mensaje de la encarnación es que en lo ordinario de las cosas Dios revela el Ser Divino.

En la Eucaristía, Cristo se hace presente a través de la acción de la Iglesia en torno al pan y el vino, dos de los elementos más básicos en la mayoría de las culturas humanas. Una de las mayores percepciones de la renovación litúrgica moderna es que el poder revelador de los objetos y gestos de la liturgia proviene de cuán plenamente la Iglesia permite que sus cualidades terrenales y humanas brillen. El pan de la Eucaristía, por ejemplo, cuando es verdadero pan susceptible de ser partido y compartido, puede desencadenar profundas percepciones que las hostias no logran hacer. Permítanme referirme de nuevo a mis estudiantes, los aspirantes a sacerdotes y diáconos. La semana después de que descubrimos lo poco que dicen las rúbricas del Libro de Oración, celebramos la Eucaristía juntos usando pan sin levadura en lugar de hostias. Para casi todos ellos, era la primera vez que usaban algo que no fueran hostias. Durante la fracción, el que presidía partió el pan en pedazos suficientes para todo el grupo y luego hizo la invitación.

Después de la liturgia, mientras discutíamos lo que nos había impresionado durante la celebración, muchos dijeron que se sorprendieron casi hasta el punto de conmoción de que nosotros, aunque muchos, somos un solo cuerpo, ya que todos compartimos un solo pan. La idea no era nueva para ellos, por supuesto, pero la profunda experiencia personal sí lo fue. Lo que había sido una noción puramente intelectual se había convertido en una certeza visceral y emocional. El gesto de usar pan de la tierra y partirlo deliberadamente, a un ritmo medido, en pedazos suficientes para todos, tuvo un impacto formativo.

Otros estudiantes comentaron, a partir de la percepción inicial, que cuando el pan se partió, les recordó el cuerpo partido de Jesús. Otros dijeron que sus pensamientos se volvieron hacia aquellos que no tienen pan para comer, que no tienen acceso a un pedazo del fruto de la tierra. Alguien dijo que se le ocurrió que lo que estaba en el altar era un espejo de nosotros que estábamos a su alrededor. San Agustín, por supuesto, dijo lo mismo mil seiscientos años antes. Esa profundidad de entendimiento vino del manejo reverente, pero sin pretensiones de las cosas más terrenales, simples y humanas. Si el que presidía hubiera tomado una hostia, la hubiera partido rápidamente y hubiera puesto los dos fragmentos sobre una pila de hostias perfectas y completamente separadas, no hay ninguna posibilidad de que esa fracción hubiera abierto los corazones de esos estudiantes a un sentimiento religioso tan rico, o a un conocimiento teológico tan profundo, o a un compromiso tal con algunas de las imágenes bíblicas básicas asociadas con la Eucaristía.

La incisión de una cruz en el pan no lo habría hecho más "santo", ni habría conducido a conocimientos más profundos. El poder de los símbolos litúrgicos está en la fuerza e integridad de los símbolos mismos. El escándalo del cristianismo es que en lo humano hay divinidad, y en lo terrenal está lo celestial.

QUINTO PRINCIPIO
Los factores esenciales siempre deben ser destacados, no escondidos o minimizados.

Las cosas más importantes en la mesa del Señor son el pan y el vino. No obstante, en muchas congregaciones el púlpito es el elemento visualmente dominante. En virtud de su tamaño y, en algunos casos, de su ornamentación, demanda atención. Frente a este, un plato poco profundo con hostias no tiene el menor chance. ¿Qué es lo esencial cuando la Iglesia celebra la Eucaristía? ¿Qué acciones son claves, cuáles son secundarias y cuáles son puramente utilitarias? ¿Qué objetos son indispensables y tienen el mayor peso teológico? Estas preguntas se aplican no solo a lo que se pone en el altar, sino a cada objeto y cada acción de la liturgia.

Nada menos que Percy Dearmer, partidario de una liturgia completa y cuidadosa, escribió: "El mal en todas las costumbres religiosas, a lo largo de la historia, ha sido la acumulación de detalles triviales; y tanto la sabiduría como el aprendizaje son constantemente necesarios para evitar la perpetuación de las locuras individuales"[3]. El problema con "la acumulación de detalles triviales" es que empequeñecen y asfixian las cosas esenciales.

Dearmer no estaba discutiendo por una estética puritana. Algunos detalles litúrgicos resultan ser cualquier cosa menos algo trivial, ya que estos dirigen la atención al meollo de lo que Dios está haciendo en y a través de la acción de la asamblea. Sin embargo, Dearmer tenía razón. La liturgia tiende a recoger trozos de cultura y rastros de piedad a medida que pasan los años, y muchos de ellos, sobre todo a medida que se acumulan, alejan la imaginación, las emociones y el intelecto del corazón del asunto. Las Iglesias occidentales de hoy buscan un equilibrio entre una liturgia cargada de distracciones y una liturgia que niega que Dios revela el ser divino en la materia creada. La tarea pastoral es distinguir lo "trivial" de lo enriquecedor en objetos, textos y acciones litúrgicas.

SEXTO PRINCIPIO
Cuando ni las rúbricas ni los cánones dictan lo que hay que hacer,
y la razón no ofrece una solución, el rito romano es un buen lugar para empezar.

Algunas decisiones litúrgicas pueden tomarse sobre la base de la teología, las ciencias sociales, los antecedentes históricos y la situación práctica de la asamblea, como la

---

3. Percy Dearmer, *The Parson's Handbook* (London: Grant Richards, 1899), 227.

configuración de su espacio litúrgico o el número de ministros disponibles. Sin embargo, algunas decisiones simplemente no admiten razonamiento.

Por ejemplo, el Libro de Oración Común no menciona ni tiene directrices sobre cómo realizar el lavabo: el lavatorio ritual de las manos de quien preside. ¿Cómo debe hacerse y qué, si acaso, debe decirse? Una congregación podría decidir lógicamente si hacer o no el lavabo, e incluso cómo. Pero lo que debe decir la persona que preside, si es que dice algo, no es una cuestión de lógica. El Rito Romano prescribe que el celebrante recite en silencio el Salmo 51:2. ¿Por qué no? ¿Por qué esforzarse en inventar otra cosa?

El rito romano no demanda nuestra consideración porque la Iglesia católica romana y sus liturgias sean de alguna manera superiores a otras. Sin embargo, es la más grande de las denominaciones cristianas y sus libros litúrgicos son los más rubricados. El rito romano es normativo en Occidente, no porque sea superior, sino porque es tan ampliamente celebrado y sus reglas son muy completas. Por eso, por ejemplo, el esquema del color romano se ha convertido, con solo pequeñas variaciones, en universal. No hay ninguna razón lógica, en realidad, por la que se deban llevar vestimentas verdes durante las semanas posteriores a la Epifanía y Pentecostés, excepto que es la costumbre romana y, por lo tanto, está notablemente extendida.

Cuando las tradiciones que no tenían previamente un esquema de color litúrgico han adoptado uno, incluso extraoficialmente, han mirado a Roma. Es el lugar lógico para buscar. Esto crea uniformidad a través de las líneas denominacionales. Establece un referente para todas las Iglesias. Por supuesto, cuando la teología o la herencia de una Iglesia en particular provee pautas, las rúbricas romanas no deben tener prioridad. Pero cuando la tradición particular no proporciona ninguna guía, Roma es un buen lugar para buscar respuestas. La consistencia a través de las líneas denominacionales ha sido un objetivo articulado de la renovación litúrgica. En 1964, durante los días fértiles en que todas las principales denominaciones que practican el culto en inglés revisaban sus libros litúrgicos, se estableció una comisión para producir traducciones compartidas de textos litúrgicos comunes, como el *Sanctus* y el diálogo "El Señor sea con ustedes. Y con tu espíritu". El trabajo de este organismo, la ICET, aseguró la consistencia ecuménica e hizo posible que los cristianos de diferentes tradiciones pudieran rendir culto juntos fácilmente y compartir escenarios musicales para textos comunes. Muchas de las "partes de la misa" del himnario episcopal de 1982 también son utilizadas por otras denominaciones. Algunas fueron compuestas para la Iglesia Episcopal y otras adoptadas por terceros. Otras viajaron en otra dirección.

Irónicamente, la Iglesia católica romana está a punto de abandonar algunos de esos textos acordados y adoptar traducciones más literales de los originales latinos. Muchos católicos romanos de habla inglesa se están resistiendo al cambio, y por una buena razón. No solo inutilizará gran parte de la música escrita en los últimos cuarenta años y causará trastornos en las parroquias católicas romanas, sino que también abrirá una brecha entre la tradición católica romana y otras tradiciones litúrgicas cristianas. En otras palabras, sacará a Roma de lo que hemos llamado el consenso ecuménico occidental. El consenso es el producto de un enorme esfuerzo y compromiso en todos los frentes, y hacer que el mayor órgano constituyente abandone una parte importante del mismo, algunos argumentan, es trágico.

Tanto la adopción de textos comunes como el potencial abandono de estos es instructivo. Muestra el valor de buscar un terreno común y el daño que se hace al abandonarlo. Aun así, Roma sigue siendo la más influyente, manteniendo el mayor terreno y proporcionando un lugar desde el cual buscar lo común. Las costumbres romanas, excepto en áreas donde encarnan una teología o cultura extranjera, o son un rechazo explícito de las costumbres compartidas, proporcionan una base común, tal y como lo hacen los textos del ICET, para la convergencia ecuménica.

SÉPTIMO PRINCIPIO
Menos, por lo general, es más.

Pasan muchas cosas en la liturgia eucarística. Los que la celebran cada semana pueden no darse cuenta de lo mucho que ocurre. Los visitantes sí lo hacen. Incluso el núcleo básico comporta muchas palabras, objetos y gestos. La mente humana solo puede atender a un número limitado de cosas. En algún punto, conocido más por el instinto que la ciencia, la mente no puede absorber más. No solo el cerebro (y, por lo tanto, el corazón y el alma) no puede absorber lo que se añade más allá de este "punto crítico", sino que no puede captar nada. El circuito, por así decirlo, se rompe. La liturgia se siente como un desorden, incluso si cada una de sus partes constitutivas es, en sí misma, una gema.

En su totalidad y en cada uno de sus segmentos, un rito puede soportar solo hasta cierto punto antes de que se obstruya. He estado en liturgias de Pascua que comenzaron con todos los versos del maravilloso himno "¡Salve, día feliz!" y, luego, después de la aclamación de apertura, pasó directamente a un "Gloria" cantado. Como continuación de cada una de las lecturas vinieron todos los versos de otro himno métrico. A medida que la liturgia avanzaba, también lo hacía la música. El rito lucía sobrecargado. No solo el último himno era gravoso, sino que el recuerdo del primero se volvía desagradable. Simplemente había demasiada música y, por eso, toda la música parecía demasiado. Menos habría sido más.

Cuando el equipo de planificación litúrgica considera cada elemento opcional, debe considerarlos en el contexto de la unidad litúrgica en la que se insertan, y en la liturgia completa. Muchos textos litúrgicos, objetos, gestos y elementos musicales tienen mucho de encomiable, pero a medida que se acumulan, se ahogan unos a otros.

Aunque aquí se trata de la Eucaristía del domingo, los funerales son un evento en donde la acumulación de artículos "significativos" o "móviles" los vuelve sin sentido y sofocantes. El equipo litúrgico que trabaja con la familia para planificar el funeral debe moverse con tacto, pero con una visión clara de lo que la liturgia puede soportar. A menudo, si se realiza todo lo que la familia desea o, incluso, pide explícitamente que se lleve a cabo durante la liturgia, la familia y el resto de la asamblea se verían ahogados por un diluvio litúrgico. Al asociarse cuidadosamente con la familia para seleccionar un número limitado de elementos litúrgicos funcionales, los ministros, a la larga, proporcionarán una liturgia mucho más útil desde el punto de vista pastoral.

La Eucaristía del domingo es lo mismo. Demasiado, incluso de cosas buenas, sigue siendo demasiado. Las decisiones litúrgicas deben tomarse de modo tal que la estructura general del rito no se vea afectada por los elementos que le constituyen, y que estos últimos no se acumulen hasta estrangularse unos a otros.

OCTAVO PRINCIPIO
Es mucho más fructífero preguntar qué hacen la liturgia y sus componentes antes que preguntar qué significan.

Cuando la gente se encuentra con un idioma desconocido o un código secreto, se preguntan qué significa. No lo experimentan; lo descifran. Cuando la gente se enfrenta a una circunstancia que encierra misterio y belleza, esperan a ver qué les hará, qué impacto tendrá. No lo descifran, lo experimentan.

Imagínate que te acercas a una obra de arte espectacular en un museo en el extranjero. Te atrae y produce algo en ti. Tal vez te deleita o te molesta; te hace sonreír o te hace fruncir el ceño. Te confronta con la brevedad de la vida humana o con la infinitud del espíritu humano. Te atrae o te repele. Te eleva a la esperanza o te lleva a la desesperación. El arte te provoca muchas reacciones, y a medida que cambias, tu experiencia del arte puede cambiar. Podrías mirarlo desde diferentes ángulos; podrías asimilarlo rápidamente o sentarte ante él durante horas. Cada vez que ves la obra de arte esta hace algo más. Preguntar qué significa el arte es hacer la pregunta equivocada. La pregunta correcta es: ¿Qué provoca en mí este arte?

Ahora piensa que lees el cartel que acompaña al arte. Está escrito en un idioma que no conoces, tal vez en caracteres que ni siquiera puedes pronunciar. ¿Qué significa? ¿Qué hay detrás de este código? Supongamos que el idioma es completamente distinto al español: el chino mandarín, por ejemplo. No importa si miras el cartel desde varios ángulos o desde uno, si te quedas mirándolo o le pasas la vista apenas, o si vuelves a verlo muchas veces o una sola vez. No puedes forzar a los caracteres a que te entreguen su significado. Permanecerán opacos para ti: un velo sólido los cubrirá.

Imagina ahora que un profesor entra y te habla sobre el arte. ¿Eso lo resuelve? ¿Ha agotado el profesor el potencial del arte de modo que ya no necesitas mirar, reflexionar, volver nunca más? ¿No puede el arte producir algo más en ti? Ahora imagina que el profesor te traduce el cartel: te dice lo que significa. Ahora sabes el nombre de esta pieza de arte, quién la creó y cuándo, y cómo llegó a estar en este museo. Asumiendo que el profesor la ha traducido con precisión, ¿puede el cartel significar algo más? ¿Tiene el arte en realidad un número infinito de nombres, de modo que, si regresas de nuevo, otro profesor podría enumerar algunos más? ¿Habrá cambiado repentinamente el artista, o la fecha, o el donante?

La liturgia es como el arte, no el cartel.

Al celebrar la liturgia, prepararla o reflexionar sobre ella, la pregunta no es sobre su significado. Se trata del impacto. Se trata de lo que la liturgia podría hacer, puede hacer, está haciendo e hizo. No se trata de lo que significa un gesto, un objeto o el rito completo. Se trata de una cuestión de teología sacramental y litúrgica. En la liturgia y en los sacramentos, Dios actúa. Dios hace algo en y a través de la acción de la asamblea. La categoría correcta, entonces, para considerar la liturgia es el *hacer*, no el *significar*.

Un equipo de planificación, al tomar cada elección, debería preguntarse qué producirá potencialmente ese elemento. Deberían preguntarse si este elemento (hasta donde pueden imaginar) ayudará a revelar lo que Dios está haciendo. ¿Qué podría lograr el canto de un himno en particular? ¿Qué podría hacer el uso de un objeto en particular? ¿Qué podría lograr el moverse de un modo particular? ¿Qué consecuencias habría en la selección de un lector en particular? ¿Qué podría lograr la colección, arreglo y yuxtaposición de elementos particulares? Para dar un ejemplo bastante fácil, si un equipo se da cuenta de que la liturgia que están esbozando durará más de dos horas, la pregunta fructífera no es qué significará esta liturgia o cualquiera de sus elementos constitutivos. La pregunta fructífera es qué podría lograr. Podría crear aburrimiento, frustración, resentimiento, y cualquier otra cosa que no sea una disposición en los adoradores que les permita sentir el movimiento de Dios.

¿Qué se supone que debe hacer la apertura de la liturgia? ¿La liturgia de la Palabra? ¿La Santa Comunión? ¿Los ritos de conclusión? ¿Un determinado elemento o la acumulación de elementos hará algo que apoye lo que una parte de la liturgia o la liturgia en su conjunto está destinada a hacer? ¿Resaltará lo que Dios está, en efecto, haciendo? Este es el tipo de preguntas que deben guiar la planificación litúrgica.

NOVENO PRINCIPIO
La liturgia debe estar a la altura de la asamblea que la celebra
y ser congruente con su cultura.

En preparación para la Convención General de 2003, se encargó a la Comisión Permanente de Liturgia y Música que hiciera un balance del estado de la liturgia en toda la Iglesia. Yo fui miembro del subcomité que llevó a cabo ese proyecto. Uno de los hallazgos que obtuvimos de la gran cantidad de datos que recogimos fue que la mayoría de los episcopales rinden culto en grandes congregaciones, aunque la mayoría de las congregaciones episcopales son pequeñas. Lo que significa que tenemos un número de parroquias muy, muy grandes, que representan la mayoría de los episcopales. El resto de nosotros estamos dispersos en congregaciones relativamente pequeñas.

La Comisión reconoció que los episcopales en muchas, si no en la mayoría, de esas pequeñas iglesias usan como su modelo a las grandes congregaciones. Se imaginan que tienen que hacerlo de la forma como lo hacen las grandes iglesias o no lo hacen bien, así que tratan de imitar lo que hacen estas grandes congregaciones. Dicha táctica está destinada a fracasar. En primer lugar, lo que sucede en las grandes congregaciones no siempre es digno de ser emulado. No obstante, incluso cuando lo es, las pequeñas congregaciones no tienen la gente, los edificios, el dinero y, a menudo, la cultura para ese tipo de liturgia. Y así terminan con una liturgia que cojea porque intenta ser algo que no puede ser. Al tratar de hacer lo que no pueden hacer, y por lo tanto hacerlo mal, pierden la oportunidad de hacer lo que pueden hacer, y por lo tanto hacerlo bien.

El clero, a menudo, agrava el problema tratando de recrear los servicios de la capilla del seminario. Se imaginan que lo que hicieron en el seminario es la única forma de hacerlo. La asamblea litúrgica en un seminario, sin embargo, es radicalmente diferente a la congregación dominical promedio. Las preocupaciones de la vida en el seminario, la atención puesta en la educación teológica, la familiaridad personal de los seminaristas entre sí, e incluso, la proximidad de sus viviendas a la capilla, no reflejan las vidas e intereses de la mayoría de los episcopales. Además, dado que una gran parte de los seminaristas aspira al sacerdocio, las diferencias entre clérigos y laicos puede no parecerles amplias o insalvables. En efecto, ellos esperan poder superarlas. Son menos propensos que la mayoría de los laicos a caer en la trampa de pensar que son forasteros en la liturgia y, por lo tanto, de ver la liturgia como algo que los sacerdotes hacen y otros observan. Puede ser peligroso asumir que lo que es completamente integral y auténtico en un seminario será práctico en una parroquia.

La liturgia en nuestras grandes congregaciones y seminarios es, por lo general, imponente. Pero las pequeñas congregaciones pueden hacer grandes cosas también, y pueden celebrar una liturgia que sea tanto reverente y hermosa, como genuinamente anglicana. La tarea de cada parroquia es averiguar cómo lograrlo.

DÉCIMO PRINCIPIO
Los elementos musicales integrales de la liturgia tienen prioridad sobre otros elementos musicales, y toda la música de la liturgia debe ser coherente con ella.

Algunos de los elementos integrales de la liturgia, los que son partes esenciales de ella, son inherentemente musicales. Los esfuerzos musicales que se realicen deberán dirigirse ante todo a ellos. El Gloria, por ejemplo, puede ser "cantado o dicho", pero la misma rúbrica lo llama "himno". Los himnos se cantan. El *Sanctus*, asimismo, es denominado específicamente como un himno para ser cantado, no como un poema para ser recitado. En el segmento de la Plegaria Eucarística que lo precede se lee: "Por tanto te alabamos, uniendo nuestras voces con los Ángeles y Arcángeles, y con todos los coros celestiales que, proclamando la gloria de tu Nombre, por siempre cantan este himno" (LOC 284). El himno de fracción está precedido por la misma rúbrica que permite cantar o decir, pero también es inherentemente musical: es un himno. Si se va a cantar algo, los elementos que forman parte del rito y que son inherentemente musicales deben ser siempre cantados.

Por supuesto, en pequeñas reuniones o grupos donde no sea factible el canto, puede que la sola lectura de textos sea suficiente. En la mayoría de las parroquias, sin embargo, el domingo por la mañana la asamblea suele ser lo suficientemente grande y musical como para que se pueda cantar. Deben dar a estos elementos necesarios e inherentemente musicales, y no a los himnos o a los coros, la primera atención musical.

Otros elementos integrales del rito, aunque no estén precedidos por una rúbrica que indique que deben ser "cantados o dichos", son las aclamaciones. Eso sugiere música. La música es el modo lógico de representar estos textos para que sean experimentados como lo que son. El "Amén" al final de la plegaria eucarística, por ejemplo, es un punto culminante del rito. Es un crescendo que exige más que una recitación débil. Del mismo modo, las breves aclamaciones conmemorativas que constituyen la mayoría de las formas presentes en la gran plegaria eucarística no deben ser recitadas cuando los elementos auxiliares y opcionales se interpretan musicalmente. Las aclamaciones, precisamente porque son aclamaciones, deben ser cantadas. Es una cuestión de función sobre forma. Si la función es aclamar, entonces la forma es cantar (o levantar la voz).

El Libro de Oración Común permite que se pueda insertar otra música en el rito. Entre estas piezas opcionales, algunas por su género deben ser cantadas, no recitadas. Los salmos, por ejemplo, son poemas escritos para ser cantados. Recitar un salmo, se ha dicho, es como recitar un himno nacional o la letra de "Cumpleaños Feliz". Los esfuerzos musicales deben dirigirse hacia el salmo antes de otros menos integrales al rito o menos fundamentalmente musicales.

Cuando la música acompaña a una acción litúrgica, debe ser coherente en su intención y coincidir en su duración con la acción. Cuando, por ejemplo, un himno acompaña a la procesión de entrada, ambos deben unificar, orientar y vigorizar a la asamblea para lo que sigue. El himno debe comenzar cuando comienza la procesión, y debe ser lo suficientemente largo como para durar el tiempo que tarda la misma, pero no debe extenderse mucho más allá de ella.

La música para la procesión de la Comunión debe ser elegida de manera similar, buscando reflejar y expresar el significado de lo que está sucediendo, y debe ser igual de larga. Dado que la Comunión es una acción (la asamblea recibe el sacramento), no una colección de actos (los miembros individuales de la asamblea recibiendo el sacramento en privado) la música debe sugerir la unidad. Debe comenzar inmediatamente después de la invitación a la Comunión (cuando el Libro de Oración indica que debe comenzar la procesión) y continuar hasta que la procesión haya terminado y todos hayan recibido el sacramento. Además, como la asamblea debe caminar y cantar al mismo tiempo, los salmos responsoriales u *ostinatos* como los de la comunidad monástica de Taizé son más fáciles de cantar que los himnos. Toda la asamblea, los que van a la mesa del Señor y los que vienen de ella, pueden cantar al unísono, expresando de nuevo musicalmente lo que el rito pretende: la comunión de los miembros con Cristo y, por tanto, unos con otros.

Cuando un elemento del rito se interpreta musicalmente, se siguen aplicando otros principios y directrices litúrgicas en relación con el texto. Por ejemplo, un saludo y respuesta cantados sigue siendo un diálogo. Quien preside mira a la asamblea durante todo el intercambio. Esta persona debe estar lo suficientemente familiarizada con el escenario musical como para no tener que centrarse en el libro en lugar de dirigirse al grupo. (Ver "Mirar" en el capítulo 8, "Posturas y gestos".)

Cuando una sola persona o un grupo toca música dentro de la liturgia, el resto de la asamblea no se convierte en sus espectadores. Toda la asamblea es siempre un actor. Los músicos litúrgicos no son animadores al estilo de las estrellas de rock, como tampoco los predicadores son animadores al estilo de los comediantes o los oradores motivacionales. La liturgia es una oración común en su totalidad. Si las procesiones son análogas a los desfiles, como sugiero en el capítulo sobre los ritos de apertura, deben estructurarse de manera que la asamblea pueda observar activamente, no pasivamente. Lo ideal es que el movimiento atraiga a la gente para que se experimente a sí misma en él, casi como si fuera parte de él. Del mismo modo, la música dentro de la liturgia, que es interpretada por los ministros designados y no por todo el grupo, no debería parecer a los miembros de la asamblea como algo que se les "hace" a ellos. Más bien, la asamblea debería, al escuchar, sentirse atraída por la música para que lo que están escuchando exprese lo que está dentro de ellos y produzca un efecto en ellos. Para que la asamblea experimente la música como algo propio, los músicos litúrgicos deben concebirse a sí mismos no como proveedores haciendo algo a la asamblea, sino como miembros integrales de la asamblea que actúan en ella.

La gente no entra en la iglesia el domingo y aplaude inmediatamente a la cofradía del altar por planchar los lienzos, o aclama a los ministros de hospitalidad porque están distribuyendo folletos. Los ministros litúrgicos siguen siendo miembros del cuerpo. Aunque todos los miembros deben estar agradecidos por el servicio de los ministros, los ministros no deben ser vistos como extraños o proveedores. Los músicos litúrgicos son exactamente iguales a los otros ministros. Merecen la gratitud de la comunidad, no su aplauso. Dado que los músicos en nuestras sociedades casi siempre son proveedores, los músicos litúrgicos son a menudo vistos a través de este lente. No obstante, los músicos litúrgicos son más análogos a los acólitos, lectores y a quienes recogen las ofrendas que a los intérpretes teatrales.

Capítulo 4

EL ESPACIO LITÚRGICO

Todo el mundo reconoce una iglesia episcopal al verla. Las pistas reveladoras comienzan en la esquina, con el cartel azul y blanco. Te lleva a un edificio gótico con puertas rojas. El edificio es cruciforme, con un altar de piedra al final semejante a una tumba, a menudo elevado en un espacio estrecho llamado el coro, cerca de un cuarto de la longitud del resto del espacio. El lugar está lleno de bancas que miran hacia el altar, excepto en el coro, donde se miran unos a otros desde ambos lados de un pasillo central. El área inmediatamente delante del altar está separada del resto de la habitación por un comulgatorio. Al borde del coro hay un atril coronado por una gran águila de bronce, y enfrente, un púlpito elevado.

El predominio de este tipo de edificaciones es un tributo a la tenacidad del movimiento de Cambridge del siglo XIX. El movimiento de Cambridge fue un intento de reformar a la Iglesia mediante sus edificios. Tomando la iglesia parroquial medieval inglesa como ideal, los proponentes del movimiento de Cambridge se unieron como la Sociedad de Cambridge Camden y, con notable eficiencia, catalogaron, esbozaron y trazaron cada detalle de lo que consideraban los mejores ejemplos de la arquitectura de iglesias

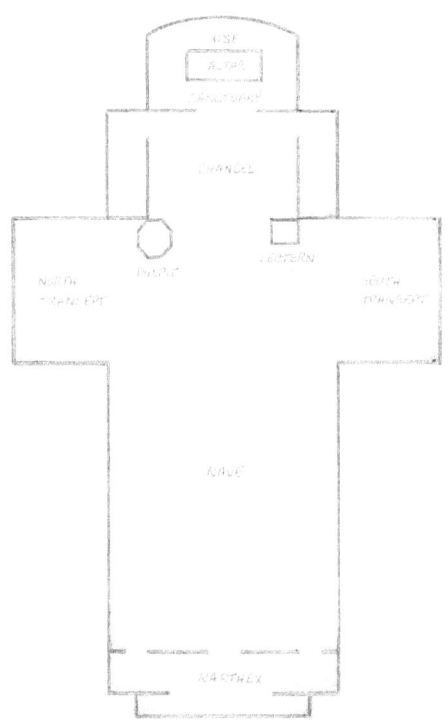

medievales inglesas. Principalmente a través de su revista "*The Ecclesiologist*", estos reformadores circularon sus ideas por toda la Comunión Anglicana y, a medida que se extendía el gusto por el estilo gótico, otros entes cristianos también fueron arrastrados por la tendencia. Las nuevas iglesias anglicanas, con pocas excepciones, fueron construidas en estilo gótico. Las iglesias más antiguas que habían sido construidas en otros estilos fueron recubiertas con elementos de diseño gótico para que los edificios adquirieran el mayor grado de gótico posible. Incluso los edificios que simplemente no podían ser disfrazados de góticos tenían su mobiliario reordenado al estilo medieval.

Siglos atrás, los primeros anglicanos en las colonias norteamericanas también habían construido edificios de estilo gótico, sin duda porque eso es lo que recordaban de Inglaterra. Pero, para la época de la Revolución Americana, incluso los ingleses en Inglaterra construían iglesias en otros estilos arquitectónicos y colocaban el mobiliario en configuraciones muy diferentes. Estos nuevos edificios, muchos de los cuales surgieron luego de que tantas iglesias antiguas resultaran destruidas en el incendio de Londres de 1666, constituyeron un intento por crear espacios más congruentes con las liturgias del Libro de Oración *común* que los edificios medievales. Las iglesias de Christopher Wren (1632-1723) y Nicholas Hawksmoor (1661-1736) son ejemplos espectaculares de iglesias posteriores a la Reforma construidas para dar a toda la asamblea, tal y como parecía prever el Libro de Oración Común, acceso visual y auditivo a todo lo que sucede durante la liturgia.

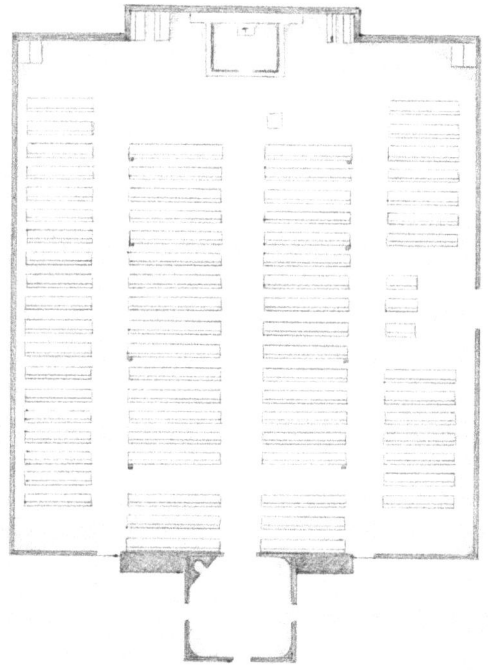

A medida que las colonias desarrollaron su propia cultura, y a medida que los Estados Unidos lograba su independencia y se expandían en población y territorio, los arquitectos americanos también se dedicaron a crear edificios hechos a la medida para la oración en común. Trabajaron con sus herramientas de diseño en una mano y con el Libro de Oración en la otra para crear edificios tan reformados como la liturgia que se celebraría en ellos. Algunas de esas iglesias escaparon a la remodelación neogótica y permanecen hoy en día esencialmente sin cambios. La iglesia de San Pedro en Filadelfia (1761), por ejemplo, tiene el púlpito en un extremo y el altar en el otro. (Vea imágenes de la iglesia en http://www.stpetersphila.org.) Las bancas están orientadas en ambas direcciones para que los fieles puedan reorientarse a medida que la acción cambia de lugar. En la iglesia de San Andrés en Charleston, Carolina del Sur (1706), el altar está a sólo unos pies de las bancas delanteras. Encima hay unas tablas inscritas con el Decálogo, el Padre Nuestro y el Credo de los Apóstoles. El púlpito está a medio camino entre las puertas y el altar, acercándolo lo más posible al mayor número de adoradores para maximizar la audibilidad del predicador. La iglesia de Cristo en Duanesburg, Nueva York (1793) es un edificio de tablones de madera con ventanas bien transparentes, bancas en forma de corral y paredes blanqueadas. El púlpito y el altar están uno al lado del otro. Casi tocan las bancas delanteras, como en la iglesia de San Andrés en Charleston. Sin embargo, el púlpito de esta iglesia se eleva sobre el sencillo altar de madera, y en lugar del Decálogo, el Padre Nuestro y el Credo de los Apóstoles, hay monumentos conmemorativos en la pared detrás del altar. Muchas iglesias construidas en las colonias norteamericanas se atrevieron a romper con el modelo medieval. Sin embargo, gradualmente, los edificios neogóticos fomentados por la Sociedad de Cambridge Camden suplantaron tales experimentos.

Lo más interesante es que los edificios góticos que se multiplicaron en la Comunión Anglicana a partir del siglo XIX no fueron concebidos teniendo en cuenta el Libro de Oración Común. Fueron diseñados para la liturgia de la Pre-reforma. El estilo gótico fue resucitado como una reacción ante lo que muchos percibieron como los fracasos de la Iglesia durante el siglo XIX en vivir los ideales del Evangelio (y del Libro de Oración). Los miembros de la Sociedad de Cambridge Camden consideraban la época medieval como la edad de oro de la piedad cristiana, y creían que la restauración del estilo arquitectónico que expresaba y fomentaba esa piedad era un paso esencial hacia una Iglesia renovada.

Los miembros de la Sociedad de Cambridge Camden buscaban fomentar la santidad de la Iglesia creando edificios que expresaran la trascendencia de Dios. El cristianismo, porque afirma que Dios es otro y único, vive necesariamente en la tensión entre la trascendencia y la inmanencia. La tensión que experimentaron los anglicanos del siglo XIX es la misma tensión que enfrenta la Iglesia hoy, y no se trata realmente de la arquitectura. ¿Cómo pueden los cristianos vivir auténticamente en la tensión que está inevitablemente presente en una religión que afirma que Dios es a la vez trascendente e inmanente? ¿Cómo pueden los cristianos rendir culto, situándose entre las creencias aparentemente contradictorias de que Dios está más allá de los nombres y, sin embargo, tiene un nombre humano, Jesús? ¿Cuál es la adoración "correcta" de un Dios que está ausente en la gloria y presente en el Espíritu?

Los miembros de la Sociedad de Cambridge Camden creían que ese equilibrio se había inclinado tan lejos de la apreciación de la alteridad de Dios que había provocado una falta de reverencia ante lo Santo. Trataron de corregir el desequilibrio, en parte, estableciendo el escenario litúrgico de manera diferente. El movimiento alcanzó su cénit no en los círculos más influyentes de la sociedad inglesa, sino en los barrios bajos. Fue allí, en la miseria *dickensiana*, donde aquellos que simpatizaban con el movimiento de Cambridge vieron la mayor necesidad de dar a los adoradores una experiencia de algo totalmente más allá de sus vidas tristes y ordinarias; más allá de ellos y, sin embargo, presente para ellos, allí mismo en sus propios barrios, pobres como eran. Y así, mientras el movimiento de Cambridge buscaba resaltar la santidad de Dios, no perdía de vista la intersección de lo sagrado y lo más ordinario, incluso miserable, de la realidad humana.

Este momento vibrante en la historia de la arquitectura de la Iglesia anglicana y el estilo litúrgico, no obstante, no resolvió de forma definitiva cómo integrar las dos percepciones cristianas de Dios en un solo edificio. Por muy hermosas que sean la mayoría de las iglesias anglicanas de estilo gótico, muchas no son congruentes con la teología y eclesiología del actual Libro de Oración Común, o con el consenso litúrgico de la moderna Iglesia occidental en su conjunto. Cuando se construyeron las iglesias góticas medievales originales inglesas, que fueron duplicadas total o parcialmente por los anglicanos de todo el mundo siglos después, la teología y eclesiología operativa de la Iglesia difería significativamente de la visión de la Iglesia de hoy y nuestra liturgia. En la Inglaterra medieval:

- La vida monástica se consideraba el ideal y, por lo tanto, los edificios de las iglesias de estilo monástico se copiaban incluso en las iglesias parroquiales que no eran utilizadas por las comunidades monásticas.

- Cuando los laicos de hecho adoraban con las comunidades monásticas, eran relegados a un área de visitantes y separados por una pantalla de los monjes o monjas (que eran los que realizaban la liturgia). Esto también se replicaba en muchas iglesias parroquiales, poniendo al clero de un lado de la reja de madera o hierro.

- La actividad litúrgica más común en los monasterios no era la Eucaristía sino el Oficio Diario, y la parte de la sala utilizada por la comunidad monástica estaba dispuesta precisamente para facilitar el canto antifonal de los salmos. Este arreglo se duplicaba en las parroquias.

- Cuando la Eucaristía se celebraba en iglesias monásticas o parroquiales medievales, pocos fieles, si es que había alguno además de quien preside, recibían la Comunión. Las iglesias no estaban diseñadas para facilitar la recepción de la Comunión, sino para enmarcar lo que se creía que era un milagro: la transformación del pan y el vino en el cuerpo y la sangre de Cristo, y la ofrenda, en forma litúrgica, del sacrificio de la cruz.

- La liturgia se entendía como la acción de una clase de personas ordenadas en lugar de los cristianos no ordenados.

- Incluso en las iglesias parroquiales, el papel principal de los laicos durante la liturgia era llevar a cabo sus propias devociones privadas mientras observaban al clero hacer la liturgia "oficial".

Las iglesias inglesas medievales eran perfectas para expresar y fomentar una noción de aquella época de la Iglesia. Los edificios y las actividades que se llevaban a cabo en ellos se adaptaban bien entre sí. Los edificios no eran un obstáculo para la acción prevista, sino que contribuían a ella. Al contrario, la acción que se producía en el edificio dictaba cómo se había diseñado el espacio en primer lugar. La *lex orandi* y la *lex credendi* estaban en armonía. Estos edificios eran declaraciones en piedra sobre la naturaleza de la Iglesia:

Una organización estrictamente jerárquica definida por el sacerdocio. La Iglesia se veía como una consecuencia del sacerdocio, no al revés.

Pero los edificios de las iglesias medievales captaron más que una noción del gran abismo entre las castas laica y clerical. También captaron la sensación de que la liturgia era un evento que demandaba asombro. Este sentido de asombro y reverencia, junto con un renovado sentido de lo sagrado del sacerdocio, era lo que los reformadores del siglo XIX querían recuperar restaurando el estilo de los edificios medievales. Algo muy bueno fue ciertamente logrado por estos reformadores, pero es difícil negar que deshicieron algo de lo que los reformadores anteriores, los líderes de la Reforma inglesa del siglo XVI, pretendían hacer.

Edificios como el de San Pedro en Filadelfia se acercan más a los ideales del arzobispo Cranmer y las rúbricas del Libro de Oración Común de 1552 que los edificios neogóticos que ahora están tan identificados con el anglicanismo. Cranmer quería acercar al pueblo a la acción litúrgica y, sin disminuir el sentido de reverencia durante el culto, hacer añicos la noción de que algunas partes del edificio eran más sagradas que otras. Como solo podía trabajar con los edificios de estilo monástico medieval, se conformó con dictar disposiciones que hicieran que los espacios fueran más congruentes con la nueva liturgia. Por ejemplo, las rúbricas del *Servicio de Comunión* de 1552 dictaban que se ignorara el altar parecido a una tumba y que la Eucaristía se celebrara en una simple mesa del coro, entre las bancas del coro. El sacerdote y los que pretendían recibir la Comunión debían reunirse alrededor de ella. Esta fue una solución improvisada que se instituyó no porque fuera ideal, sino porque Cranmer se dio cuenta de que la liturgia reformada necesitaba un espacio reformado y no era razonable reconstruir todas las iglesias parroquiales de Inglaterra. Se dio cuenta de que la *lex orandi* incluía mucho más que las palabras, y que abarcaba una gran cantidad de elementos no verbales como la arquitectura. A través de las rúbricas del Libro de Oración intentó idear formas de alinear la *lex orandi* con la nueva y reformada *lex credendi*.

La pregunta para la Iglesia de hoy no es sobre lo que el arzobispo Cranmer pretendía en el momento de su reforma litúrgica, sino lo que pretende el actual Libro de Oración Común. La cuestión es cómo crear espacios litúrgicos que no sean un obstáculo para la celebración de la oración común, ni meramente claustros neutros, sino que sean congruentes y apoyen la *lex orandi* y por lo tanto la *lex credendi*.

En 1994, el Church Building Fund publicó un documento corto, pero teológicamente denso llamado *La Iglesia para la oración común*. Como el entonces obispo presidente Edward Browning escribió en el prólogo, el documento fue desarrollado "en consulta con la Comisión Permanente de Música, la Comisión Permanente de Liturgia, la Asociación de Comisiones Diocesanas de Liturgia y Música y las Parroquias Asociadas. Cada comisión o asociación ha respaldado el documento". Aunque este no se presentó ante la Convención General y, por tanto, no es obligatorio para la Iglesia, no obstante, refleja no solo las exigencias de las liturgias actualmente autorizadas, sino también el pensamiento de los liturgistas, eclesiólogos y otros teólogos contemporáneos a través de líneas denominacionales.

La primera frase del documento es su clave: "El Pueblo de Dios, el símbolo básico de Cristo en el mundo, es el criterio con el que se miden las cuestiones de diseño". La palabra "símbolo" aquí está matizada. No significa, por un lado, un mero recordatorio; ni, por otro, una encarnación perfecta. Más bien significa que la Iglesia, por el bautismo de sus miembros, es la forma normativa en que Cristo lleva a cabo su misión en el mundo. A Teresa de Ávila se le atribuye el mérito de decir lo que parece un cliché pero que es muy apropiado: "Cristo ya no tiene más cuerpo que el tuyo, ni más manos que las tuyas, ni más pies en la tierra que los tuyos". Decir que la Iglesia es el símbolo básico de Cristo en el mundo es decir que la Iglesia en toda su diversidad, cuando es fiel a su misión, es el testigo visible de la presencia y acción continua de Cristo en el mundo, y uno de los principales medios para lograrlo.

La liturgia, incluyendo, pero no limitándose a los sacramentos y ritos sacramentales, se realiza solo por la agencia de la Iglesia. Son acciones de Cristo, pero ocurren en y a través de la acción de la Iglesia. Cristo actúa como actúa la Iglesia. Cristo actúa en la acción de la Iglesia. En ese sentido, la Iglesia es el símbolo fundamental de Cristo en el mundo.

Aunque este libro no trata sobre la renovación o el diseño de iglesias, no puede ignorar el espacio litúrgico. Lo que ocurra entre las personas depende en gran medida del espacio en el que se reúnen y de los objetos que utilizan dentro de ese espacio. Esto es obvio para todos los que han considerado seriamente cómo crear un espacio para cualquier evento, y cómo organizar a las personas en él. El impacto de los arreglos espaciales sobre lo que sucede es un hecho humano, no una rareza religiosa. Los efectos de esta interacción no se escapan a la mayoría de las personas, solo hay que ver al moderno centro comercial. Cada elemento del espacio está construido para facilitar y fomentar la actividad para la que el espacio está destinado. Los clientes no van al centro comercial de mala gana: esperan ser persuadidos para comprar algo. Aquellos que diseñan centros comerciales saben esto y construyen para facilitarlo. De la misma manera, los adoradores vienen a la iglesia de buena gana, esperando ser persuadidos a creer. Aparecen el domingo buscando "algo más". La mayoría de ellos no desean ser empujados, pero todos esperan encontrar algo que puedan reclamar como la respuesta al menos para algunas de las preguntas más apremiantes de sus vidas. El espacio litúrgico es parte de cómo se facilita esa transacción. Es parte de cómo la Iglesia descubre por sí misma e invita a los interesados a un encuentro con el Dios vivo. La Iglesia debe llevar a cabo su proyecto con el mismo cuidado que nosotros, como sociedad, invertimos en edificios de interés público.

Un ambiente litúrgico congruente con el actual Libro de Oración Común fortalecería tres creencias en la asamblea. Primero, fomentaría la sensación de que se han reunido de verdad, de que se han reunido de una manera más que superficial. Segundo, promovería la convicción de que en su reunión, Dios en Cristo está presente y activo entre ellos. Y tercero, los instaría a salir en misión por lo que han encontrado. El objetivo no es simplemente fomentar la "unión", ni fomentar el sentido de que Dios en Cristo por el poder del Espíritu Santo está presente y activo, ni obligar a la misión. Todas estas son metas loables en sí mismas, pero no están aisladas unas de otras. El objetivo de la liturgia es nutrir los tres conceptos a la vez, y sustanciar el sentido de que las tres ideas e impulsos no son meramente simultáneos, sino que están integrados en un todo. El grupo está unificado por la presencia del Espíritu, el Espíritu está presente y se expresa porque el grupo se ha reunido, y la experiencia de formar parte de una asamblea llena del Espíritu nos obliga a actuar.

La cuestión para los ministros litúrgicos es cómo usar y arreglar cualquier edificio que hayan heredado para que la asamblea pueda experimentar y responder a la gracia que seguramente se ofrece. A través de las actividades humanas del grupo: moviéndose, leyendo, cantando, escuchando, recordando, pidiendo, lamentando, comiendo, bebiendo, lavando, ungiendo, y un sinfín de otras actividades, lo Santo está realmente presente. El catecismo del Libro de Oración describe los sacramentos, no como recordatorios de una gracia que ha sido dada, sino como un medio por el cual Cristo realmente otorga la gracia. ¿Cómo puede el espacio litúrgico permitir a la asamblea recibir la gracia que se ofrece en la liturgia?

AL INCORPORAR LA LITURGIA EN VARIOS ESPACIOS

La mayoría de las comunidades litúrgicas han heredado espacios que, dados los principios litúrgicos actuales, plantean grandes desafíos. El espacio más común en la Iglesia Episcopal estadounidense, debido al gran éxito del renacimiento neogótico, es una sala cruciforme, o una simple sala rectangular, con un coro y un altar en el extremo este. (Para propósitos de comparación, la convención siempre se refiere a la pared donde se encuentra el altar como "la pared del este", sin importar la dirección real hacia la que se dirija). En los años 60 y 70, en gran parte como respuesta a las reformas litúrgicas en la Iglesia católica romana ocasionadas por el Concilio Vaticano II, los altares en la mayoría (pero no en todos) de estos edificios fueron alejados lo suficiente de la pared este para permitir que un sacerdote se parara detrás y mirara al resto de la asamblea desde atrás del altar. En algunos edificios, el altar fue alejado lo suficiente de la pared como para también permitir al clero y a algunos de los otros ministros litúrgicos sentarse detrás del altar, pero sólo a unos pocos metros de él. Un número menor de iglesias lo llevaron mucho más lejos en la sala para que se separara visualmente de la pared este y quedara libre. En las iglesias cruciformes, el altar era a menudo llevado al crucero: la intersección de las dos "vigas" de la cruz.

EL ALTAR ADOSADO A LA PARED DEL ESTE
En las iglesias con el altar adosado a la pared del este y un coro con sus bancas, el clero y otros ministros deben sentarse en los mismos asientos del coro o en sillas alineadas con las bancas. Dado que el altar es uno de los principales focos de atención del espacio litúrgico, nunca es apropiado que la persona que preside y los ministros asistentes se sienten frente a él. El altar se ha visto tradicionalmente como un símbolo de Cristo de pie en

medio de la asamblea, y es la mesa común de la comunidad, perteneciente a toda la asamblea. Convertirla en un telón de fondo para las sillas no le da la dignidad que la liturgia le otorga. El único momento en que es apropiado colocar un asiento frente a la mesa del Señor es para algunos ritos dirigidos por un obispo. Aun así, es mejor que el obispo no presida desde delante del altar, sino que se mueva allí sólo cuando sea necesario y se siente, si es posible, en un taburete que no lo bloquee. Si la costumbre del obispo es administrar la confirmación o realizar algunos de los ritos asociados con la ordenación (como la entrega de la Biblia y otros símbolos de la ordenación) mientras está sentado, esto normalmente tendría lugar delante del altar. Sin embargo, si es posible, debe hacerse lo suficientemente lejos del altar, quizás al borde del coro, para que el altar esté visualmente libre de obstáculos.

El mayor desafío de un espacio con el altar unido a la pared este (de modo que el que preside se siente perpendicular al altar o alineado con las bancas del coro) es que quien preside puede parecer que no preside durante la mayor parte del rito. El que preside puede desaparecer en las filas traseras de las bancas del coro o estar escondido en una silla más allá del coro. El papel de la o el que preside es público y comunitario. Es para facilitar, usando tanto las palabras como las acciones corporales, la liturgia de la comunidad, y modelar para la comunidad la participación litúrgica intencional. Tal propósito se hace imposible cuando la persona que preside no puede ser vista. Sin un buen sistema de sonido, este arreglo también puede interferir con la capacidad del resto de la asamblea para escuchar a quien preside. En nuestra consideración de las diversas partes de la liturgia, exploraremos cómo compensar estos problemas.

EL ALTAR SE RETIRÓ LIGERAMENTE DE LA PARED DEL ESTE
Cuando el altar está a pocos metros de la pared este, se aplican las mismas disposiciones de asientos que cuando está adosado a la pared. Esta colocación del altar, sin embargo, crea desafíos significativos, especialmente durante la gran plegaria eucarística. El propósito expreso de crear un espacio para que quien preside se pare detrás del altar era permitir que la asamblea viera lo que este o esta estaba haciendo durante la gran plegaria eucarística. Esto era loable, a primera vista, ya que aumentaba un aspecto de cómo la asamblea puede participar: siendo testigo y atendiendo a las acciones litúrgicas. Sin embargo, los problemas que este arreglo presenta pueden superar sus beneficios. Quien preside detrás del altar puede convertirse en el actor de un escenario, y la asamblea en una simple audiencia. En casi todos los demás casos de nuestra cultura en los que una sala está dispuesta de esta manera, se establece una compleja dicotomía entre la persona

y el grupo que están puestos uno delante de otros: piense en un tribunal, un aula, un teatro. En cada caso, la persona que se enfrenta al grupo tiene poder, talento o conocimiento al que el resto del grupo debe escuchar, asistir y quizás incluso someterse.

El grupo puede volverse dependiente y pasivo, mientras que la persona de cara a ellos sigue siendo poderosa y activa. El arreglo puede hacer que una persona sea el actor y el resto, el público. Ciertamente tiene sentido que la persona que preside se ponga de cara a los miembros de la asamblea y los mire cuando se dirija a ellos (como en los saludos rituales, tales como "El Señor esté con ustedes"), cuando proclame las Escrituras o haga una exhortación (como en la liturgia del Miércoles de Ceniza), o cuando predique. La gran plegaria eucarística, sin embargo, no se dirige a la asamblea sino a Dios. Estar  de cara a la asamblea durante la oración es un propósito contrario a lo que la acción está destinada a realizar. La *lex orandi* choca con la *lex credendi*.

La evidencia arqueológica y textual deja claro que, en los edificios de las primeras iglesias cristianas, los altares se encontraban a gran distancia de la pared este. Durante el siglo pasado, como tal hecho se hizo ampliamente conocido, se asumió que el propósito era permitir que la asamblea observara lo que el sacerdote estaba haciendo mientras se le veía del otro lado de la mesa. Sin embargo, un estudio posterior muestra que la persona que presidía no miraba a la asamblea, sino que se encontraba de pie mirando al este, junto con el resto del grupo. Algunos miembros de la asamblea podrían haber estado a los lados de quien presidía, algunos detrás de él o ella y otros incluso delante. No importaba. Todos miraban al este para rezar. Claramente, la visibilidad no era el objetivo de la disposición de la sala. El ímpetu era místico, no visual, ya que el este se veía como la región de Dios y el oeste se consideraba la región de Satanás. La disposición del espacio hizo que la iglesia estuviera orientada de la misma manera, mirando hacia Dios de espaldas al mal.

Mucho antes de la década de 1960 (sin duda por razones culturales y teológicas, y seguramente porque los altares estaban situados tan lejos de la mayoría de la asamblea, y porque el sacerdote estaba de pie ante el altar mientras todos los demás se arrodillaban), surgió la percepción de que el sacerdote, cuando estaba de cara a un altar adosado a la pared oriental, no estaba unido a la asamblea en su acto de oración, sino que rezaba solo, de espaldas al pueblo. Parecía, y con toda lógica, que celebraba mientras ellos observaban y esperaban recibir los frutos de lo que el sacerdote había hecho. Para combatir este punto de vista, que iba cada vez más en desacuerdo con la teología aceptada (la *lex credendi*), los viejos altares fueron movidos o los nuevos fueron colocados unos metros más adelante. Sin embargo, este cambio bien intencionado pudo haber tenido un impacto opuesto a lo que pretendía.

- Sugiere que la Eucaristía es algo hecho por el sacerdote y observado por el resto de la asamblea.

- Polariza visualmente la asamblea entre ordenados (detrás de la mesa) y no ordenados (delante de la mesa).

- Anima al que preside a tratar la plegaria eucarística no como una oración, sino como un guion para recrear la Última Cena. (Esto es especialmente evidente cuando el que preside levanta la vista del libro en el altar durante la narración de la institución y dirige las palabras a la asamblea como si se hiciera pasar por Jesús, en lugar de rezar a Dios en nombre de la asamblea).

Sin embargo, en casi todas las parroquias sería pastoralmente desaconsejable (si no físicamente imposible) que la o el que preside retomara la "posición hacia el este" durante la plegaria eucarística, es decir, que mirara en la misma dirección que el resto de la asamblea. Sin duda, esto se percibiría como si el sacerdote diera la espalda al pueblo. Sin embargo, dados los principios que hemos establecido, especialmente que la liturgia es celebrada por toda la asamblea bajo la presidencia de un sacerdote, y no por el sacerdote en nombre o a la vista del resto de la asamblea, se debe tener mucho cuidado durante la plegaria eucarística en las iglesias que están dispuestas como la mayoría de las iglesias contemporáneas. Esto se tratará con mayor detalle en las consideraciones rituales para la plegaria eucarística.

EL ALTAR SE RETIRÓ LIGERAMENTE DE LA PARED, CON ASIENTOS POR DETRÁS

Este arreglo tiene la ventaja de colocar al que preside en un lugar que denota claramente la presidencia: en todo momento quien preside, con el diácono o la diácona y otros ministros, es visible y, en igualdad de condiciones, audible. También conlleva todos los problemas del arreglo previamente considerado, y añade un escollo adicional. Cuando los ministros se sientan muy cerca del altar, parecen realmente "dueños" de él. Parece ser el altar de los ministros, no el de la asamblea o incluso el de Cristo. Este arreglo también puede parecer como si quien preside está sentado ante una mesa dirigiendo una reunión de negocios; aún peor, desde las bancas puede parecer que las cabezas de los ministros están separadas del cuerpo y colocadas sobre el altar. James White, uno de los grandes historiadores litúrgicos metodistas americanos del siglo pasado, a menudo decía que tan pronto como los protestantes consiguieron sus feas y grandes sillas de ministro detrás del altar y el púlpito, llegó el Vaticano II y los católicos romanos las compraron en tiendas de segunda mano y las instalaron en sus iglesias. Algunos episcopales se hallaban en fila justo detrás de los romanos. Para que el clero pueda sentarse solo o con ministros asistentes detrás de la mesa del Señor, sin crear efectos indeseables, se requiere mantener una distancia significativa entre las sillas y la mesa.

OTROS ARREGLOS DE ESPACIO

Muchas iglesias, incluso iglesias neogóticas con grandes presbiterios, han alterado sus edificios de manera diferente y con mayor éxito para hacerlos congruentes con el actual Libro de Oración Común. La Catedral Nacional de Washington, D.C., la Catedral de la Gracia en San Francisco, y muchas otras catedrales e iglesias parroquiales han instalado con éxito un altar en el crucero: la zona central de una iglesia cruciforme donde se cruzan los ejes verticales y horizontales de la cruz. No importa a qué lado del altar se encuentre la persona que preside, los otros miembros de la asamblea se reúnen por igual por todos los lados. Esto es especialmente evidente si el altar es más como un cubo que como un sarcófago. Esto transmite que la liturgia es la acción de toda la asamblea bajo el liderazgo de un o una sacerdote ordenado. Debido a que el altar tiene un amplio espacio a su alrededor, quien preside puede sentarse en cualquier lugar de la sala para sugerir autoridad, pero no dominio. Por ejemplo, quien preside y los ministros asistentes pueden sentarse directamente detrás del altar, pero a una distancia considerable de él. Pueden sentarse a mitad de pasillo del coro. También pueden sentarse en la diagonal de la parte trasera de la plataforma del altar, a cierta distancia de él, para que el altar permanezca en su propio espacio, como en la ilustración. O podrían estar sentados en la primera fila de asientos en uno de los transeptos (los brazos de la cruz). Todos estos arreglos pueden dejar claro 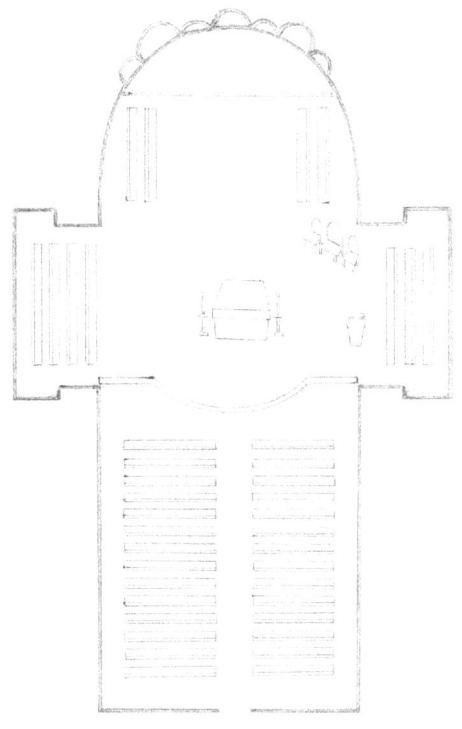 que la persona que preside y los demás ministros tienen funciones particulares de liderazgo en la liturgia, pero que son ante todo miembros de la asamblea de los bautizados.

Este tipo de arreglo habla de la presencia de Dios en y a través de la asamblea y su acción, y así expresa la inmanencia de Dios. Pero hay que tener cuidado de no perder el sentido de la trascendencia de Dios. Tradicionalmente, las cúpulas y torres, los doseles y baldaquines (como el baldaquín sobre el altar en la Catedral de San Pablo, Londres) sugieren que hay mucho más ocurriendo en la acción del pueblo de lo que este podría crear por sí solo. La iluminación especial, sobre todo la infusión de luz natural de las ventanas sobre el altar puede tener este efecto. La forma en que el altar está adornado y la dignidad con la que los diversos ministros se acercan a él también equilibrará el énfasis en la inmanencia de Dios, la presencia de Dios en y a través de la asamblea y sus acciones, con elementos que evocan un sentido de la trascendencia de Dios: la presencia de Dios en luz inaccesible.

La iglesia de San Lucas en los Campos, Nueva York, es un buen ejemplo de cómo este arreglo puede ser usado con éxito en una iglesia no cruciforme. El clero y otros ministros asistentes se sientan directamente detrás del altar, algunos otros ministros se sientan a los lados del altar, y el resto de la asamblea mira hacia adelante. El diseño de San Lucas tiene éxito por cuatro razones. Primero, el altar está muy lejos de los asientos del clero y en realidad está más cerca de las bancas delanteras. Esto supera la sensación de que el clero "es dueño" del altar. Segundo, una elegante balaustrada rodea toda la zona del altar con ángeles estilizados en las esquinas. Esto funciona como un dosel, una cúpula o una ventana en lo alto para realzar el área alrededor del altar y equilibrar el sentido de la inmanencia de Dios con los signos de su trascendencia. Tercero, el altar en sí mismo es una pieza de mobiliario sustancial, bien proporcionada y hermosa. Los cuatro lados son igualmente elegantes, haciendo que el altar no sea un soporte (como los que están huecos en la parte de atrás y son, en efecto, engaños teatrales) ni algo que dignifique a un orden de la asamblea (los ordenados detrás de él o los no ordenados delante de él) más que cualquier otro. En cuarto lugar, el púlpito, desde el que se proclaman las tres lecturas y desde el que se predica el sermón, está fuera de la balaustrada y está mucho más relacionado con el asiento de la asamblea en su conjunto que con el asiento de los miembros ordenados oficiantes. Esto significa que, durante la liturgia de la Palabra, el clero no está ni siquiera en el eje central. Todas estas características, tomadas en conjunto, hacen del arreglo de San Lucas una renovación muy exitosa de un edificio de principios del siglo XIX. Se ha hecho congruente con la liturgia del actual Libro de Oración americano, pero no ha perdido nada de su integridad arquitectónica y artística. (Para fotografías de este espacio único, ir a http://www.stlukeinthefields.org).

NUEVAS CONSTRUCCIONES Y OTROS ARREGLOS

Muchas iglesias de construcción reciente colocan el altar y otros focos de atención litúrgica, el atril (cada vez más conocido como "ambón") y a veces la pila bautismal, en el centro de la sala. Los asientos para la asamblea pueden estar dispuestos alrededor de este centro en un arco, un círculo o una "U" angular. En tal disposición, quien preside y los demás ministros pueden sentarse en un área designada de la primera fila de uno de los brazos de la "U" o en la abertura de la "U", de modo que la asamblea rodee el altar y otros centros de atención litúrgicos. Esto coloca a los ministros en una posición específicamente designada desde la cual pueden dirigir y coordinar fácilmente la liturgia, sin convertirlos en los celebrantes, dejando al resto de la asamblea como observadores.

El documento *La iglesia para la oración común* aboga por el uso de muebles y plataformas móviles. Mientras que el mobiliario que es portátil hasta el punto de ser endeble o aparentemente temporal corre el riesgo de disminuir la dignidad de la liturgia; el mobiliario, que es sólido y bello pero movible, permite diferentes arreglos espaciales dependiendo de la ocasión (Eucaristía dominical, oración de Vísperas, funeral) o de la temporada (Adviento, Cuaresma, Pascua). En un espacio flexible, la asamblea puede reunirse en una parte de la sala para la liturgia de la Palabra, quizás en un semicírculo alrededor del ambón, con la persona que preside sentada al final del arco. Luego, en el ofertorio, pueden moverse a otra área donde la mesa del Señor está puesta, y reunirse alrededor de ella. Incluso en un arreglo totalmente flexible, la comunidad puede elegir, como una costumbre permanente o una variación estacional, estar juntos del mismo lado del altar ministros y pueblo, simbólicamente mirando juntos hacia Dios. Un espacio flexible hace posible lo que ningún espacio fijo puede lograr.

Tal vez el más famoso espacio de culto recientemente construido en la Iglesia Episcopal, edificado a propósito para la liturgia que se celebra en ella, es la iglesia de San Gregorio de Nyssa, en San

Francisco. El espacio litúrgico es en realidad dos salas: una para la liturgia de la Palabra y otra para la liturgia de la Eucaristía. La asamblea de San Gregorio es más conocida por su danza litúrgica. Cada miembro de la comunidad, no sólo unos pocos designados, bailan dos veces durante cada Eucaristía. La danza es simple y estrictamente coreografiada. Es la forma en que la asamblea se mueve de la sala donde se reúne para la liturgia de la Palabra a la sala donde celebra la liturgia de la mesa. Para la Palabra, la asamblea se sienta en "coro", o en un arreglo antifonal, con la mitad de la comunidad mirando a la otra mitad a través de un pasillo central. Los ministros, incluida la persona que preside, se sientan a la cabeza del pasillo, con el ambón al otro extremo. Para la Eucaristía, la comunidad rodea el altar, que está en el centro de la segunda sala litúrgica.

La liturgia de San Gregorio, aunque tiene su propia integridad, no refleja ni remotamente las liturgias celebradas en la mayoría de las parroquias episcopales de los Estados Unidos. Sin embargo, los principios que encarna son los que hemos identificado como la base de los espacios litúrgicos, que son congruentes con el Libro de Oración Común. Otra iglesia que, como la de San Gregorio, ha recibido un reconocimiento arquitectónico significativo es la iglesia de la Trinidad, Toledo. La Trinidad está más cerca de lo que uno esperaría que fuera una iglesia episcopal, pero muchos de los elementos de diseño incorporados en San Gregorio también están en la Trinidad: el énfasis en los centros de atención litúrgicos, la capacidad de los miembros de la comunidad para verse unos a otros, el amplio espacio alrededor del altar para que esté libre de obstáculos, y un púlpito que da a la Palabra y a la Eucaristía igual dignidad. Debido a que todo el espacio litúrgico en la Trinidad es tan abierto, ofrece muchas posibilidades para la ubicación de los ministros en posiciones de liderazgo que no impliquen dominio.

San Gregorio es una nueva construcción y la Trinidad fue sometida a una extensa y costosa renovación. Sin embargo, se pueden obtener resultados similares, incluso en iglesias que no tienen presupuestos de construcción extensos. En la iglesia de la Gracia, en Allentown, Pennsylvania, una parroquia de clase media en el corazón de un barrio céntrico decadente, en una reunión anual la parroquia estuvo de acuerdo con el comentario de uno de los miembros, acerca de que la disposición del espacio litúrgico era contraria a lo que la comunidad creía que se estaba haciendo durante la liturgia. En particular, el orador señaló que, si bien la comunidad creía que la liturgia era una acción común, la disposición del mobiliario sugería que era la acción del sacerdote, llevada a cabo en nombre del resto de la asamblea. Se formó un comité para estudiar las recientes renovaciones y elaborar un plan que no requiriera financiación.

La comisión sugirió, después de algunos meses de estudio e investigación con los miembros de la parroquia, reorganizar todas las bancas de manera que estuvieran de caras a lo largo de la sala. Esto convirtió a toda la iglesia en un "coro". El ambón está a un extremo, y quien preside se sienta al otro, de frente. El diácono y otros ministros se sientan cerca del que preside en las mismas bancas que el resto de la asamblea. De esta manera, se puede ver que la persona que preside y los ministros asistentes tienen funciones específicas en la asamblea y están situados para llamar la atención cuando sea necesario. Sin embargo, durante la mayor parte de la liturgia de la Palabra, la asamblea no está de frente a los ministros revestidos.

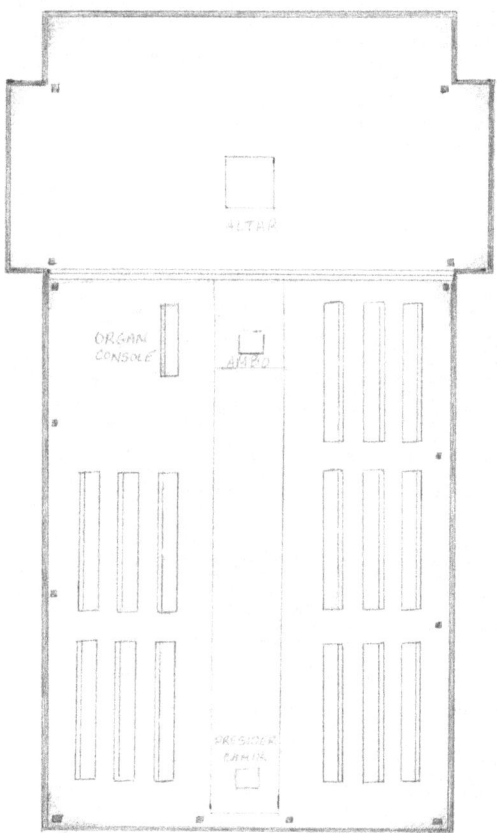

El altar está en el extremo este litúrgico, detrás del ambón y a una distancia significativa de la pared. Toda la asamblea se reúne alrededor del altar en el ofertorio y permanece allí hasta que todos hayan recibido la Comunión, y luego regresa a las bancas para los ritos de poscomunión. No hay dos espacios litúrgicos exactamente iguales. La responsabilidad de los diseñadores y ministros litúrgicos es arreglar el espacio y actuar dentro de él, para que se honren los principios litúrgicos esenciales. En cada sección de la exploración concreta de cómo celebrar el rito, se considerarán espacios litúrgicos de diferente configuración. ¿Dónde podría estar quien preside para la aclamación de apertura, la colecta por la pureza, el versículo para el ofertorio, la despedida?

Se explorarán varias opciones. Sin embargo, en última instancia, corresponderá a la comunidad particular y a sus dirigentes discernir la manera más auténtica de utilizar el espacio que tienen, con todas sus posibilidades y limitaciones, de modo que la *lex orandi* y la *lex credendi* sean coherentes y se expresen de la manera más completa posible y, por lo tanto, tengan un impacto formativo en la asamblea.

Capítulo 5

VESTUARIO Y UTENSILIOS

El vestuario, los recipientes y otros objetos litúrgicos, como la arquitectura de la iglesia y la disposición de los muebles, tienen un significado y un impacto en la asamblea. El Libro de Oración Común menciona solo cinco vestimentas: el alba, la sobrepelliz, el roquete, la estola y el tippet. También se refiere a otras vestimentas distintivas de las órdenes de diaconado, presbiterado y episcopado, pero no las nombra.

Las vestimentas fueron un punto de discordia en el anglicanismo desde la época de la Reforma. La rúbrica de ornamentos, insertada en el Libro de Oración isabelino de 1559, prescribía el uso de los ornamentos (y eso incluiría las vestimentas) que habían estado en uso en el "segundo año del reinado de Eduardo VI". Esta rúbrica se mantiene en la edición de 1662 del Libro de Oración Común, que sigue siendo el libro de oración oficial de la Iglesia de Inglaterra y de muchas iglesias de la Comunión Anglicana.

Todavía no está claro qué pretendía la rúbrica de ornamentos, ya que "el segundo año del reinado de Eduardo VI" se caracterizó por los cambios en los estilos y preferencias litúrgicas. Además, las vestimentas que se usaban, así como la combinación de colores, variaban de diócesis a diócesis e incluso de parroquia a parroquia. Por consiguiente, la vestimenta eucarística anglicana no era consistente de un lugar a otro o de una persona a otra, incluso después de que la rúbrica de ornamentos se pusiera en práctica. La variedad de la vestimenta anglicana después de la Reforma es llamativa, y hasta sorprendente. Sin embargo, con el tiempo, a medida que la tradición litúrgica anglicana fue tomando forma y evolucionando, la mayoría del clero tendía a llevar vestimentas de coro, incluso para la Eucaristía (sotana, sobrepelliz y tippet); más tarde, con el renacimiento anglocatólico, se adoptaron estolas de colores en lugar del tippet, y finalmente se utilizaron vestimentas eucarísticas como tal.

En la actualidad, ha surgido un consenso entre los episcopales, luteranos y católicos romanos sobre las vestimentas apropiadas para la celebración de la Eucaristía y, con solo dos posibles variaciones, sobre el sistema de colores litúrgicos. Los miembros de otras denominaciones, con una mentalidad más litúrgica, usan exactamente las mismas vestimentas y siguen el mismo esquema de colores: metodistas unidos, por ejemplo, e incluso presbiterianos.

Adviento	púrpura o azul
Día de Navidad / Temporada	blanco
Estación después de la Epifanía	verde
Cuaresma	púrpura o sin blanquear
Domingo de la Pasión	rojo
Jueves Santo	blanco
Viernes Santo	rojo
Vigilia Pascual / Día / Temporada	blanco
Fiesta de Pentecostés	rojo
Estación después de Pentecostés	verde

La Convención General de la Iglesia Episcopal de 2001 encomendó a la Comisión Permanente de Liturgia y Música que emprendiera "un proceso exhaustivo de recopilación de datos en el que participase toda la Iglesia para informar a la 74ª Convención General". Se pidió a siete mil congregaciones que informaran sobre sus prácticas litúrgicas, y 1143 respondieron, un alto porcentaje según los estándares de muestreo estadístico. De ellas, casi 900 informaron que la persona que preside lleva regularmente vestimentas eucarísticas completas (alba, estola y casulla) cuando preside la Eucaristía, y unas 250 informaron que esta costumbre se observa "a veces". Sólo 50 congregaciones, de 1143, informaron que la persona que preside nunca lleva vestimenta eucarística completa. La norma en la Iglesia Episcopal es que esta persona lleve el alba, con una estola y una casulla del color litúrgico apropiado.

EL ALBA

El alba es la prenda básica y universal para todos los ministros litúrgicos. No es propia de ninguna orden. El alba tiene sus orígenes en la ropa interior estándar del Imperio Romano, pero pronto adquirió un significado específicamente cristiano como la túnica blanca con la que se vestía a los recién bautizados. Es el precursor de las vestimentas blancas de bautismo que en muchas iglesias siguen siendo la norma, y por lo tanto es la vestimenta litúrgica apropiada para todos los bautizados.

Antes de pasar a considerar el alba, una nota debe ser dicha sobre la sotana, que a menudo se confunde con el alba; en algunos lugares las dos prendas se utilizan (erróneamente) de manera intercambiable. La sotana, que durante siglos ha funcionado como la prenda litúrgica normal, no es en realidad una prenda litúrgica en absoluto. Empezó como la vestimenta común del clero para la calle, y algunos todavía la llevan fuera de la liturgia, especialmente para las funciones solemnes. Cuando los clérigos que están vestidos con sotana participan en la Eucaristía, pero no como quien preside, ponen un alba suelta (sobrepelliz) encima de la sotana. La palabra "sobrepelliz" viene del latín, y significa "sobre la piel". La sobrepelliz comenzó, esencialmente, como un alba muy amplia y larga que fue cortada lo suficiente como para deslizarse sobre las voluminosas sotanas forradas de piel que los 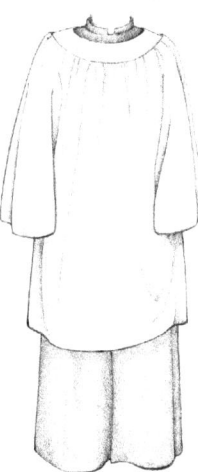 clérigos usaban en el invierno. Sin embargo, gradualmente fue recortada, a veces colgando cerca del cuerpo y llegando solo hasta la cintura. Esta diminuta sobrepelliz es llevada casi exclusivamente por los acólitos y coristas de las iglesias anglicanas y protestantes, aunque algunos clérigos romanos llevan sobrepellices por norma.

En la Eucaristía, el alba es la prenda básica para todos los ministros litúrgicos. Esto incluye a los acólitos y a los miembros del coro. No obstante, los coros uniformados han usado tradicionalmente sotanas y sobrepellices, no el alba. En las parroquias en las que se conserva la sotana y la sobrepelliz para algunos ministros, la sobrepelliz debe ser significativamente grande, de modo que sea esta, y no la sotana, la que parezca ser la verdadera vestimenta litúrgica. Las denominadas vestimentas de coro, especialmente las que incorporan un escapulario (algo que forma parte de un hábito monástico) o una estola (una vestimenta que es para los ordenados) son una innovación reciente y se usan raramente en las iglesias episcopales, ya que no tienen relación con el consenso ecuménico actual y carecen de precedentes en la tradición anglicana.

La palabra "alba" es del latín *albus*: blanco. Una vestimenta de cualquier otro color no es un "alba". Algunos fabricantes producen albas en color lino, más cerca del beige que del blanco. El lino natural posee un color distintivo y, en tiempos pasados, no podía ser fácilmente blanqueado sin dañar las fibras. Esta puede ser la razón de la producción actual de albas del color del lino: no porque sea imposible blanquear la tela (que hoy es raramente natural) sino para imitar las vestimentas de una época anterior. En cualquier caso, ninguna prenda que sea más oscura que el lino es un alba, aunque algunos fabricantes producen prendas de todos los colores imaginables y las llaman "alba".

El alba es parte de un programa simbólico que se extiende a través de toda la vida litúrgica de un cristiano. Comienza con la vestimenta del recién bautizado, que consiste en una túnica blanca, y termina con el recubrimiento de los restos terrenales con un palio blanco. Las tres vestimentas: la túnica o cota bautismal, el alba y el palio son, en efecto, la misma vestimenta. Identifican a la persona vestida como uno de los que, como dice el libro del Apocalipsis, "han lavado sus ropas y las han blanqueado en la sangre del Cordero" (Apocalipsis 7:14). Este simbolismo bautismal se refuerza aún más con el uso del cirio pascual, tanto en los bautismos (LOC 234) como en los funerales (LOC 389). La conexión entre el palio funerario y el traje bautismal es totalmente clara en el Rito de Entierro de *Enriquecer nuestro culto 3*, que comienza cubriendo el ataúd con un palio blanco, rociándolo con agua y leyendo el gran pasaje bautismal de Romanos, también proclamado en la Vigilia Pascual: "¿No saben ustedes que, al ser sumergidos en Cristo Jesús, fueron sumergidos en su muerte?" (6:3).

Algunas albas se sujetan en la cintura con un cíngulo, mientras que otras no. Algunas tienen doble pecho y se ponen como un abrigo, mientras que otras se dejan caer sobre la cabeza. (Este último es el diseño más antiguo, pero eso no lo hace superior; estas variaciones son simplemente una cuestión de gusto y conveniencia). La mayoría de las albas de hoy en día se confeccionan para que se ajusten cerca del cuello de modo que cubran completamente la ropa de calle. Así es como debe ser, ya que, en la liturgia, el ministro asume un personaje ritual que envuelve la individualidad de la persona sin obliterarla. El alba debe cubrir los cuellos clericales de las personas ordenadas. Estos son parte de la vestimenta clerical de calle, y deben ser cubiertos por las vestimentas. Si el alba no se eleva lo suficiente hasta el cuello como para revestir completamente al ministro, se puede usar un amito. Un amito es un gran cuadrado de tela con largas cuerdas unidas a dos esquinas. Hace juego con el alba, se dobla alrededor del cuello como una bufanda y se ata. El alba se ajusta sobre el amito.

VESTIMENTAS EUCARÍSTICAS

LA CASULLA

La vestimenta eucarística presidencial esencial es la casulla, una prenda tipo poncho del color litúrgico apropiado. Se originó como la prenda exterior ordinaria de los ciudadanos romanos, la *paenula*. En su forma antigua, la prenda era esencialmente un semicírculo de tela, doblado por la mitad, y cosido desde la parte inferior casi hasta la superior. El resultado era un cono de tela con una abertura para la cabeza. Cuando los brazos se dejaban caer a los lados, la *paenula* caía hasta rodear los pies. Para usar las manos, el portador tenía que recoger la prenda hasta el

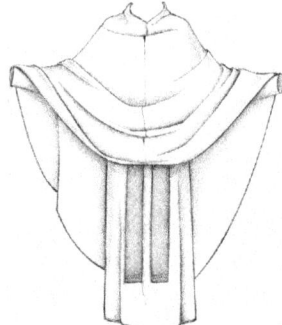

codo. Esto creaba pliegues en la parte delantera, de modo que la gracia y la dignidad de la prenda se lograba no por nada que se cosiera en ella, sino por la calidad de la propia tela y la forma en que interactuaba con el cuerpo de la persona que la llevaba.

En el siglo VII, la prenda se llamaba *casula*, de donde viene la palabra inglesa *chasuble*, y en español, casulla. Las casullas destinadas específicamente a los que presiden la liturgia poco a poco se hicieron de tela pesada y ornamentada. El grosor y el peso hacían virtualmente imposible que quien presidía levantara los brazos y recogiera la *casula* en los antebrazos. Cuando, por ejemplo, abría los brazos en la posición orante para rezar, la *casula* era demasiado pesada y rígida para moverse libremente y con gracia. En efecto, quien presidía estaba atrapado en su propia ropa. En lugar de volver a telas más simples y eliminar la elaborada ornamentación que se iba convirtiendo en *de rigueur* para la vestimenta litúrgica, los lados se doblaban hacia arriba. Finalmente, los artesanos recortaron los lados del cono, de modo que solo llegara a las muñecas de quien preside. Esto restauró la movilidad y la destreza, pero alteró el carácter de la vestimenta y la forma en que interactuaba con el portador mientras este se movía.

La evolución de la casulla continuó a ritmo acelerado, y con el tiempo la prenda se hizo tan pesada, tanto en su tejido base como en los diversos diseños y bandas que se le aplicaban, que el sacerdote no podía ni siquiera elevar el pan o el vino eucarístico sin que los ministros asistentes le levantaran el peso de la vestimenta de sus brazos. En el período barroco, en lugar de detener esta elaboración, los artesanos redujeron el tamaño de la casulla aún más para que llegara, no a las muñecas del sacerdote, sino solo a sus hombros. En esta etapa, la casulla se había convertido en un panel de tela que se extendía desde las rodillas por el frente, pasando por encima de la cabeza, hasta las corvas. Finalmente, para que la prenda restringiera aún menos al sacerdote, las partes de pecho y espalda del panel se angostaban mientras las inferiores se ensanchaban, de modo que se asemejaba a un reloj de arena.

En el presente, nos referimos a los cuatro estilos de casullas, en el orden de su evolución, como la cónica, la gótica, la romana y la de violín (llamada así por la forma de su frente). Excepto en ciertas parroquias que tienen sus raíces en los primeros días del renacimiento anglocatólico y en algunas parroquias romanas (o, más exactamente, en determinados sacerdotes romanos) que intentan rehabilitar la liturgia tal como se celebraba antes del Vaticano II, las casullas romanas y las casullas de violín han caído en desuso. La casulla cónica ha tenido un modesto resurgimiento, tal vez superando a la romana y a la de violín, pero también es rara. Los diseñadores y los liturgistas entrenados son en gran parte responsables de la creación de casullas cónicas, no como artículos comercializados en masa, sino como piezas de arte únicas. La casulla gótica se ha convertido en la norma occidental. Prácticamente ninguno de los principales fabricantes de vestimentas de calidad en los Estados Unidos elabora otra cosa que no sean casullas góticas. Estas vestimentas, producidas en masa, incluso de fabricantes reconocidos, son generalmente mucho más pequeñas que las auténticas casullas góticas y, por lo tanto, tienen un menor impacto visual del que podrían tener. Aun así, la forma esencial de la casulla gótica es la más común en la Iglesia occidental de hoy.

¿Qué principios, independientemente de los giros en la evolución de esta vestimenta, determinan qué forma es preferible? Si no hay una edad de oro en otros asuntos litúrgicos, tampoco la hay en este. ¿Es, entonces, simplemente una cuestión de gusto? El difunto Aidan Kavanagh, profesor de liturgia en la Escuela de Divinidad de Yale, escribió: "La vestimenta es una prenda, no un disfraz.". Continuó diciendo que las vestimentas deben ser elegidas no por lo que se les aplica, como cruces u otros símbolos religiosos, sino por su calidad intrínseca como vestimenta festiva. Una prenda cuyo significado deriva, en cambio, de los signos cosidos en ella es "una valla publicitaria cuyo propósito es gritar ideologías en lugar de vestir a una criatura en belleza". Robert Hovda cita a Kavanagh y, luego, amplía sus comentarios:

> La casulla es la principal vestimenta eucarística, la prenda exterior, aquella cuyo diseño, forma y textura ayuda a enfocar la acción de la asamblea y cuyo vistoso color se relaciona con la fiesta, la estación y la celebración festiva. El patrón tradicional [es decir, el cónico] . . . produce pliegues horizontales cuando se levantan los brazos del que preside. Los patrones más nuevos, que gozan de un mayor uso de tela, producen pliegues verticales. En cualquier caso, la casulla es la prenda que cubre todo el cuerpo, desde el cuello hasta los pies... Si el diseño de la casulla es conveniente para el movimiento más eficiente y tan frágil como para la comodidad en el clima más caliente, quizás sea totalmente inadecuada para la celebración litúrgica. Una casulla lo bastante reducida en tamaño y calidad, como para cumplir estos criterios (como ocurrió en el período medieval y aún caracteriza a la mayoría de las vestimentas vendidas y usadas) carecerá de la dignidad y el impacto visual necesarios para su función corporativa y de celebración.[4]

Los argumentos de Kavanagh y Hovda pueden resumirse en estos principios:

◆ La casulla y toda la vestimenta litúrgica debe ser concebida como ropa, no como un disfraz. Como tal, las normas que se aplicarían a cualquier ropa formal se aplican a la vestimenta. La autenticidad, la textura y el pliegue del tejido, su ajuste al cuerpo del portador y la armonía de sus colores son los criterios más importantes.

◆ Las vestimentas litúrgicas no son primordialmente para distinguir a quien las viste, sino para ampliar la experiencia de la asamblea en la que se llevan puestas. El tamaño, la forma y el color deben hacerle sentir a la asamblea que esta es una parte de su liturgia, un elemento dentro del evento corporativo, y no una pieza del vestuario privado de la persona que preside.

---

4. Robert Hovda, "The Vesting of Liturgical Ministers," *Worship* (Marzo de 1980).

- Las vestimentas no son vallas publicitarias destinadas a transmitir ideas o gritar ideologías, sino que son piezas de arte destinadas a provocar una profunda respuesta humana. La vestimenta, por lo tanto, debe ser juzgada por las mismas normas que el resto del arte.

- La vestimenta litúrgica es un signo del exceso característico de la vida en el reino de Dios: un elemento de fiesta sagrada en medio y en desafío de las injusticias y luchas de la vida. Debe ser completa y, como dice Hovda, ir "del cuello hasta los pies".

Cuando la gente se viste para un evento formal no litúrgico, instintivamente sabe lo básico. Algunos de los puntos más finos son dictados por la convención social, pero lo esencial es evidente. Si un hombre debe usar zapatos de charol con un esmoquin puede que no sea tan obvio, pero es obvio que no debe usar zapatos mal ajustados o gastados. La gente también se da cuenta instintivamente de que se está haciendo parte de un todo más grande en un evento social formal, y escoge su ropa para participar apropiadamente para la ocasión, no sólo para ellos mismos. Cuando los artistas diseñan vestimentas, los artesanos las elaboran y los ministros las usan, los principios son esencialmente los mismos que para el diseño, la elaboración y el uso de ropa para eventos rituales no litúrgicos.

La casulla es la vestimenta apropiada para toda la liturgia eucarística, no solo para la segunda mitad. La Eucaristía es un rito unificado. La liturgia de la Palabra no es la hijastra de la liturgia de la Eucaristía. Quien preside debe llevar la casulla desde el principio de la liturgia hasta el final. La casulla es vista a veces como una vestidura para realizar el sacrificio; por eso Cranmer la sustituyó en el Libro de Oración de 1549. Sin embargo, dada la complejidad y lo polémico de la noción de sacrificio eucarístico, y dado que la relación entre la casulla y el sacrificio es un punto extremadamente arcano, no se gana nada poniéndose la casulla sólo en el ofertorio.

Además, a primera vista, este cambio de vestuario sugiere que Cristo está más presente o activo en la segunda mitad de la liturgia que en la primera. Aunque la modalidad de la presencia de Cristo pueda ser diferente, ni la teología sacramental contemporánea ni la tradición de la Reforma permitirían que Cristo esté menos presente en la Palabra proclamada que en la comida compartida. El único momento en que la casulla puede ser puesta después del comienzo de la Eucaristía es cuando una procesión elaborada, especialmente al aire libre, es anexada al comienzo, como en el Domingo de Ramos. Una capa es apropiada para la procesión, como se explicará más adelante, pero debe ser cambiada por la casulla inmediatamente después de la procesión.

LA DALMÁTICA

La dalmática es la principal vestimenta eucarística del diácono. Al igual que el alba y la casulla, la dalmática comenzó como una vestimenta no litúrgica. Su nombre se deriva de su lugar de origen: la dalmática llegó a Occidente desde Dalmacia (parte de la actual Croacia) durante el siglo III. Fue adoptada en primer lugar por las altas esferas de la sociedad y el gobierno romano, y gradualmente fue aceptada por la población en general como algo distinto de una moda pasajera. A diferencia de la *casula*, La dalmática tiene mangas hasta la muñeca que son mucho más anchas que las mangas del alba sobre la que se viste. Al igual que la casulla, la dalmática comenzó como una prenda amplia, pero fue recortada cada vez más a medida que evolucionaba. Así como las casullas romanas y las casullas de violín se convirtieron en poco más que escapularios (es decir, paneles de tela que se extendían de *scapula* a *scapula*), la dalmática finalmente se convirtió en un amplio panel de tela que se extendía sobre la cabeza desde la parte delantera de las rodillas hasta la espalda, con mangas vestigiales en los hombros. En su forma más reducida, la dalmática era esencialmente una casulla romana con un cuadrado de tela colgando sobre la parte superior de cada brazo.

En la liturgia medieval, acostumbrada a celebrarse en Roma y que perduraría hasta después del Concilio de Trento, la dalmática estuvo en la mayoría de los casos reservada al diácono. En la Inglaterra previa a la Reforma, la dalmática se usó con menos restricciones que en Roma. Al menos en algunos lugares, los acólitos, los turíferos, los cantores y otros la usaban en ocasiones solemnes. En otros, la tunicela, una vestimenta muy parecida a la dalmática, era la vestimenta exterior de los subdiáconos. Se diferenciaba de la dalmática solo en el número y la colocación de sus orfebrerías (las bandas decorativas de tela en contraste).

El subdiaconado no ha existido en las iglesias anglicanas desde la Reforma. Cuando algunas parroquias anglocatólicas del siglo XIX importaron el ceremonial católico romano posterior a la Reforma en la liturgia del Libro de Oración Común, por lo general designaban a uno de los acólitos como "subdiácono" para la Misa Solemne porque las rúbricas tridentinas lo requerían. Sin embargo, el oficio de subdiácono no es parte de la herencia de la Reforma. Además, el subdiaconado fue suprimido en la Iglesia romana en 1972. Especialmente ahora que Roma lo ha suprimido, tiene poco sentido mantener el papel o incluso el término en cualquier iglesia episcopal.

El diaconado, por supuesto, nunca fue suprimido ni en la Comunión Anglicana ni en la Iglesia romana. Siempre se ha contado con diáconos en ambas tradiciones. No obstante, en la época en que las rúbricas romanas tridentinas fueron importadas a la Eucaristía del Libro de Oración, el diaconado en ambas tradiciones era un orden transitorio al final de la formación en el seminario, y pocas personas fuera de los seminarios jamás vieron un diácono permanente. Por lo tanto, para que una parroquia anglicana celebrara la Eucaristía al estilo de la misa solemne romana, los laicos o los sacerdotes se ponían la dalmática y "hacían" de diácono, al igual que otros se ponían la tunicela y "hacían" de subdiácono. Hoy en día, los diáconos, tanto los que son diáconos de transición como aquellos para los que el diaconado es una vocación única y de por vida, están presentes y activos en las parroquias episcopales. No hay excusa para tener a alguien disfrazado como diácono. Algunos argumentan que como todo presbítero es ordenado diácono al principio, los sacerdotes son también, en efecto, diáconos. Dicho de otra manera, a menudo se dice que hay un diácono dentro de cada sacerdote. Independientemente de si uno acepta una visión jerárquica del ministerio ordenado o no, en la liturgia de la Iglesia las órdenes del sacerdocio y el diaconado son distintas y únicas. Sólo los diáconos deben llevar dalmática en la liturgia: ni los sacerdotes ni los miembros no ordenados de la asamblea deben estar revestidos como tales. También cabe señalar que se siguen haciendo esfuerzos en todos los niveles del gobierno de la Iglesia para ordenar directamente a los llamados al sacerdocio, sin necesidad de ser ordenados primero como diáconos. Esta práctica expresaría la integridad y distinción de las dos órdenes de diaconado y presbiterado, dejando claro que el diaconado no es una estación en el camino hacia el sacerdocio, sino que es una orden de ministerio distinta y completa. Vestir a un sacerdote o a cualquier otro como diácono (que de hecho no es diácono) es inauténtico y va en contra del sentido evolutivo de la Iglesia.

LA ESTOLA

Una estola es una estrecha franja de tela que supone ordenación. Se lleva alrededor del cuello. Los obispos y sacerdotes usan la estola de manera que los dos extremos caen directamente sobre el pecho y las piernas. Los diáconos la llevan por encima del hombro izquierdo y se abrochan o atan por debajo de la cintura en el lado derecho del cuerpo, de modo que se encuentra en diagonal sobre el pecho y la espalda. En la Iglesia oriental, el equivalente a la estola del diácono es el *orarion*. También es una banda estrecha de tela, y también se porta sobre el hombro izquierdo, se lleva de una de dos maneras. O bien se

deja caer directamente a lo largo del lado izquierdo del pecho y la espalda, o se envuelve a lo largo del cuerpo y bajo el brazo derecho a modo de bandolera, de modo que cruza el pecho y la espalda, con los extremos cayendo directamente por el lado izquierdo del cuerpo. Algunos diáconos de la Iglesia Episcopal usan el *orarion* en lugar de la estola. No existe un precedente occidental para esto, ni es la práctica actual en ninguna iglesia occidental.

La estola aparentemente proviene de pañuelos que se otorgaban a los funcionarios civiles romanos como marcas de rango. La función de las estolas no ha cambiado. A diferencia de la casulla, la dalmática y la capa, la estola no es una vestimenta festiva lo suficientemente grande como para tener un impacto visual en el evento litúrgico, sino que es simplemente una señal de que la persona que la lleva ha sido ordenada. Llevar la estola sin la casulla o la dalmática acentúa el orden eclesial de la persona, pero contribuye poco a embellecer visualmente la liturgia de la asamblea.

Durante un corto período en la década de 1970, se hizo bastante común llevar la estola sobre la casulla o dalmática. No hay precedente para esto y, quizás yendo al grano, esto enfatiza más el orden como rango que el orden como rol en la comunidad de los bautizados. La estola, ya sea para los diáconos o presbíteros, debe ser usada siempre bajo la prenda principal.

En la práctica, incluso en los lugares donde la persona que preside siempre está vestida con estola y casulla, el diácono o la diácona a menudo lleva solo la estola. Esto es casi seguro, porque la mayoría de las congregaciones no pueden permitirse juegos completos de vestimentas de todos los colores tanto para la persona que preside como para el diácono. Sin embargo, en lugar de omitir la dalmática por completo, el diácono podría llevar una dalmática de un color neutro con la estola del color apropiado debajo, que se vería por encima del cuello y en la parte inferior de la dalmática.

LA CAPA

La capa pluvial es una prenda de vestir larga y suelta, sin mangas, abierta por delante y sujeta al cuello, que llega hasta el piso. Se lleva en el color litúrgico apropiado. La capa comparte una ascendencia común con la *casula* cónica romana. Sin embargo, a diferencia de la *casula*, que se cosía desde los pies hasta casi el cuello, la capa se cosía sólo en el cuello. Con el tiempo, la moda comenzó a sujetar los dos lados con un broche para poder abrirla y cerrarla.

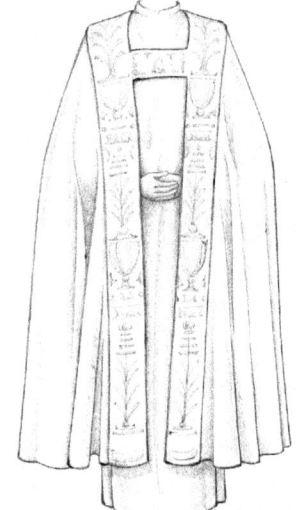

La capa se llama *pluviale* en latín: una vestimenta impermeable para la lluvia. Comenzó como una prenda puramente funcional que fue adoptada para uso litúrgico entre los siglos IX y XII. En esa época, algunos monasterios lo usaban predominantemente como prenda para toda la comunidad en las grandes fiestas. En otros monasterios, o en fiestas menores, solo lo llevaban algunos ministros litúrgicos, especialmente los cantores tanto en la Eucaristía como en el Oficio Diario.

Algunos obispos anglicanos suelen sustituir la casulla por la capa. Muchos la llevan sobre un alba cuando están presentes en la Eucaristía, pero no presiden, en lugar del roquete y la chimera.

La capa puede ser utilizada por cualquier ministro, laico u ordenado, en contextos no eucarísticos, como en bodas o celebraciones solemnes del Oficio Diario. En la Eucaristía de una parroquia, la capa se utiliza solo para las procesiones solemnes y, sobre todo, al aire libre, que preceden o siguen a la liturgia propiamente dicha como, por ejemplo, una procesión a los campos en los Días de Rogativa, o al cementerio para un entierro inmediatamente después del funeral. El *pluviale* comenzó como una prenda procesional para uso al aire libre. En una Eucaristía parroquial, debe hacer eco de su propósito original.

EL SIGNIFICADO DE LAS VESTIMENTAS

La gente a menudo pregunta qué significan las diversas vestimentas en la liturgia. Simplemente, la estola es la única vestimenta que funciona principalmente para transmitir el significado: que el portador está ordenado. Las otras vestimentas, como la mayoría de los elementos de la liturgia, hacen más que significar algo. Añaden festividad, solemnidad y dignidad al rito, pero no significan nada en sí mismas. Son vestimentas rituales y tienen mucho más en común con la ropa formal o de fiesta que con los signos o, como dice Kavanagh, "las vallas publicitarias". Sin embargo, como la gente quiere que las vestimentas signifiquen algo, a menudo han encontrado lo que buscaban.

El resultado es una alegoría litúrgica: imponer un significado a un evento o artefacto litúrgico que no es inherente a la cosa en sí. El liturgista del siglo IX, Amalarius de Metz, es reconocido como uno de los más prolíficos de todos los alegoristas litúrgicos. Amalarius ideó elaborados esquemas en los que prácticamente a cada objeto y cada acción de la liturgia se le daba un significado oculto, incluyendo las vestimentas. Se componían series de oraciones, basadas en alegorías, para acompañar la puesta de cada ornamento. El amito, por ejemplo, que se ponía en la cabeza como un pañuelo y luego se empujaba alrededor del cuello, era usualmente alegorizado como el yelmo de la salvación. La casulla se convirtió en el yugo de la salvación, ya que fue puesta sobre los hombros, y así sucesivamente.

Si tales alusiones fomentan la devoción del ministro mientras que él o ella se viste, sirven un buen propósito. Pastoralmente, sin embargo, es contraproducente dar a entender que la liturgia está hecha de códigos arcanos. La liturgia es una experiencia del Misterio que es Dios, no una confrontación con un rompecabezas. En las acciones de la comunidad de culto, un encuentro genuino con Dios es posible. La liturgia es, en sí misma, una ocasión de gracia. No es un sustituto de algo más o un recordatorio de algo que no está ahí. Querer sugerir que la asamblea no debe experimentar en primer lugar las características esenciales de los objetos y gestos de la liturgia, sino que debe pensar en otra cosa en su lugar (qué otra cosa significa realmente este objeto o esta acción) vicia el potencial evocador de la liturgia. Sugiere que la liturgia es un recordatorio de otro tiempo y lugar, no un encuentro con lo Santo, revelado en la realidad creada aquí y ahora.

UTENSILIOS

PARA EL PAN Y EL VINO

Los recipientes para el pan y el vino son los únicos necesarios para celebrar la Eucaristía. Para que este sacramento exprese la unidad que significa y produce (que expresa e imprime), el Libro de Oración ordena que sólo un recipiente para el pan esté en el altar durante la gran plegaria eucarística. Un plato aparte para la "hostia del sacerdote" es absolutamente contrario a la comprensión del Libro de Oración sobre la Eucaristía.

Una sola patena o un tazón grande es adecuado para contener las hostias. Si se va a consagrar un pan con levadura o un pan ácimo de gran tamaño, definitivamente se requiere un tazón. Todo el vino debe estar asimismo en un solo cáliz, o en una sola jarra de la que se vierta un cáliz.

Un ciborio es un recipiente para el pan eucarístico, pero a diferencia de una patena o un tazón, está provisto de una tapa hermética para que los fragmentos que queden después de la liturgia puedan ser cubiertos y almacenados. Debido a que el pan leudado (con levadura), y la mayoría de los panes sin levadura, no pueden ser almacenados sin que se vuelvan rancios o mohosos, el ciborio es adecuado sólo para hostias. La mayoría de los ciborios poseen un tallo y lucen como un cáliz. En los últimos 50 años, también se han producido ciborios bajos y en forma de tazón. Este estilo de ciborio se asemeja a una gran píxide y es generalmente preferible porque hace que sea visualmente obvio durante la plegaria eucarística tanto el pan como el vino que han sido puestos en la mesa del Señor.

En reuniones extremadamente grandes, se necesitan múltiples patenas para el pan y numerosas jarras de vino, pero se debe hacer todo lo posible para que transmitan visualmente el efecto unificador de la Eucaristía. Por ejemplo, deben coincidir y agruparse en el altar, como si se tratara de un solo recipiente. En cualquier caso, nunca es necesario colocar más de un cáliz en el altar durante la gran plegaria eucarística.

Si se necesitan utensilios adicionales para la distribución de la Comunión, se llevan al altar justo antes de la fracción del pan. El sacramento se divide entre ellos mientras se canta el Himno de la fracción. Si es posible, estos recipientes también deben coincidir entre sí.

Dado que el pan y el vino eucarísticos son "los dones de Dios para el pueblo de Dios" y un anticipo del banquete celestial, los recipientes que los contienen deben transmitir y apoyar la reverencia hacia la presencia real de Cristo. La forma de hacerlo dependerá del estilo del espacio litúrgico, las tradiciones de la congregación y las normas de la cultura.

Los utensilios deben ser juzgados por su valor artístico, su calidad y su funcionalidad. Un cáliz con una copa muy pequeña o una base inestable, por ejemplo, no es ideal para la Eucaristía, no importa su costo o belleza. Algunos dirán que solo los recipientes de metales preciosos son aptos para el altar, porque son muy valorados y son irrompibles. Los recipientes hermosos y dignos, de otros materiales, sin embargo, como el cristal fino, no deben ser descartados por completo. Pueden ser verdaderas y hermosas obras de arte, tan notables como los utensilios de metal. Los recipientes de vidrio estándar, producidos comercialmente, pueden no ser apropiados para la liturgia, ya que en general son considerados para comedores y no para iglesias. En un espacio litúrgico grande, su pequeño tamaño y la falta de volumen pueden hacer que ellos y lo que contienen parezcan insignificantes. Su diminuto tamaño también puede crear un impacto visual desfavorable, como el ver platos de casa de muñecas en una mesa de tamaño natural.

Solo porque los utensilios sean elaborados con fines litúrgicos, no los hace dignos de la liturgia. Los recipientes de Comunión producidos en masa pueden estar mal proporcionados, ser extravagantes, de imitación y poco manejables. Algunos recipientes de cristal para la Comunión no son más que cristal confeccionado para comidas ordinarias, pero con una cruz grabada en ellos. Todo lo que se usa en la liturgia debe ser lo más fino disponible, y el solo aparecer en un catálogo de bienes religiosos no los vuelve finos.

Las vasijas de cerámica se utilizan a veces tanto para el pan como para el vino, especialmente durante la Cuaresma y en pequeñas reuniones. La cerámica puede ser una verdadera forma de arte que revela la tierra de la que está hecha y las manos humanas que la hicieron, y que es perfectamente adecuada para la celebración de la Cena del Señor. Algunas ocasiones, como los servicios de Cuaresma, y algunos lugares, como hogares o casas de retiro, requieren simplicidad, pero nunca falta de dignidad o mal gusto. Nada banal, improvisado o de mala calidad tiene cabida en la liturgia, y la cerámica destinada a la mesa del Señor debe ser una cerámica digna de una galería de arte.

El uso de cestas forradas con corporales para el pan eucarístico presenta muchos problemas. A diferencia de la cerámica, las cestas, con raras excepciones, no son arte. Además, especialmente si se usa un pan de gran tamaño o leudado en la liturgia, la fracción del pan producirá migajas. Aunque el Libro de Oración no fomenta la escrupulosidad en cuanto a la comida y bebida eucarística, es evidente que los santos dones deben ser tratados con reverencia y que lo que queda debe ser consumido. Las cestas forradas de tela, llenas de fragmentos, son contrarias al espíritu del Libro de Oración, y no facilitan la recolección y el consumo de lo que queda después de la Comunión.

En muchas iglesias episcopales, el cáliz se encuentra velado sobre el altar desde el principio de la liturgia. Desvelarlo es una señal visual de que el enfoque litúrgico ha pasado de la Palabra a la mesa. Esta práctica, como gran parte de lo que se entiende como anglicano, es en realidad una importación de la costumbre medieval o la Misa Tridentina. Es más efectivo si no se coloca nada en absoluto en el altar hasta el ofertorio, excepto el Evangeliario entronizado. El cáliz y otros recipientes se colocan sobre la mesa sólo durante la preparación para la gran plegaria eucarística. El acto de ponerlos en el altar en ese momento marca visualmente la transición en la liturgia, de modo que desvelar el cáliz es innecesario.

La eliminación del velo del cáliz y la bolsa del corporal es ventajosa por otra razón. Quitar y desdoblar los paños que cubren el cáliz es, a menudo, mucho más elaborado y visualmente llamativo que la acción esencial de llenar la copa con vino. Es un triunfo de lo menor sobre lo mayor y lo incidental sobre lo esencial. Si la bolsa y el velo se dejan en la mesa del Señor, también crean desorden y distraen visualmente de las cosas esenciales: el pan, el vino y las ofrendas monetarias.

Una palia, un cuadrado de tela rígida, se coloca a menudo sobre el cáliz de la mesa del Señor. Se retira y se vuelve a colocar en varios puntos durante la gran plegaria eucarística y los ritos que conducen a la Comunión. La razón es evitar que los insectos, atraídos por el olor del vino, caigan en él. Eso podría, en efecto, suceder. Aun así, la gente se sienta a la mesa todos los días con vasos de vino descubiertos delante de ellos, y los insectos voladores no parecen ser un problema. Es difícil imaginar por qué serían más inoportunos en la iglesia. La colocación y remoción de la palia parece una adición innecesaria y posiblemente distrae y debe ser omitida, excepto en condiciones en que los insectos abundaran, como en las celebraciones al aire libre.

EL FLAGÓN

En la mayoría de los contextos pastorales, se requieren al menos dos cálices para la distribución de la Comunión. En general, se necesita el doble de tiempo para recibir la Comunión en forma de vino que, en forma de pan, por lo que dos ministros de la copa deben ser emparejados con cada ministro del pan. Las copas auxiliares se llenan durante el Himno de la fracción, justo después de la fracción del pan. El vino adicional al único cáliz durante la gran plegaria eucarística se consagra en una jarra o flagón. La mayoría de las jarras destinadas específicamente a este propósito litúrgico son jarras con tapa abatible, hechas de metal precioso. Al igual que con los cálices, sin embargo, se pueden usar otros recipientes dignos. Incluso si sólo se necesita un cáliz para la distribución de la Comunión, el flagón del que se llena durante el ofertorio debe ser digno de la Cena del Señor.

EL RECIPIENTE DE AGUA

El Libro de Oración dice que es costumbre añadir un poco de agua al vino en el cáliz del ofertorio. La palabra "costumbre" sugiere más que un permiso y menos que un mandato. En la cultura secular romana, siempre se le agregó agua al vino antes de ser bebido. Luego de que la calidad del vino cambiara y la cultura secular abandonara la costumbre, esta práctica se mantuvo en la liturgia. Debido a que ya no parecía normal ni tenía sentido aparente para la gente, la acción asumió un significado alegórico, normalmente que Cristo tenía dos naturalezas: la humana (agua) y la divina (vino). El uso de Sarum lo veía como una alusión a la sangre (vino) y el agua que fluía del costado del Cristo muerto. La costumbre se conserva en el Libro de Oración porque era casi universal en las liturgias antiguas y medievales. La vinajera para el agua, aunque no es un utensilio principal o requerido, debe ser de alta calidad y valor artístico. Es frecuente ver una vinajera común de aceite y vinagre ser utilizada para este fin. Poner una cruz encima del tapón no aumenta el valor o la dignidad de la vinajera. Como todo lo asociado con la mesa del Señor, la vinajera para contener el agua que se ha de mezclar con el vino debe ser digna de la acción sagrada de la asamblea.

EL LAVABO Y LA TOALLA

El Libro de Oración Común no menciona, ni siquiera como opción, el lavatorio de las manos de quien preside luego de que las ofrendas sean presentadas a la mesa del Señor (e incensadas). Sin embargo, la costumbre actual es común en la Iglesia Episcopal, y tiene un antiguo precedente. Tanto en Oriente como en Occidente, el sacerdote que preside y, en algunos ritos, los diáconos que le ayudaron a recibir las ofrendas del pueblo, se lavaban las manos antes de la plegaria eucarística. En algunos ritos, el sacerdote se lavaba las manos al menos una vez más durante la liturgia, y a veces más. En la mayoría de las tradiciones, la persona que preside también se lavaba las manos en la preparación de la liturgia, antes de vestirse.

Algunos comentaristas destacan que el lavabo, palabra latina que significa "lavaré", era esencialmente práctico. Aquellos que habían ensuciado sus manos luego de recibir las distintas ofrendas del pueblo necesitaban lavárselas antes de poder tocar la comida que había sido puesta en la mesa del Señor. Otros comentaristas enfatizan la naturaleza simbólica de las diversas abluciones, ya que era común tanto en la cultura judía como en el cristianismo primitivo lavarse las manos antes de la oración. Estos comentaristas también señalan que no habría ningún propósito práctico en lavar las manos del que preside durante múltiples puntos del rito, como, por ejemplo, se hacía en algunos ritos luego del *Sanctus* así como después de la recepción de las ofrendas.

En nuestros días, el rito romano conserva un solo lavatorio de manos, entre la recepción de las ofrendas (y el incensarlas) y el comienzo de la plegaria eucarística. Esto refleja tanto una necesidad práctica (limpiar las manos del sacerdote antes de que toque el pan) como una acción simbólica (ya que el sacerdote está a punto de comenzar la oración central de todo el rito). Asimismo, este es el lugar lógico para el lavabo en la Eucaristía del Libro de Oración. No obstante, como en todas las demás cosas, la decisión de realizar el lavabo y la disposición de cómo ha de realizarse debe considerar en primer lugar si va a aumentar o disminuir la acción esencial que se está llevando a cabo: la preparación de la comida y la bebida y de la asamblea para la proclamación de la gran plegaria eucarística. La respuesta puede diferir de un lugar a otro y de una ocasión a otra. Por ejemplo, si se utiliza incienso, el lavabo toma lugar mientras se inciensa a la asamblea y quedara velado, por así decirlo, por esta acción. En un pequeño escenario, por el contrario, sería bastante visible y se convertiría en un elemento prominente del rito. La realización del lavabo y la manera de hacerlo debe tener en cuenta una serie de factores y cómo afectará a las acciones y objetos principales. A menudo, la misma vinajera para el agua que se utiliza para mezclar se utiliza para el lavabo, con un pequeño cuenco para recoger el agua. Cuando el lavabo se realiza de esta manera, es poco más que la humectación de los dedos del sacerdote. El uso de un tazón de agua más grande en el que el sacerdote pueda sumergir las manos sería más auténtico.

EL INCENSARIO Y EL BRASERO

En la liturgia, el incienso se quema en un incensario (un recipiente con cadenas, que se puede balancear) o en un brasero (un tazón). Los incensarios son de dos tipos: de cuatro cadenas y de una sola cadena. Los incensarios de cuatro cadenas tienen tres sujetas al tazón y una cuarta sujeta a su tapa. La tapa se levanta con la cuarta cadena, para que el carbón y el incienso puedan ser colocados con una cuchara en el tazón. La mayoría de los incensarios de una sola cadena tienen una tapa con una perilla a prueba de calor. La tapa se levanta agarrando la perilla y levantando la tapa hasta un punto de la cadena donde hay un gran anillo que la detiene. No obstante, algunos incensarios de una sola cadena no tienen tapas movibles en lo absoluto, pero tienen grandes aberturas en la parte superior

que permiten que el carbón y el incienso se añadan directamente al tazón. Los incensarios de cuatro cadenas se usan tanto en las Iglesias occidentales como en las orientales. Las cadenas de los incensarios de estilo occidental miden unos 30 centímetros de largo. Los incensarios orientales son más cortos y a menudo tienen campanas unidas a las cadenas. Las técnicas para usar los dos tipos difieren, y serán discutidas más adelante.

A diferencia de los incensarios, que dispersan el incienso al ser balanceados, los braseros son estacionarios. Cuando están hechos de un material que no es resistente al calor (como la cerámica, que se agrieta si se expone al calor de las brasas), deben contener arena. El carbón se enciende en el brasero, y se le pone incienso. Los braseros se utilizan, por ejemplo, para quemar incienso delante de un icono, durante una larga letanía o durante el canto del Salmo 141 en la oración de Vísperas o en un orden de adoración para el anochecer. Los braseros litúrgicos se usan mucho menos que los incensarios, pero se están volviendo más comunes.

LIBROS LITÚRGICOS

Los libros litúrgicos van más allá de solo contener información. Transmiten impresiones sobre la naturaleza de los textos que contienen. En esto, no son diferentes de otros libros: las encuadernaciones de cuero sugieren durabilidad e importancia, mientras que las cubiertas de papel crean la impresión opuesta. Los libros litúrgicos, dependiendo de cómo se encuadernen y cómo se manejan, transmiten muchas cosas sobre cómo la asamblea entiende lo que está haciendo. ¿Cuán provisionales son las acciones que se describen en estos libros? ¿Cuán duraderos son los relatos? ¿Qué peso tienen los preceptos morales? ¿Salieron de las propias reflexiones del lector o de la persona que preside, o emanaron de un origen superior a la congregación, del lugar y el momento presente? ¿Son estos textos tan actuales y oportunos que deben ser utilizados una sola vez y luego desechados, o son eternos y destinados a durar?

En la liturgia, algunos elementos son temporales y otros intemporales. Por lo tanto, diferentes tipos de libros tienen un lugar en la asamblea litúrgica. Algunos aspectos de la liturgia deben estar completamente actualizados para que sean auténticos, mientras que otros deben ser percibidos como eternos para que tengan impacto. El libro que contiene las Sagradas Escrituras, que la Iglesia determinó hace mucho tiempo que era intemporal, puede ser de un tipo, mientras que el libro que contiene la oración de los fieles, que debe ser recién compuesto justo antes de cada liturgia, puede ser de otro tipo.

Sin embargo, tanto si los libros están destinados a transmitir una permanencia relativa como a sugerir una inmediatez, ambos deben ser de buena calidad. Incluso los materiales que se utilizan una sola vez pueden ser producidos de forma hermosa, utilizando las modernas técnicas de edición electrónica. La oración de los fieles, por ejemplo, puede presentarse en un formato cuidadosamente diseñado, impreso en buen papel e insertado en una carpeta de tres anillos cubierta de cuero o tela. Esto transmite que la oración de la asamblea es seria (como lo demuestra la alta calidad de la impresión y la cuidadosa decoración de la carpeta), que es una parte recurrente e integral del rito (como lo demuestra el uso repetido de la misma carpeta), pero que se trata de algo totalmente actualizado y relevante para la asamblea (como lo demuestra el uso de una carpeta y una lista de peticiones).

Como siempre, las mismas preguntas se aplican a la naturaleza de los libros rituales como a cualquier otra área de la liturgia. ¿Qué causará en la asamblea el uso de este objeto o la realización de este gesto? ¿Qué transmitirá? ¿Qué provocará? ¿Apoyará el objetivo esencial de esta parte del rito, o lo socavará?

BOLETÍN DE ORDEN DE CULTO

Casi todas las parroquias episcopales y la mayoría de las congregaciones de otras tradiciones proporcionan a cada miembro de la asamblea un orden de culto impreso creado para el servicio particular o para todos los servicios de un día determinado. La importancia de este folleto no puede ser subestimada. No solo permite a los miembros regulares de la asamblea participar de manera adecuada, sino que también transmite información importante a los visitantes para que ellos puedan, de igual modo, participar en la liturgia sin sentirse perdidos, pudiendo así relajarse y, uno espera, rezar.

Los órdenes de culto, entonces, son herramientas importantes de evangelización y hospitalidad. Son una forma de invitar a la gente a compartir la vida de la Iglesia a su propio nivel de comodidad. Si se ha proporcionado un orden de culto bien elaborado, los miembros de la parroquia no tienen que mirar por encima de los hombros de los visitantes y decirles lo que tienen que hacer. Los visitantes sabrán lo que sucederá a cada paso y podrán decidir, persona por persona, con qué se sienten cómodos física, psicológica o espiritualmente.

Sin embargo, lo que hace a un orden de culto quedar bien hecho no es evidente. Algunos dicen que prácticamente cada palabra a ser pronunciada y cada nota a ser cantada debe ser impresa, junto con rúbricas cuidadosas que describan cada acción. Otros dicen que, para asegurar que los episcopales estén familiarizados con el Libro de Oración y los himnos, solo se deben dar referencias de páginas para que los miembros de la asamblea tengan que usar los libros proporcionados en las bancas. Muchos están de acuerdo en que, en cualquier caso, alguien (normalmente quien preside) debe complementar el folleto impreso anunciando los números de página y dando indicaciones posturales a lo largo de la liturgia.

La experiencia pastoral me ha demostrado que los siguientes principios y directrices conducen a órdenes de culto congregacionales eficaces, tanto para los miembros regulares de la congregación como para los visitantes, por muy limitada o extensa que sea su experiencia litúrgica.

1. Cada palabra y cada nota que conforman la participación corporativa de la asamblea debe estar impresa en el folleto.

Los episcopales experimentados a menudo admiten que, aunque han aprendido cómo moverse en el Libro de Oración, el Himnario de 1982 y en cualquier otro himnario que pueda utilizar una congregación (*El himnario; Wonder, Love and Praise; Lift Every Voice and*

Sing; The Hymnal; Enriching Our Music I; Enriching Our Music II; Voices Found), mientras sostienen el boletín, el manejo de todos estos libros a veces los distrae de la liturgia e impide su habilidad para orar. Para los visitantes, todos estos recursos pueden convertirse en un frustrante laberinto de papel y en causa de vergüenza. Los visitantes informan que no pueden entenderlo todo y se sienten ineptos. Un orden de culto completo beneficia a los miembros de siempre y a los que vienen por primera vez.

El paquete de software *The Rite Stuff* pone toda la colección de material litúrgico episcopal a un clic. Los escáneres, que ahora están incorporados en la mayoría de las fotocopiadoras, hacen que cualquier otro material se vuelva muy accesible para su reproducción. En aras de la justicia, ya que los compositores musicales viven de las regalías y la reputación, el material con derechos de autor debe ser reconocido y pagado. Las directrices para obtener permisos generales y únicos y los formatos adecuados para citar obras protegidas por derechos de autor se incluyen en *The Rite Stuff* y están ampliamente disponibles en línea.

No hay duda, producir un orden de culto integral requiere dinero y papel. Plantea interrogantes de mayordomía, tanto de recursos financieros como naturales. Ahora bien, en vista de los importantes beneficios que este tipo de boletín puede tener en la vida de una congregación y su misión evangélica, estos costos no resultan frívolos. Quizás, por el hecho de tener un boletín para todo servicio, otros gastos menos productivos podrían ser recortados del presupuesto. Del mismo modo, otros usos de los recursos desechables podrían ser reconsiderados. Por ejemplo, ¿puede la parroquia usar porcelana reutilizable y servilletas de tela en lugar de papel a la hora del café? ¿Se puede hacer circular el boletín informativo por vía electrónica a las personas que tienen correo electrónico? ¿Puede la oficina parroquial ser más rigurosa con el reciclaje? Hay muchas formas de conservar el papel que compensarían su uso para un orden de culto realmente eficaz.

2. Las palabras y notas que no se requieran para la participación de la asamblea no deben incluirse en el orden de culto.
Darle a la gente textos que no son suyos crea aislamiento, ya que cada individuo se encierra en el boletín, leyendo en lugar de escuchar a los demás y observar sus acciones. Imprimir material en el boletín que no es propio de la asamblea, en general, amenaza con socavar la naturaleza corporativa del evento.

Aunque la analogía no es perfecta, piensa en lo que pasaría en el teatro si cada miembro de la audiencia leyera un guion completo mientras la obra se desarrolla. La experiencia de la obra como algo real, inmediato y corporativo se reduciría enormemente. Su poder de evocación se vería disminuido. El impacto visual del evento, que es al menos tan esencial como el verbal y musical, pasaría desapercibido ya que la gente se ocuparía de las palabras impresas en una página en lugar del escenario y las acciones del elenco. (En la liturgia, por supuesto, toda la asamblea como el Cuerpo de Cristo es "el elenco".)

Los espectadores no necesitan el guion completo, pero lo que sí necesitan es un esquema general de lo que está sucediendo e instrucciones claras sobre lo que se espera de ellos. Por ejemplo, hay que recordarles que apaguen los teléfonos celulares, y que se paseen durante el intermedio, siempre atentos para volver a tiempo a sus asientos. Eso es lo que les da el programa de la obra. No les dice cuántos minutos tienen los diferentes actores para los cambios de vestuario ni imprime el acompañamiento de piano para el gran final. Eso puede ser de interés para los estudiantes de teatro, pero incluso ellos no lo esperan en el programa y, además, se dan cuenta de que la persona promedio se distraería. No contribuiría a hacer de la obra un evento vivo y dinámico.

Un evento escénico que es más parecido a la liturgia que una obra de teatro, y por lo tanto es quizás más instructivo, es el canto anual del Mesías que muchas orquestas promueven. Exactamente igual que en la liturgia, la "asamblea" en su conjunto representa el evento. Toda la sala se convierte en el escenario. Cuando se trata de material impreso, los "artistas" tienen todo lo necesario para sus papeles, pero sólo eso. Los miembros de la sección de contralto no tienen las partituras de la trompa francesa o las de los solistas, quizás ni siquiera las de las otras secciones vocales. Lo que sí tienen es un esquema que indica el orden en el que vendrán las piezas, e incluye los trozos de las partes de otros que necesitan para no perder sus claves. Eso, sin embargo, es todo. Un buen orden congregacional de culto sigue ese modelo.

Un boletín de esta índole permite a la congregación ver la liturgia y experimentarla como un evento; escuchar las Escrituras como una proclamación viva, no como un texto en una página; atender a los movimientos de sus propios corazones y mentes como posibles pistas sobre el movimiento de Dios más que a un guion palabra por palabra; y sentirse parte de un todo, no unidades en un conglomerado de individuos. Entonces, cuando llega el momento de actuar, las instrucciones detalladas están frente a ellos, junto con los textos y la música. Un orden de culto impreso que da a la asamblea todo lo que necesita sin encerrarla en lo que solo necesitan los ministros designados contribuye a una liturgia que se siente viva (en contraposición a sentirse "enlatada") y que permite a cada persona atender a la liturgia utilizando todos los sentidos.

He visto muchas órdenes de culto que proporcionan a los miembros de la asamblea todo lo que no necesitan, y muy poco de lo necesario. Estos boletines incluyen los textos completos de las lecturas (algo que la congregación no necesita, especialmente si los lectores están bien entrenados), pero les hace ir al Libro de Oración para encontrar el Salmo (que sí necesitan). Estos folletos dan al pueblo el texto completo de la oración de los fieles, aunque solo necesitan tener las respuestas que se leen en voz alta. También significa que las oraciones fueron compuestas para una fecha límite de impresión, días antes de la liturgia. ¿Cuáles son las verdaderas necesidades del mundo que surgieron en el ínterin? Imprimir la lista de necesidades y nombres en vez de simplemente las respuestas no solo da a la congregación el texto que no necesita, sino que los confunde sobre lo que son estas oraciones: intercesiones genuinas sobre necesidades concretas, actualizadas, social y personalmente significativas.

A menudo, estos inútiles órdenes de culto obligan a los miembros de la asamblea a buscar libros de oración para encontrar el texto de la confesión, algo que es esencial para su función: algo que, de hecho, necesitan para el ministerio de la congregación. Estos boletines dan a la asamblea el texto completo de la gran plegaria eucarística, algo que no necesitan (y, además, algo que les distrae de mirar el pan y el vino y las acciones esenciales que ocurren alrededor y con ellos). Sin embargo, estos boletines hacen que la gente tenga que buscar en uno de los himnarios la música para el *Sanctus* y, quizás, la aclamación conmemorativa (luego de que hayan descubierto cuál es el himno). Más tarde, después de la Comunión, deben hojear frenéticamente el Libro de Oración para localizar la oración de la poscomunión, esperando poder decir algunas pocas palabras antes de que otros en la congregación hayan terminado de recitarla. Esto es especialmente molesto si la oración es una que la gente generalmente no se sabe de memoria (la usada en los funerales, por ejemplo).

En general, los órdenes de culto deben proporcionar a los miembros de la asamblea todo lo necesario para celebrar el rito con facilidad y vigor, pero sin distraerlos con otro material. Los folletos deben ayudar a la asamblea a comprometerse con el rito con todos los sentidos y a experimentarlo como un encuentro vital y vivo con Dios.

3. El Libro de oración imprime todos los textos para la congregación en líneas de sentido, y los órdenes de culto deben seguir la misma convención.
Es decir, los textos del Libro de Oración están dispuestos de manera que el final de cada línea señala una pausa en la recitación. Esto permite a la asamblea rezar al unísono. En las órdenes de culto, se debe seguir la misma convención. La disposición de los textos en líneas de sentido ayuda a la asamblea del mismo modo que lo hace la notación musical. La disposición de los textos en líneas de sentido asegura que la recitación sea nítida y fuerte, y ayuda a los adoradores a sentirse más seguros sobre cómo expresar el texto. Es una cuestión de hospitalidad y trabaja con el objetivo de que la asamblea tenga confianza y sea competente.

Al principio, es frecuente que la gente se tropiece con un texto al unísono. Que quien presida diga, "Todos juntos ahora", o algo similar, no es ingenioso y pone palabras controladoras sin necesidad en boca de quien preside. Para evitar esto, una parroquia puede establecer una política sobre cuándo la asamblea "salta" a un texto. Una pauta útil, y la que tiene más precedentes, es que el líder recite la primera línea (técnicamente llamada *incipit*), y luego los demás miembros de la asamblea tomen la segunda línea. Esto crea un comienzo limpio y ordenado y hace que la asamblea se sienta cómoda. El patrón debe indicarse en el orden de culto, especialmente por el bien de los visitantes. Por ejemplo, la oración de la poscomunión puede ser impresa de esta manera:

El o la que preside:	Oremos.
	Eterno Dios,
Asamblea:	Padre Celestial,
	en tu bondad nos has aceptado como miembros vivos...

Proporcionar detalles como estos no es una táctica de control. Por el contrario, están destinados a ayudar a la asamblea a actuar de forma independiente.

4. Las rúbricas son tan importantes como los textos y la música. Un orden funcional de adoración aporta a la asamblea indicaciones para sus acciones.

Para los visitantes, estas indicaciones son probablemente más importantes que los textos y la música. También dan a los miembros y a los asistentes regulares a la iglesia las herramientas para orar plenamente, adoradores seguros de sí mismos a los que no hay que decirles lo que tienen que hacer en cada momento. Cuando el sacerdote le dice habitualmente a la asamblea lo que tiene que hacer, se establece una dependencia que transmite sutilmente a la asamblea el mensaje de que ellos no son los celebrantes. Y cuando la asamblea cree que es el sacerdote, y no la asamblea, quien celebra la liturgia, esto repercute en la vida de la congregación mucho más allá de la hora del domingo.

Las rúbricas deben ser tan completas como sea posible sin ser paternalista. Por ejemplo, muchas congregaciones en su orden de culto aseguran a todos los miembros de la asamblea que son bienvenidos a acercarse a la mesa del Señor durante la Comunión, y explican cómo aquellos que desean buscar una bendición en lugar del sacramento deben hacérselo saber a la o el que preside. Notas como esta son de gran ayuda para los visitantes. Transmiten tanto información importante (Reciba una muy cordial bienvenida) como instrucciones importantes (Si lo hace de este modo, se verá como todo un profesional y quien preside sabrá lo que usted desea) sin tener una actitud mandona. Esta es hospitalidad impresa.

5. A veces las notas explicativas son útiles, especialmente si algo inusual está sucediendo o si hay personas presentes que no están familiarizadas con la liturgia.

Por ejemplo, al principio de un orden de culto para un funeral, un evento que atrae a muchas personas que no están familiarizadas con la liturgia episcopal, sería útil imprimir algo como: "Quien preside rocía el ataúd con agua de la fuente bautismal, y un manto blanco, símbolo de la vestimenta del mismo color con la que los cristianos se visten en el bautismo, se extiende sobre él". Los visitantes que no sepan que el recipiente de agua es la pila bautismal o que los cristianos se visten de blanco en el Bautismo se beneficiarán de la nota.

Sin embargo, las notas explicativas se vuelven contraproducentes cuando pretenden explicar exactamente lo que significan los símbolos. Tales notas les roban a los símbolos su poder de evocar respuestas a múltiples niveles en la mente y el corazón humanos. Por ejemplo, incluso las personas que no saben lo que es una pila bautismal saben lo que es el agua. Son muy conscientes, tanto a nivel consciente como preconsciente, de las innumerables funciones y significados del agua. Decirle a la asamblea exactamente lo que significa el agua sería un obstáculo para lo que hace el agua: suscita una multiplicidad de percepciones y experiencias, casi todas ellas relevantes para la comprensión cristiana del bautismo. Escoger un significado de todos ellos, o incluso de unos pocos, y explicarlos en un orden de culto, le quita al agua su capacidad de atraer a los adoradores en múltiples niveles. Lo mismo ocurre con todos los demás símbolos de la liturgia, ya sean verbales, auditivos, táctiles, cinéticos o visuales. Si lo explicas demasiado, lo inutilizas. Tomando prestado el comentario de Aidan Kavanagh sobre la naturaleza de la vestimenta ritual, explicar un símbolo es convertirlo en un cartel: bidimensional, plano y purgado del misterio que es una ventana al Misterio.

Capítulo 6

EL AÑO LITÚRGICO

La mayoría de la gente viene a la iglesia los domingos esperando tener una experiencia. No suelen buscar información, y casi nunca información histórica. Las lecciones de historia pueden ser interesantes e instructivas, incluso inspiradoras y desafiantes, pero no son suficientes para que la mayoría de la gente vaya a la iglesia. Con el tiempo, la gente puede querer aprender sobre la historia de la iglesia, pero no será lo que los hizo venir en primer lugar.

Es imposible catalogar todas las razones por las que la gente hace algo tan contracultural como levantarse el domingo por la mañana para ir a la iglesia. Algunos buscan una comunidad que rompa con el, a menudo, sofocante aislamiento de la sociedad moderna. Algunos buscan socios en la lucha por la justicia y la rectitud. Algunos buscan un ambiente basado en valores donde sus hijos, tal vez por ósmosis, aprendan a vivir vidas honorables. Estas son buenas razones para ir a la iglesia, pero todas pueden ser satisfechas igual de bien en otros lugares. Clubes de campo, grupos sociales, comités de acción política, tropas de exploradores, equipos de fútbol, y un montón de otros programas vibrantes y accesibles servirían. ¿Por qué la gente elige venir a la iglesia? Porque la Iglesia promete lo que nadie más se atreve a prometer: un encuentro con Dios. No es que la Iglesia sea el único lugar donde Dios está presente. Dios no está más presente en una iglesia el domingo por la mañana que en cualquiera de esos otros lugares. La Iglesia no tiene el monopolio de Dios. Pero lo que sí tenemos es una intención articulada de encontrar a Dios y una voluntad compartida de rendirnos a Dios. Dios puede ser encontrado en cualquier lugar y en cualquier grupo, pero la iglesia es donde la gente está explícitamente buscando y está dispuesta a encontrar a Dios.

En ningún lugar la intención de la Iglesia de buscar un conocimiento más profundo de Dios, "encontrar y ser encontrado" por Dios (LOC 308), está más claramente articulada que en la liturgia. En su acción ritual, la Iglesia se abre de forma deliberada al encuentro con Dios. Como dice el Catecismo, los sacramentos son "dados por Cristo como medios seguros y eficaces por medio de los cuales recibimos" la gracia espiritual (LOC 750). La gracia no es una mercancía. Es una relación: "el favor de Dios para con nosotros, que no hemos ganado ni merecido" (LOC 750). Pan y vino, agua y aceite, arte y arquitectura; el toque y el habla, los rostros, y los cuerpos humanos: todas estas cosas ordinarias, mundanas y terrenales se convierten en el lugar de encuentro de Dios y su pueblo. Y entre todas las cosas ordinarias que forman la base sobre la que se encuentran lo humano y lo divino está el tiempo.

El año litúrgico, al igual que el espacio litúrgico, es un contexto en el que se desarrolla el encuentro eucarístico divino-humano. Así como el edificio de la iglesia es la estructura espacial donde la iglesia expresa y experimenta su relación con Dios, el año litúrgico es la estructura temporal. En el tiempo, el pueblo de Dios se encuentra con el Dios que está más allá del tiempo, presente y en medio de ellos.

A diferencia de nuestros calendarios ordinarios de días y semanas y años, el año litúrgico no es una serie de aniversarios o conmemoraciones de eventos pasados, sino una estructura para acercarse al Eterno dentro de lo finito. Día a día, semana a semana, estación a estación, el año litúrgico proporciona una serie de lentes a través de los cuales la Iglesia puede ver en pequeños destellos una realidad y una relación que ningún ser humano puede captar en su totalidad. Incluso entre sí, incluso en la más vulnerable e íntima de las relaciones, los seres humanos finalmente se encuentran con la evasión final del otro. Ninguna persona puede captar la totalidad del otro. ¡Cuánto menos reducible es la relación entre la humanidad y Dios! El año litúrgico es esencialmente un esquema que, en el curso del año, mantiene ante la asamblea una serie de pequeñas ventanas a la Vida Divina activa en el mundo y, de manera particular, activa en el Cuerpo de Cristo. En conjunto, todas estas visiones se funden en un cuadro más amplio, aunque todavía parcial e imperfecto, del Dios que los creyentes conocen en Cristo.

La primera generación de cristianos llegó a conocer la Presencia Divina en su mundo conociendo a Jesús en su encarnación histórica. En las generaciones posteriores, el año litúrgico evolucionó gradualmente como un patrón organizado que pretendía dar a los cristianos de hoy en día un eco de la experiencia de primera mano de sus antepasados. Las historias registradas de la vida de Jesús se convirtieron en la lente a través de la cual podían ver lo que, de hecho, seguía sucediendo ante sus ojos: el ministerio salvador de Cristo. Hoy, como los relatos bíblicos de la vida de Jesús están cuidadosamente ensamblados a través del año litúrgico, la vida del Jesús histórico muestra a los cristianos contemporáneos cómo es el Misterio, para que lo reconozcan cuando lo vean. De lo contrario, podría pasar ante ellos sin que se den cuenta, o al menos sin que se le dé un nombre.

A medida que la Iglesia avanza a través del año litúrgico, se esfuerza por ver en el presente y mediante el Espíritu la acción salvadora de Dios que una vez estuvo en el mundo en Jesús de Nazaret. Por lo tanto, el año litúrgico no es para recordar algo que sucedió hace mucho tiempo, sino para reconocer lo que está sucediendo ahora. El año litúrgico no está destinado a dar una lección de historia, sino a facilitar una experiencia.

El papa León Magno, del siglo V, dijo que "lo que estaba presente en el Salvador" ha pasado a los "Misterios", es decir, a los sacramentos, una categoría que era mucho más fluida en su época que ahora. En la vida de la comunidad, y especialmente en sus actos oficiales y litúrgicos, Jesucristo está tan presente como lo estuvo en su manifestación histórica del primer siglo, aunque de un modo diferente. Todo el ministerio de sanación y reconciliación de Jesús es accesible hoy. No estamos en desventaja por estar separados por milenios de los eventos bíblicos. En el curso del año litúrgico, la Iglesia contemporánea se centra desde un ángulo y luego desde otro en la presencia y la acción de Jesús en el mundo y en la comunidad cristiana, usando la vida del Jesús histórico como su guía. Y aunque es imposible para la humanidad comprender la divinidad, en el curso de todo el año litúrgico la Iglesia mira desde todos los ángulos posibles al Resucitado presente en su seno.

El año litúrgico es *ahora*. No se trata de *más tarde*.

Uno de los grandes redescubrimientos del movimiento litúrgico de principios del siglo XX fue la noción de *anamnesis*, es decir, un cierto tipo de hacer memoria. El benedictino alemán Odo Casel fue singularmente importante en la reintroducción de esta noción bíblica del hacer memoria en el pensamiento teológico y especialmente en el litúrgico. La pregunta que le fascinaba era cómo los eventos de la vida histórica de Cristo pueden ser llevados a la vida de aquellos que viven después de la glorificación de Cristo. Casel creía que, a través de la memoria litúrgica, los cristianos contemporáneos entran en contacto real con los acontecimientos salvíficos que tuvieron lugar en la vida de Cristo, especialmente su Misterio Pascual: su paso de la vida a la muerte y a la gloria. Casel y otros que se basaron en su obra, que a su vez se construyó sobre el pensamiento patrístico, no llegaron a nada definitivo, o incluso a algo que fuera del todo claro sobre cómo podría suceder esto. Pero entendían que lo que los cristianos encuentran en la liturgia no es la gracia en el sentido de algún bien espiritual, sino la gracia en el sentido de una relación divino-humana. Lo que enfrenta la asamblea litúrgica no es una fuerza sino una persona. En la liturgia, la Iglesia se encuentra con Jesucristo. Y lo que ofrece hoy no es menos que lo que ofreció a sus contemporáneos. Ofrece un encuentro real que trae sanación, reconciliación, salvación, sabiduría y todo lo demás que ofreció a sus primeros discípulos y, a través de ellos, al mundo. Como dice el histórico documento ecuménico del Consejo Mundial de Iglesias, *Bautismo, Eucaristía y ministerio*, "Cristo mismo con todo lo que ha realizado para nosotros y para toda la creación (en su encarnación, servicio, ministerio, enseñanza, pasión, resurrección, ascensión y envío del Espíritu) está presente en esta *anamnesis* [eucarística], concediéndonos la comunión con él".[5]

---

5. *Baptism, Eucharist and Ministry, Faith and Order* - Paper No. 111 (Geneva: World Council of Churches, 1982), Eucharist II.B.6.

ORÍGENES Y DESARROLLO

La serie de lentes que el año litúrgico proporciona para ver la acción divina no surgió de repente como un sistema intacto. Al principio, solo había una fiesta cristiana: el domingo semanal. No conmemoraba nada en particular en la vida del Jesús histórico. No era (al menos no en el sentido en que la gente a menudo lo entiende) una "pequeña Pascua"; es decir, no era una celebración de la resurrección como un evento. Más bien, celebraba toda la vida, muerte, resurrección y glorificación de Jesús y su fruto: su presencia viva en la vida de la Iglesia. El domingo era el encuentro semanal de los miembros del Cuerpo de Cristo entre sí y, por lo tanto, con Aquel que vivió, con y en ellos, y en la comida y bebida sacramental que compartían.

La historia de Emaús puede ser leída como una alegoría de la asamblea semanal de creyentes, que experimentan a Cristo en Palabra y Sacramento. En todo el evento litúrgico, Cristo está realmente presente y activo para la Iglesia, no en la memoria, sino en el hecho real. Que su presencia sea esquiva, como en la historia de Emaús, es seguramente una de las razones por las que el año litúrgico se convierte tan a menudo en una serie de conmemoraciones de eventos pasados. El Jesús histórico es mucho más manejable y más fácil de precisar que el Cristo que está presente-en-ausencia. Es más fácil recordar lo que *hizo* Jesús que discernir lo que podría *estar* haciendo hoy. Sin embargo, el poder potencial de la liturgia se pierde cuando la Iglesia toma el camino más fácil. El objetivo de la vida cristiana es una relación personal con Jesús, a través de la cual se encuentran de forma intencional y consciente con el Resucitado y por lo tanto son transformados. El año litúrgico es un sistema, basado en los eventos registrados en la vida del Jesús histórico, para negociar ese encuentro. El año litúrgico es un esquema para el encuentro con Jesús en la fracción del pan (tomado en su sentido más amplio: todo el evento litúrgico), no para recordar que una vez, hace mucho tiempo, la gente se encontró con Dios al sentarse a la mesa con él.

Después de la aparición de la fiesta semanal del domingo, los cristianos añadieron a su calendario las fiestas de los mártires locales, celebradas en los aniversarios de sus muertes. Los mártires mismos no eran el centro de las fiestas; más bien, los adoradores recordaban la continua ofrenda de Cristo que se manifestaba en los mártires. Al reconocer la muerte de Cristo en la muerte del mártir, y por lo tanto la glorificación de Cristo en la glorificación del mártir, la Iglesia percibió que la misión de Cristo en el mundo era continua y concreta. Quienes celebraban la muerte de los mártires no querían suponer que la Pascua de Cristo fuera menos que un acto único y suficiente. Más bien, daban testimonio de que Cristo seguía viviendo el modelo sacrificial de su vida, evidente desde el momento de su encarnación *kenótica* (de vaciado de sí mismo), incluso en la Iglesia contemporánea.

Los mártires fueron ejemplos de lo que Cristo todavía estaba haciendo. Los cristianos celebraron la Eucaristía en las tumbas de los mártires como testimonio de que estaban en comunión con ellos, y por consiguiente en comunión con Cristo. En la liturgia, se sabían unidos con "Ángeles y Arcángeles, y con todos los coros celestiales" (LOC 284). Los santos que han sido añadidos al calendario desde entonces, y que se añaden en cada Convención General, son signos del continuo ministerio de Cristo.

EL TRIDUO

Lo siguiente en el desarrollo del año litúrgico fue la creciente implantación de imágenes cristianas en la Pascua judía hasta que, en esencia, ya no era judía. Muchas de las imágenes clásicas de la era precristiana permanecieron, especialmente las del Éxodo y el Mar Rojo. Sin embargo, con el tiempo, la Pascua de Jesús de la vida a la muerte y a la gloria se convirtió en la imagen pascual más importante para los cristianos. Se desarrolló una Pascua completamente cristiana, tan divergente de la Pascua judía que se había convertido en una fiesta diferente.

En el siglo III, la celebración cristiana de la Pascua ya constituía una celebración bautismal anual. La preparación final de los elegidos tenía lugar en una estación prepascual, conocida hoy como Cuaresma. La invitación del Libro de Oración "a la observancia de una santa Cuaresma" en la liturgia del Miércoles de Ceniza señala explícitamente el carácter bautismal de la estación. En los bautismos pascuales, la muerte y la resurrección de Jesús no se conmemoraba simplemente como un acontecimiento del pasado, sino que se experimentaba de nuevo en la muerte y la resurrección de los recién bautizados. "Lo que estaba presente en el Salvador" había pasado realmente a los misterios. La epístola en la Gran Vigilia Pascual es la de Romanos: "¿No saben ustedes que, al quedar unidos a Cristo Jesús en el bautismo, quedamos unidos a su muerte?" (6:3). Este pasaje bíblico es la clave de toda la vigilia, ya que pone de relieve el hecho de que la celebración no se trata de un acontecimiento que se pierde en el pasado, sino de una transformación que es accesible en el presente. La Iglesia no se limita a recordar lo que sucedió en el momento de sus orígenes, sino que lo experimenta de nuevo en la liturgia.

Así como la Pascua judía unió en una sola celebración los diversos aspectos del evento del Éxodo, esclavitud, plagas, huida, Mar Rojo, liberación, así la Pascua cristiana unió en una sola celebración los diversos aspectos del misterio pascual de Cristo: traición, captura, juicio, tortura, camino al Calvario, muerte, entierro, resurrección, glorificación, presencia en el Espíritu. No se celebraban en liturgias distintas en días distintos, sino que se celebraban todos juntos en una "fiesta unitiva", como dicen los liturgistas. En el siglo IV, varios aspectos de la realidad unitiva comenzaron a ser celebrados, no en un día, sino en tres días: viernes (marcado desde el atardecer del jueves), sábado y domingo. Esta fiesta extendida de tres días se llama el Triduo Pascual.

Es crucial que los ministros de pastoral no pierdan de vista los orígenes de estos tres días. Son en esencia la separación en tres hilos de lo que comenzó como un solo evento. No son tres días que celebran tres eventos históricos distintos, sino un evento de tres días que celebra una dinámica de salvación. Como James Farwell escribe en su importante libro sobre el Triduo, "Las liturgias del Triduo Pascual son el punto en la práctica ritual cristiana donde la disposición de la fe cristiana para enfrentar directamente el sufrimiento humano, y para encontrar a Dios trabajando en y a través del sufrimiento, es a la vez la más evidente y la más fácil de ocultar… La resurrección se celebra no como un momento 'después' del sufrimiento y separado de él, sino como un misterio que nace en y del sufrimiento".[6]

Un pastor responsable no puede predicar a la gente real que vive vidas reales que llegará el día en que todo su sufrimiento terminará finalmente, al menos no antes de la muerte. En cambio, un pastor sabio invitará a la iglesia a confiar en que, en medio del sufrimiento, la mano transformadora de Dios es a menudo la más activa y la más capaz de cambiar vidas. Este es el mensaje del Triduo. Cuando se observa no como una secuencia de conmemoraciones históricas (que comenzaron mal y terminaron bien), sino como una celebración de tres días de las realidades inextricablemente entrelazadas del sufrimiento y la salvación, de la muerte y la vida, el Triduo Pascual forma a la Iglesia para vivir la auténtica vida cristiana. Dado que el Triduo es la promulgación ritual anual (no la recreación) del mensaje cristiano central en toda su práctica pastoral, que incluso en medio de la muerte hay vida, la Iglesia católica romana y la Iglesia evangélica luterana en Estados Unidos han establecido el Triduo como su propia estación de tres días. El calendario en el reciente *Culto evangélico luterano* llama a la estación "Los Tres Días" (ELW 14). En muchas congregaciones episcopales, el Triduo se mantiene como una sola celebración de tres días, aunque desafortunadamente el calendario actual de la Iglesia Episcopal considera el Viernes Santo y el Sábado Santo parte de la Cuaresma.

El *Libro presbiteriano del culto común* expresa la unidad de los Tres Días terminando cada uno de los servicios con una rúbrica que indica que el servicio continúa al día siguiente: al final de la liturgia del Jueves Santo señala que "el servicio continúa el Viernes Santo" (BCW 279), y al final de la liturgia del Viernes Santo declara: "El servicio continúa con la Vigilia Pascual, o el Día de Pascua" (BCW 291). Esta es una señal útil para los adoradores de que los Tres Días son en realidad uno "solo", y que las liturgias del Triduo son en realidad una sola liturgia. Justo antes de la publicación del *Libro del culto común*, una comisión designada por la Iglesia publicó un volumen sobre el año litúrgico como el séptimo de sus Recursos litúrgicos suplementarios. Su tratamiento del Triduo es compacto pero rico.

> El Triduo nos compromete desde el jueves hasta el domingo en un acto unificado. Lo que sucede el Jueves Santo, el Viernes Santo y la Vigilia Pascual forma una historia dramática continua. Estos días deben ser vistos juntos, en vez de por separado… Debido a la interrelación de los tres días, cada servicio del Triduo necesita que los otros cuenten toda la historia. Por ejemplo, la resurrección es incomprensible sin la entrega de Cristo en la crucifixión y en la cena del Señor. Por lo tanto, la Pascua

---

6. James Farwell, *This Is the Night: Suffering, Salvation, and the Liturgies of Holy Week* (New York: T & T Clark, 2005), 7.

necesita el Viernes Santo y el Jueves Santo para ser completamente entendida. El camino hacia el triunfo de la Pascua es a través del Triduo.[7]

El *Culto evangélico luterano* lo expresa de esta manera. "Los servicios del Jueves Santo, Viernes Santo y la Vigilia Pascual se desarrollan en un solo movimiento, ya que la Iglesia cada año hace el recorrido junto a Cristo de la muerte a la vida" (ELW 247). Esto enfatiza no solo la unidad de los Tres Días, sino la realidad actual que celebran. La Iglesia realmente transita con Cristo, no sólo recuerda su lejano e histórico paso.

DE PASCUA A PENTECOSTÉS

Ya en el siglo II, la Pascua comenzó a celebrarse no como un día, sino como una temporada. Coincidió con el festival judío de Las Semanas, que dura cincuenta días y termina con el festival del día cincuenta, Pentecostés. Los cincuenta días de Pascua son, como el día original de Pascua y el "Día" del triduo ampliado, una especie de fiesta unitiva prolongada. Son un período prolongado de celebración pascual, no una serie de conmemoraciones secuenciales. Son una prolongación del festival de Pascua. La fiesta de Pentecostés marca el final de la estación de Pascua. Los domingos después del quincuagésimo día se denominan los Domingos después de Pentecostés, así como la estación se llama la Estación después de Pentecostés, no la Estación de Pentecostés (LOC 32).

EPIFANÍA/NAVIDAD

El ciclo de Epifanía/Navidad fue el último gran desarrollo del año litúrgico, llegando bastante tarde, a finales del siglo IV o principios del V. Esta innovación marcó un cambio en la concepción dominante de una fiesta cristiana. Los orígenes exactos de la celebración de la encarnación y la manifestación de Dios en Cristo son discutidos, pero desde su inicio este grupo de celebraciones tuvo el sabor de un aniversario. Aunque este ciclo de fiestas, como el resto del año, no dejó de reconocer que la encarnación de Cristo es una realidad continua y permanente, creó con bastante rapidez una serie de celebraciones de aniversario para los diversos acontecimientos mencionados en los relatos evangélicos de la natividad de Jesús y otros registros de la vida del joven Jesús. A mediados del siglo IV, en Occidente se celebraban una serie de fiestas conmemorativas. Todas ellas se centraban en lo que hoy se llama "Navidad" y sentaron el precedente para pensar en todas las fiestas litúrgicas principalmente como conmemorativas: recordatorios del pasado de Cristo en lugar de encuentros con el presente de Cristo.

Las Iglesias orientales tenían una fiesta similar: los orígenes de lo que llamamos la Epifanía. La Epifanía originalmente celebraba la realidad de que, en Cristo, Dios se manifestaba. Sus imágenes se basaban en las muchas epifanías tempranas de Dios en Cristo: pesebre, magos, pastores, bautismo y Caná. Debido a que el bautismo de Jesús era una

---

7. *Liturgical Year: The Worship of God*, Supplemental Liturgical Resource 7 (Louisville: Westminster/John Knox Press, 1992), 35.

imagen clave, la Epifanía se convirtió en la segunda fiesta anual de bautismo en Oriente y en zonas de Occidente muy influenciadas por Oriente, aunque no en Roma y las Iglesias más fuertemente influenciadas por ella. Una estación preparatoria, como la Cuaresma, se estableció antes de la fiesta, durante la cual los catecúmenos se preparaban para el bautismo. Al igual que la Cuaresma, tenía un tono generalmente penitencial.

En el norte de Europa, además de las manifestaciones históricas de Dios en Cristo y las imágenes bautismales, se añadió un tercer hilo: la eventual manifestación de Cristo en la consumación de la historia. A diferencia de los primeros cristianos, que rezaban, "Que la gracia venga y este mundo pase.", esperando compartir la gloria de Cristo, los primeros cristianos medievales vivían con el temor de un juicio desfavorable en la parusía. En las regiones donde el regreso de Cristo se convirtió en un foco de atención de la fiesta de la Epifanía, el tenor penitencial y temible del Adviento se intensificó.

El Adviento que se desarrolló en Roma tomó un curso diferente. En Roma y las Iglesias que seguían sus normas, incluyendo la Iglesia inglesa, surgió una estación prenavideña, pero era un tiempo de preparación para el aniversario del nacimiento del Señor, no para los bautismos. Esta estación de Adviento no tenía un tono penitencial. Gradualmente, sin embargo, algunas costumbres penitenciales de Adviento emigraron de las iglesias que fueron influenciadas por el Este, así como las costumbres romanas se filtraron en ellas, dejando al Adviento occidental con una identidad algo conflictiva. Las marcas del conflicto perduran aún hoy. Por ejemplo, en las rúbricas actuales del Libro de Oración, el Gloria no se canta durante el Adviento, como tampoco se canta durante la Cuaresma; sin embargo, el Aleluya se canta en el Adviento, mientras que en la Cuaresma no se canta. Hoy, muchas parroquias utilizan vestimentas azules en Adviento en lugar de púrpura (el color común para la Cuaresma) para distinguir estas dos estaciones y, sobre todo, para desenfatizar la calidad penitencial del Adviento.

Mientras que algunos afirman que las vestimentas azules de Adviento son auténticamente anglicanas porque eran la costumbre de Sarum, en realidad no lo eran. Las vestimentas azules se usaban para la liturgia sarum, pero no en Adviento. Aun así, las vestimentas azules de Adviento distinguen visualmente el Adviento y la Cuaresma, y son un desarrollo emergente de la tradición occidental. (La Iglesia romana, por cierto, no usa vestimentas azules excepto con un permiso especial en iglesias específicas donde hay un precedente antiguo, y en ocasiones extremadamente raras. Las prohíbe explícitamente para el Adviento).

La historia del Adviento es tan compleja que se podría argumentar para celebrarlo de muchas maneras: como un tiempo de preparación bautismal, un período de penitencia o una alegre estación de preparación anticipada. La tercera opción es claramente el consenso ecuménico occidental, por lo que lo consideraremos la norma.

PRÁCTICAS PASTORALES

◆ Cada domingo es una fiesta y debe ser tratada como tal.

◆ Lo que constituye una fiesta varía de una cultura a otra, e incluso de una congregación a otra. El equipo de planificación litúrgica y los ministros tienen la tarea de discernir lo que sugiere festividad dentro de su contexto particular.

◆ Cada reunión de la iglesia es sobre el Cristo, presente en el Espíritu. No hay otros temas litúrgicos. Lo que comúnmente se llaman "temas" se entienden mejor como ángulos de acercamiento al único misterio.

◆ Un número significativo de los domingos "ordinarios" se producen en el verano, pero el verano no es una estación litúrgica. Si bien los medios de transporte modernos hacen inevitable que los miembros de la asamblea litúrgica viajen durante el verano, la disminución de la asistencia no es una excusa para descuidar la festividad de la fiesta semanal. El grupo de planificación litúrgica, y especialmente los músicos, quien preside y el predicador deben determinar cómo mantener la calidad de la liturgia a pesar de que la congregación sea más pequeña y quizás no haya coro. Esto puede dar ideas que vigorizarán el resto del año.

◆ El año litúrgico comienza el primer domingo de Adviento. Ese día comienza la lectura del Evangelio sinóptico asignado a ese año: Mateo en el año A, Marcos en el año B y Lucas en el año C. El inicio del Evangelio debe comunicarse a la asamblea, tal vez en forma homilética, en el primer domingo de Adviento.

◆ Cada uno de los evangelios tiene su propia lógica interna y teología, y los textos de cada domingo deben ser vistos, especialmente por el predicador, dentro del programa general de lecturas del Evangelio.

◆ En los "domingos verdes", el Evangelio sinóptico asignado se lee en orden de semana a semana. Sin embargo, algunos segmentos del Evangelio se saltan o se usan en días festivos. Esto se llama "lectura semicontinua" del Evangelio, a diferencia de la "lectura continua", donde no se saltan pasajes. La lectura ordenada del Evangelio de domingo a domingo refleja el estrato más antiguo del año litúrgico, cuando el domingo era la única fiesta. Los dos grandes ciclos de Pascua y Navidad se insertan en esta estructura básica. Los domingos después de Pentecostés y después de la Epifanía, en los que se leen los propios numerados, son el hilo conductor del año. No son solo un relleno entre las estaciones.

- Las otras lecturas de los "domingos verdes" en el *Leccionario común revisado* también son semicontinuas. Un predicador podría centrarse en el hilo que estas tejen de domingo a domingo.

- Mientras que un predicador debe hacer una exégesis completa de cada texto para aprender lo que significa en su propio tiempo, la tarea final del predicador es explorar cómo Dios sigue haciendo ahora lo que hacía entonces. El material exegético es para las notas a pie de página del sermón y rara vez merece un lugar prominente en el sermón predicado. El sermón no es sobre el texto. Es sobre la presencia y acción actual del Dios cuya presencia y acción están atestiguadas en la Escritura.

EL CICLO PASCUAL

Todo el ciclo de Pascua, desde el Miércoles de Ceniza hasta Pentecostés, se centra en el Pacto Bautismal y está dirigido hacia la Gran Vigilia Pascual. Incluso el aspecto penitencial de la Cuaresma debe ser visto como el reconocimiento de la Iglesia de que ha fallado en expresar la gracia que Dios le dio libremente en el bautismo. La penitencia cuaresmal está enraizada en el sentido de la Iglesia de que no ha vivido a la altura de la gracia bautismal inmerecida y no ganada, no en qué debe hacer mejor para merecer o ganar esa gracia.

CUARESMA

- Si los catecúmenos van a ser bautizados en la Vigilia Pascual, la oración de la comunidad durante la Cuaresma debe centrarse en ellos. Al observar y fomentar la conversión de los catecúmenos, la comunidad entera indirectamente regresa a la pila bautismal. Esta identificación con los que van a ser bautizados puede ser el ímpetu para un compromiso radical, o el compromiso por primera vez, con el Pacto Bautismal. El *Ritual para ocasiones especiales* proporciona un esquema y textos. En el Primer domingo de Cuaresma, los catecúmenos son presentados por sus padrinos y aceptados por la iglesia como candidatos al bautismo pascual. En los domingos de Cuaresma 3, 4 y 5, los candidatos son llamados y se ora por ellos con la imposición de manos. Estos ritos son tradicionalmente llamados "los escrutinios". Dado que el bautismo une a una persona con la Iglesia, el Cuerpo de Cristo, los ritos deben ser organizados para que toda la asamblea se experimente a sí misma como un actor, no como un observador pasivo. El *Ritual para ocasiones especiales* ordena que los candidatos y sus padrinos "se presenten" para cada rito. Esto no significa necesariamente que se trasladen al extremo este de la sala. Podrían moverse al centro de la asamblea para la mayoría de los ritos y luego, para la imposición de manos, moverse hacia quien preside. Colocar los catecúmenos en el corazón de la sala, tal vez en medio del pasillo central en un espacio neogótico tradicionalmente dispuesto, expresa e invita a la participación de toda la asamblea en la formación, elección e iniciación de los catecúmenos.

◆ Las rúbricas tridentinas ordenaban que todas las imágenes sagradas de las iglesias fueran veladas durante las dos últimas semanas de Cuaresma. Durante muchos años después del Vaticano II la costumbre fue abandonada, pero fue explícitamente permitida de nuevo en los Estados Unidos a partir de 2002. Algunas congregaciones episcopales siguen esta práctica, mientras que otras han adoptado la costumbre Sarum, previa a la Reforma, de cubrir las imágenes con un velo durante toda la Cuaresma. Actualmente, los velos se cambian a menudo de acuerdo con el color del día: púrpura o tela sin blanquear durante la mayor parte de la Cuaresma, luego rojo en el Domingo de la Pasión, y así sucesivamente. Este cambio de los velos y los grandes bloques de color que crean, atraen la atención hacia las imágenes, y puede funcionar en contra de la intención de la costumbre. El objetivo es la simplicidad y el vacío visual, para fomentar una apertura interior en la asamblea y un anhelo de la gloria de Dios. Cuando las imágenes son veladas, debe ser para minimizar su impacto, no para aumentarlo. Las imágenes que son portátiles deben ser sacadas de la iglesia por completo, no veladas. En congregaciones donde la presentación y veneración de la cruz es parte de la liturgia del Viernes Santo, todas las cruces que no puedan ser removidas deben ser veladas al menos antes de que comience el Triduo. De lo contrario, la presentación de la cruz en el Viernes Santo será redundante y sin impacto.

◆ En algunas iglesias, la pila bautismal se mantiene llena de agua durante la mayor parte del año, o hay fuentes de agua bautismal a las puertas. En recuerdo del bautismo, aquellos que entran a la iglesia pueden tocar el agua y persignarse. Durante la Cuaresma, la pila y otras cuencas de agua pueden dejarse vacías o cubiertas, en anticipación a los ritos bautismales de la Pascua. Esto es paralelo a la eliminación o velado de las imágenes.

Miércoles de Ceniza

◆ En el Miércoles de Ceniza, las cenizas son producidas quemando palmas del anterior Domingo de la Pasión. Durante el servicio, las cenizas son llevadas ante la persona que preside, quien debe poner una mano sobre ellas o hacerles la señal de la cruz durante la oración de bendición (LOC 265). La asamblea debe ser capaz de ver las cenizas durante la bendición.

◆ La persona que preside puede invitar a otros ministros (laicos y ordenados) a unirse a la imposición de las cenizas, si el tamaño de la asamblea lo requiere.

- En algunas congregaciones, ha surgido la costumbre de mezclar las cenizas con aceite para que puedan casi pintarse en la frente. El objetivo aparente es hacer que la forma cruciforme sea más distintiva, pero roba a las cenizas sus cualidades esenciales: frágil, seca, terrosa. La sequedad de las cenizas es un contrapunto al agua del bautismo hacia el que avanza el tiempo de Cuaresma. También recuerda el texto del compromiso durante el rito del entierro: "Tierra a tierra, ceniza a ceniza, polvo a polvo" (LOC 403). Las cenizas, precisamente como cenizas, son el signo principal del Miércoles de Ceniza, no la forma cruciforme en la que se imponen en la frente de quienes se acercan. Tenga en cuenta que el Libro de Oración ni siquiera menciona que se traza una cruz con las cenizas, solo que se colocan en la frente.

Domingo de Laetare

El rito romano permite vestimentas de color rosa como una opción en el cuarto domingo de Cuaresma, comúnmente llamado "Domingo de Laetare" o "de la Alegría". Dado que la Iglesia Episcopal no tiene un esquema de color litúrgico oficial, la práctica queda totalmente a discreción de la parroquia. Las vestimentas rosadas representan el punto medio de las exigentes penitencias de Cuaresma, una especie de respiro visual a modo de alivio. Si se ha fomentado y observado la penitencia personal y comunitaria y la moderación litúrgica en la parroquia durante la estación, las vestimentas rosadas serían razonables. Si no, tendrían poco significado e incluso podrían distraer.

Domingo de Pasión

- La liturgia del Domingo de Pasión, comúnmente llamado Domingo de Ramos, es la unión de dos tradiciones litúrgicas distintas. Hasta el siglo VIII en Occidente, la lectura del Evangelio de la Pasión fue el rasgo distintivo y rector de la jornada. El tono era comprensiblemente pesado. La procesión festiva con palmas se injertó por etapas al inicio de esta liturgia centrada en la Pasión. En la primera etapa, simplemente se llevaron palmas en la procesión de entrada. En la segunda etapa se bendijo a las personas que llevaban las palmas. Finalmente, las propias palmas fueron bendecidas, de modo que se desarrolló todo un breve rito litúrgico. (Nótese, dicho sea de paso, que esta fiesta en su forma original es un ejemplo de cómo el año litúrgico no se entendía como una serie de conmemoraciones históricas. Si lo fuera, el Evangelio de la Pasión no se habría proclamado una semana antes de la Pascua. La procesión de palmas, sin embargo, es un ejemplo de la creciente tendencia hacia la conmemoración histórica y su recreación.)

- Claramente, hay una "costura" entre la procesión y el resto de la liturgia. No solo su historia, sino todo su enfoque y tono son diferentes. La calidad festiva de la primera sección y la naturaleza pesada de la segunda sección primaria deben estar marcadas por una ruptura clara y un cambio definido de tono. Quien lee la primera lección no debe acercarse al atril ni comenzar la proclamación hasta que la asamblea esté perfectamente quieta. También debe comprender el cambio de enfoque y tono que comienza con la primera lectura y proclamar de forma consecuente.

- El Domingo de la Pasión se diferencia del Viernes Santo en la medida en que el Viernes Santo es en realidad parte de la celebración de la Pascua. El Domingo de la Pasión tiene un enfoque más conmemorativo que el Viernes Santo. En el Viernes Santo, la Pasión se presenta como un aspecto de la dinámica pascual, inseparable y entrelazada con la resurrección y glorificación de Cristo, y la presencia del Espíritu en la Iglesia.

EL TRIDUO

- Los ritos del Triduo en el Libro de Oración Común no son liturgias distintas, sino tres segmentos de una liturgia continua. Tenga en cuenta que ni la liturgia del Jueves Santo (que en realidad es una liturgia del Viernes Santo, ya que se celebra después de la puesta del sol el jueves) ni la liturgia del Viernes Santo tienen una despedida. Es decir, ninguna termina realmente. Más bien, cada una es como un movimiento en una sinfonía que alimenta a la siguiente. Con ese fin:

  - Si es posible, solo debe prepararse un folleto que contenga las órdenes de culto para los tres segmentos de la liturgia del Triduo.

  - El rito del jueves o del viernes no debe ir seguido de un postludio, ni debe haber un preludio antes del rito del viernes o de la Gran Vigilia Pascual. El único preludio debe venir antes de que el ciclo completo comience el jueves, y el único postludio debe venir después de que el ciclo completo termine con la Vigilia.

  - Cada uno de los tres ritos debe incluir elementos que recuerden a los demás para enfatizar la conexión de los mismos. Por ejemplo, el himno "A ti la gloria" evitaría que el Viernes Santo se convierta en un "funeral de Jesús" y enfatizaría que la gloria cristiana está precisamente en la *kénosis* cristiana (autovaciamiento). De manera similar, el himno "¡Alzad la cruz!", que se usa en la Vigilia Pascual o el Domingo de Pascua, expresaría la convicción cristiana de que la resurrección viene en medio de la muerte, no después de ella, y que la cruz forma parte de la gloria de la resurrección, no una vergüenza mortal.

  - Dado que las liturgias para el Triduo en el Libro de Oración son de una sola pieza, los ejercicios devocionales alternativos, como las meditaciones sobre las siete palabras o las celebraciones del vía crucis el Viernes Santo, no forman parte de la liturgia del Triduo. Debido a que los tres ritos del Triduo se conciben correctamente como una liturgia, no se pueden introducir otros ritos principales en ellos, especialmente los que son meramente conmemorativos, sin dañar el flujo y el potencial de la liturgia.

◆ Muchos buscadores vienen a la iglesia en la mañana de Pascua, lo que la convierte en una de las oportunidades más importantes para la evangelización de todo el año. Se debe anunciar el servicio principal de la mañana de Pascua y la parroquia debe invertir tiempo, dinero y personal en la liturgia. Al mismo tiempo, el equipo de formación religiosa y los homilistas deben usar la Cuaresma para preparar a la asamblea litúrgica regular para celebrar las tres liturgias del Triduo y verlas como una unidad, como la celebración parroquial de Pascua. Incluso en anuncios impresos y en otros medios, la parroquia puede hacer saber que la Gran Vigilia Pascual es la celebración principal de la fiesta.

LA GRAN CINCUENTENA PASCUAL

◆ Como la Pascua dura cincuenta días, la energía y los fondos asignados para esta estación deben presupuestarse para que duren siete semanas completas. Como las flores mueren, por ejemplo, deben ser reemplazadas. El trabajo de los artistas y músicos debe ser distribuido a lo largo de las siete semanas. En resumen, cada liturgia durante la gran cincuentena pascual debería llevar algo de la intensidad del primer día de la estación.

◆ En concreto, la música de Pascua, lo que uno esperaría escuchar el Domingo de Pascua, debe ser usada en cada uno de los domingos de Pascua. A menudo, los comités de liturgia y música eligen los himnos de acuerdo con las lecturas del día, y con razón. Durante la Pascua, sin embargo, al menos algunos de los himnos y otras músicas deben ser elegidos en vista de la fiesta de Pascua general de la que forman parte los domingos individuales.

◆ El énfasis bautismal de la Gran Vigilia se extiende a lo largo de toda la estación de Pascua. La pila puede ser llenada cada domingo y rodeada de plantas y flores y, si no es estacionaria, puede ser ubicada en un lugar prominente. El cirio pascual también puede estar adornado con flores y debe estar cerca del atril o, si hay dos, cerca del púlpito. La estación de Pascua, al ser tan fuertemente bautismal, es una oportunidad para explorar cómo decorar el espacio litúrgico con algo más que los predecibles dos jarrones de flores en el retablo detrás del altar.

◆ El cirio pascual debe encenderse antes de que lleguen los miembros de la asamblea y apagarse sólo después de que toda la asamblea haya salido de la iglesia. Es un símbolo de Cristo resucitado y no debe verse apagado durante la estación, incluso cuando las otras velas de la sala se apagan.

◆ El cirio pascual deja de estar en primer plano y no se enciende sino después del día de Pentecostés, es decir, el último día de la estación pascual. Si bien durante siglos se apagaba, a menudo de forma ceremonial, el día de la Ascensión, esto hacía que el año litúrgico se convirtiera en una serie de conmemoraciones de acontecimientos pasados más que en una celebración de las realidades presentes. Por ello, la llama que representaba a Cristo se hacía desaparecer el jueves de la Ascensión como una recreación de su desaparición en el cuadragésimo día después de la resurrección. Hoy, toda la temporada de Pascua se entiende como una celebración de Cristo resucitado presente aquí y vivo ahora, no es una recreación. Esta antigua visión se considera un enfoque pastoralmente más fructífero del año litúrgico.

◆ Mientras que el Libro de Oración designa el día de Pentecostés, el último día de Pascua, como uno de los cuatro días especialmente apropiados para el bautismo, los ritos penitenciales del catecumenado no se celebran apropiadamente durante la estación que conduce a Pentecostés. El *Ritual para ocasiones especiales* es claro en que los ritos del catecumenado se celebran sólo en la Cuaresma y el Adviento, que conducen a los bautismos de adultos en la Gran Vigilia y la Fiesta del Bautismo de Nuestro Señor, respectivamente. Si los adultos van a ser bautizados en Pentecostés, se necesitarán otros textos y, quizás, un esquema completamente diferente, para su preparación inmediata.

EL CICLO DE LA NATIVIDAD

Todo el ciclo de Navidad, desde el Adviento hasta la Fiesta del Bautismo de Nuestro Señor, se centra en la manifestación terrenal de Dios en Jesús. Las festividades culturales de Navidad comienzan mucho antes del 25 de diciembre, pero las celebraciones litúrgicas de Navidad no. Las decoraciones navideñas y la música no se introducen en la iglesia hasta la primera liturgia del día de Navidad.

ADVIENTO

◆ Los textos del leccionario para el Adviento reflejan los diversos estratos de la historia del año litúrgico occidental. Hablan de la manifestación de Cristo en la parusía, así como de su manifestación en la encarnación. El contexto en el que estos textos son proclamados, la asamblea litúrgica, proclama su constante manifestación en el Espíritu.

◆ Mientras que tanto el Adviento como la Cuaresma llaman a la moderación, el Adviento enfatiza la anticipación en lugar de la penitencia.

◆ La corona de Adviento es una costumbre doméstica que se ha vuelto muy común en las iglesias. Los ritos suelen acompañar el encender la corona antes o durante la Eucaristía del domingo, aunque el *Ritual para ocasiones especiales* los excluye específicamente (LRO 15). La corona es un símbolo secundario y no debe permitirse que domine los símbolos primarios, ni que encender las velas domine las acciones primarias de la asamblea.

❖ Cuando se usa una corona de Adviento, se enciende antes de que comience la liturgia. Se pueden usar varios colores para las velas. Pueden ser todas azules o todas moradas. Una de las velas puede ser de color rosa, dependiendo del color de las vestimentas usadas en la parroquia. También se pueden usar cuatro velas blancas. El principal simbolismo de la corona es la disipación de la oscuridad ya que una vela adicional se enciende cada semana, no el color de las velas.

NAVIDAD

❖ Se proporcionan tres grupos de lecturas para el día de Navidad. Si hay tres servicios, los grupos se usan en orden. De lo contrario, cualquiera de los tres puede ser utilizado.

❖ Al igual que la corona de Adviento, el pesebre no es parte integral de la liturgia, pero es, sin embargo, una costumbre muy apreciada en la mayoría de las iglesias. El pesebre no se instala sino hasta la primera liturgia de Navidad. El *Libro de ritos ocasionales* incluye un rito para una "estación" en el pesebre el día de Navidad; es decir, la procesión de entrada puede hacer una pausa para rezar en el pesebre. Cada uno de los elementos del rito puede ser usado, mas no es obligatorio.

❖ Como la asamblea debe mirar el pesebre durante el rito, puede que no sea útil utilizar el versículo y la respuesta que se dan en el ritual, lo que obligaría a la asamblea a mirar el orden de culto y alejarse del pesebre. Todas las figuritas pueden colocarse en su sitio antes del rito o la imagen del niño puede llevarse en procesión y colocarse. Otras pueden ser traídas y colocadas también. Sin embargo, como el pesebre no es parte integrante de la Eucaristía de Navidad y la colocación de numerosas figuritas podría convertirse en una distracción torpe y prolongada que dominaría los elementos esenciales, la estación debe ser lo más sencilla posible.

❖ Con el fin de no enfatizar las dimensiones conmemorativas del año litúrgico, sino más bien su calidad actual y dinámica, no se deben añadir figuritas al pesebre durante toda la estación según una supuesta cronología en los relatos del Evangelio. Es más, no se debe hacer que se muevan por la iglesia cada vez más cerca durante los días de la estación de Navidad. Por ejemplo, las figuritas de los Reyes Magos no deben colocarse en el alféizar de alguna ventana lejos del pesebre y luego, día a día, acercarse más como una especie de recreación de su viaje desde el Este.

- Se cree que el pesebre es una creación del siglo XIII, de Francisco de Asís. Otras representaciones de la encarnación y manifestación de Dios en Cristo, tanto antiguas como modernas, son igualmente adecuadas. Un icono de la Madre y el Niño, por ejemplo, captura en una imagen la humanidad y la divinidad de Cristo.

- En el calendario litúrgico episcopal, la estación de Navidad se extiende desde el día de Navidad hasta la fiesta de la Epifanía: los doce días de Navidad. Dado que la conmemoración del bautismo de Jesús en el Jordán era originalmente parte de la celebración unitiva de la Epifanía, la Fiesta del Bautismo de Nuestro Señor (el primer domingo después de la Epifanía) es a menudo tratada como parte de la estación de Navidad, especialmente si hay bautismos en ese día. En cualquier caso, como en la estación de Pascua, el tono y los adornos del día de Navidad se mantendrán por todo el período navideño, aunque no más allá de él, esto, no obstante, lo define la congregación en particular.

LA EPIFANÍA

- Dado que en la Iglesia Episcopal la Fiesta de la Epifanía el 6 de enero no es transferible a un domingo, en la mayoría de los años su celebración está fuera del alcance de este libro. Sin embargo, es importante señalar que muchas parroquias hacen un esfuerzo concertado para marcar la conclusión de la estación navideña con una celebración festiva de la Epifanía a mitad de semana.

- Si se van a realizar bautismos en la Fiesta del Bautismo de Nuestro Señor (el primer domingo después de la Epifanía), la inscripción de los candidatos y los escrutinios siguen al sermón y preceden a la oración de los fieles en los domingos de Adviento, al igual que en la Cuaresma.

Capítulo 7

LOS MINISTERIOS LITÚRGICOS

Debido a la creencia generalizada de que los servicios religiosos son realizados por profesionales (clérigos) en nombre o en lugar de no profesionales (los bautizados que no están ordenados), hemos hecho hincapié en que el Libro de Oración Común entiende la liturgia como una acción de toda la asamblea. La liturgia refleja y ensaya la vida de la Iglesia: una comunidad basada en una igualdad bautismal en la que, como el catecismo y el pacto bautismal dejan claro, todos los miembros comparten el ministerio.

Sin embargo, esa no es toda la historia. Dentro de la igualdad radical y el ministerio compartido de la comunidad de bautizados, hay una variedad de dones y necesidades. Idealmente, en un proceso de discernimiento mutuo, los dones de cada individuo y las necesidades de la comunidad encuentran lugares de intersección, y a través de esa coincidencia la misión del Señor Jesús continúa efectivamente en el mundo de hoy. Hay diferentes roles y diferentes necesidades en la Iglesia, tanto en su vida "interna" como en su misión en el mundo, y hay personas con diferentes dones que se adaptan perfectamente a algunos de estos roles, pero que serían perjudiciales en otros. La Iglesia es una comunidad de igualdad radical, mas no de anarquía.

La liturgia abarca y expresa ambos aspectos de lo que es la Iglesia: una comunidad de iguales y una comunidad de diferentes dones. A medida que la Iglesia celebra la liturgia, refleja y forma su propia y compleja identidad. En la liturgia, la comunidad bautizada experimenta la igualdad de sus miembros, así como la variedad de dones que sus miembros aportan. La liturgia no sólo demuestra lo que es la Iglesia, sino que refuerza la autocomprensión de la Iglesia y su capacidad para vivir de forma práctica lo que ella misma sabe que es.

En la Iglesia Episcopal, la gran diversidad de ministerios puede ser categorizada de varias maneras. Una es separarlos en ministerios "laicos" y "ordenados". Dada la política de la Iglesia Episcopal, así como el consenso ecuménico de que el antiguo ordenamiento de la Iglesia cristiana en cuatro órdenes es normativo: los bautizados que no están ordenados y los bautizados que están ordenados como obispos, sacerdotes o diáconos, no hay necesidad de disculparse por hacer una distinción entre los ministerios ordenados y los laicos. Sin embargo, ni la Iglesia Episcopal ni ninguna otra iglesia puede ignorar el peligro que estas distinciones traen. Los ordenados han sido vistos a menudo como superiores a los que no lo son, o incluso más santos simplemente en virtud de la ordenación. Esto es totalmente contrario a la política y la eclesiología de la Iglesia Episcopal. La liturgia es auténtica y fiel al Libro de Oración cuando ejemplifica una comunidad de miembros que son iguales en su esencia pero que, sin embargo, son ordenados y comisionados para tareas específicas al servicio de la salud y la misión de la Iglesia.

Dentro del orden de los bautizados que no están ordenados, algunos son llamados a asumir ministerios a los que no están ordenados de forma permanente. En cierto sentido, como la liturgia es una labor de toda la asamblea, cada miembro es un ministro para los demás, así como en la vida más amplia de la Iglesia todos los bautizados son ministros. Hay, sin embargo, ministerios particulares dentro de la liturgia, aparte de los ministerios para los cuales una persona es apartada por la ordenación, que son integrales. Aunque estos ministerios y ministros no pueden ejercer la misma fuerza dominante en la liturgia que el ministerio del clero ordenado, son igualmente integrales al rito. De la misma manera, en la vida de la Iglesia el liderazgo de servicio de los diáconos, sacerdotes y obispos es vital, pero es sólo una parte del ministerio de la Iglesia en general. En la liturgia, el mismo equilibrio y complementariedad entre los roles de las órdenes se expresa, pero en forma ritual.

LA LITURGIA Y EL "MUNDO REAL"

Los ministerios litúrgicos no son "papeles" en el sentido teatral porque la liturgia no es una producción escénica, por muy similares que sean los diversos aspectos. Los ministerios litúrgicos son actos de servicio genuino que reflejan y "ensayan" la vida de servicio de la comunidad fuera de la liturgia. Los ministerios litúrgicos, por lo tanto, son más auténticos cuando son reflejos exactos de lo que sucede en la vida de la congregación cuando esta no se encuentra en la iglesia. Esto es lo que hace que la liturgia no sea "un ritual vacío". Cuando la liturgia y la vida se reflejan mutuamente, la liturgia adquiere una integridad y profundidad que hace que sea mucho más que simples movimientos.

A menudo se dice que los acólitos "sirven" en la liturgia. De hecho, todos los ministros sirven a la asamblea y, haciéndolo, sirven a Dios. Para ejercer cualquiera de los ministerios litúrgicos de manera auténtica, una persona debe ser primero un servidor en la vida de la comunidad en general. La forma en que cada persona sirve será diferente, pero una persona que no sirva a la comunidad y al mundo en nombre de esa comunidad no puede servir auténticamente en la liturgia. Una dicotomía entre lo que el ministro litúrgico hace ritualmente y lo que la persona hace en la "vida real" hace de la liturgia un juego fingido y pretencioso.

¿Cuál es exactamente el servicio que los "servidores del altar" ejercen en la asamblea? ¿Qué reflejo podría uno encontrar en su servicio a la Iglesia de su servicio al mundo? En la vida diaria de los miembros del coro, solistas y cantores, por ejemplo, ¿qué vemos que refleje su servicio dentro de la liturgia? ¿Hay algo en el canto en la liturgia que conlleva una demanda más vital que el canto en el escenario? ¿Qué hace en su vida un músico litúrgico para que su ministerio sea más que una actuación? Para cada uno de los ministerios litúrgicos, la autenticidad exige un eco del ministerio en la "vida real". O para verlo de otra manera, los dones que una persona ha recibido y que ejerce dentro de la comunidad más amplia son indicadores de los ministerios que esa persona debe ejercer en la asamblea litúrgica.

Del mismo modo, la persona que preside la liturgia debe ser también la que presida la vida de la comunidad, o debe ser la persona delegada de quien lo hace. (En la Iglesia Episcopal, todos y todas los que presiden son delegados-vicarios del obispo, que es el verdadero pastor local con derecho a presidir litúrgicamente siempre que esté presente). Las cualidades a las que aspira alguien que preside dentro de la liturgia deben ser las cualidades a las que aspira la persona que preside en la vida de la congregación en el "mundo real": reverencia, fortaleza, humildad, visión, generosidad, autocontrol, orden, respeto por los demás, amor a la Palabra y visión ante la presencia de Dios en las cosas creadas, las vidas humanas y el desarrollo de la historia. Cuando estos están presentes en la "vida real" de una persona, entonces el acto de presidir parece natural. Más que llevar a cabo los comportamientos rituales de memoria o de "realizar los movimientos", el celebrante litúrgico está viviendo un aspecto más de lo que él o ella realmente es ante Dios y el pueblo de Dios.

Los lectores, idealmente, deberían amar las Escrituras y, al menos, deleitarse en hablar con palabras y ejemplos de su fe y de la misión de la iglesia. Ya que proclaman la buena nueva en la asamblea, también deberían ser evangelistas-proclamadores de la Buena Nueva, cuando no están parados en el ambón.

Los ministros de la Eucaristía (antes llamados "portadores del cáliz") sirven a la comunidad administrando el sacramento que une a la Iglesia con Cristo y a los miembros del cuerpo entre sí. Fuera de la asamblea litúrgica, uno esperaría que los ministros eucarísticos fueran agentes de unidad en la iglesia, que trabajan con la palabra y el ejemplo para hacer de la iglesia una, incluso como el pan es uno. Un ministro eucarístico también debe tener una genuina reverencia por la presencia eucarística de Cristo, y debe reunirse sin falta con la iglesia cuando esta se reúne semanalmente como un cuerpo unificado. En un contexto más terrenal, la persona también podría trabajar día a día para alimentar a los hambrientos. Para algunos, esto implicará acoger a otros en sus casas para compartir una comida. Para otros, significará servir a los pobres en comedores o bancos de alimentos. Pero de algún modo, lo que se representa ritualmente debe representarse "realmente" para que el ritual tenga integridad.

El reclutamiento y la formación de los ministros litúrgicos ofrece una oportunidad para un discernimiento de los dones que existen en la congregación, aparte de la liturgia. Aunque es la responsabilidad canónica del rector coordinar la liturgia, cuando el proceso de discernimiento se convierte en un esfuerzo compartido (al igual que el discernimiento para el ministerio ordenado se ha convertido en la Iglesia Episcopal) le da a toda la congregación la oportunidad de ser más consciente de sus necesidades y dones y, en el proceso, de crecer en un sentido más profundo respecto a lo que está haciendo cuando celebra la liturgia. El discernimiento compartido de los dones y necesidades, tanto en la liturgia como en la vida más amplia de la Iglesia, es una oportunidad para explorar cómo la liturgia es tanto un reflejo de la vida de la Iglesia como un ensayo para ella.

Si la vida de la Iglesia es nada menos que la vida del Cuerpo de Cristo en el mundo, entonces la liturgia es nada menos que la oración de Cristo en el mundo. Así como la vida común de la Iglesia, más que la vida de cualquier miembro individual, es la más completa manifestación de la vida de Cristo, así también en la liturgia la oración común de la asamblea, y no la oración de cualquier miembro individual, es la más completa manifestación de la oración de Cristo. A los ministros litúrgicos se les encomienda servir, dirigir y facilitar la oración del Cuerpo para que este pueda experimentar y expresar la única oración de Cristo que se reza en él.

MINISTROS LITÚRGICOS ASIGNADOS POR LAS RÚBRICAS DEL LIBRO DE ORACIÓN

EL CELEBRANTE

La palabra "celebrante" es la convención del Libro de Oración de 1979 para referirse a un ordenado que preside. Cuando el obispo está presente, el obispo, como quien preside la vida de la iglesia local, tiene el derecho de presidir la liturgia. En el curso normal de la vida parroquial, el obispo delega este papel al rector, quien, a su vez, puede delegarlo a los sacerdotes asistentes.

El papel de la persona que preside no es dominar o abrumar a la asamblea, sino marcar el ritmo y el tono de la liturgia, hablarles en nombre de Dios y hablar con Dios en nombre de la comunidad en su conjunto. Mientras que algunas escuelas de pensamiento consideran que esto significa que quien preside se acerca solo a Dios mientras la asamblea mira, la suposición en este libro es que esta persona reza en voz alta la oración de toda la comunidad, que es el Cuerpo de Cristo. Quien preside no reza como un sustituto de la comunidad, sino como su portavoz.

Debido a que la persona que preside es el vínculo entre la congregación y su obispo u obispa, que a su vez es el vínculo entre la iglesia local y toda la Iglesia, quien preside también se encarga de hablar en nombre de la Iglesia toda y su tradición. A quien preside no se le confía la predicación de un evangelio o la celebración de ritos de su propia invención, sino el poner a disposición de la asamblea la tradición cristiana tal como esta Iglesia la ha heredado.

Debo notar algo aquí sobre los concelebrantes. La Iglesia católica romana, para crear una alternativa a la antigua costumbre de las misas privadas (es decir, un sacerdote que celebra la Eucaristía solo o con un solo asistente), instituyó la práctica de la concelebración a mediados del siglo XX. No se trata simplemente de una liturgia en la que esté presente más de un sacerdote revestido, sino de una liturgia en la que todos o algunos de los sacerdotes adicionales se entienden como co-consagrantes de los elementos. La práctica de la concelebración ha ganado terreno en la Iglesia Episcopal y, aunque la palabra no aparece en el Libro de Oración, el concepto sí.

En el momento en que el actual Libro de Oración se estaba compilando y refinando, la idea de la concelebración era favorable, ya que expresaba la unidad de los presbíteros con el obispo, que es el verdadero pastor de la iglesia local. También mostraba a los presbíteros como un "colegio", es decir, un cuerpo unificado de líderes, no un grupo de ministros independientes como en el sistema de gobierno de una iglesia congregacional. Además, en la Iglesia romana, esta fue una forma de contrarrestar la antigua pero anómala costumbre de que cada sacerdote celebrara la misa todos los días, aunque significara hacer la liturgia absolutamente solo. La idea de la concelebración sacerdotal, sin embargo, es contraria a la idea de que toda la asamblea es el celebrante de la liturgia, y todos los miembros son, por tanto, concelebrantes, presididos por un único ministro ordenado. La costumbre de concelebrar clericaliza de forma innecesaria la liturgia y retrata una eclesiología que es discordante, si no antitética, con la eclesiología bautismal del Libro de Oración.

Si hay sacerdotes revestidos, además del celebrante, en la sala o incluso en la mesa del Señor, se entienden mejor como símbolos del modo como se ordena la comunidad de los bautizados, con algunos miembros permanentemente apartados para funciones específicas. Los sacerdotes reunidos en su relación colegial en torno al obispo no deben ser considerados como co-consagrantes o concelebrantes, excepto en la medida en que todos los miembros de la asamblea sean concelebrantes.

EL DIÁCONO O DIÁCONA

Los diáconos y diáconas tienen cinco funciones principales en la Eucaristía: invitar al pueblo a actuar ("Confesemos nuestros pecados contra Dios y contra el prójimo"; "Salgamos..."); a proclamar el Evangelio; a invitar a las oraciones de los fieles; a preparar el altar para la liturgia de la Santa Comunión; y ser asistentes principales de quien preside, especialmente a la mesa del Señor. Existe una simetría entre estas tareas litúrgicas y las tareas del diácono en la vida más amplia de la comunidad. El examen del rito de ordenación de un diácono llama a esta orden "un ministerio especial de servicio". Explica que el diácono debe "servir a todas las personas, particularmente a los pobres, los débiles, los enfermos y los solitarios". La diácona o el diácono electo es instruido además "a estudiar las Sagradas Escrituras, buscar alimento en ellas, y modelar su vida en ellas". Dado que los diáconos y diáconas en general, tienen un empleo "secular" para ganarse el sustento, se les exhorta a ser evangelizadores en su entorno cotidiano, dando a conocer "a Cristo y su amor redentor, con la palabra y el ejemplo" en la vida diaria, en el trabajo y en el culto. A partir de los conocimientos adquiridos en el trabajo diario, deben "interpretar a la Iglesia las necesidades, preocupaciones y esperanzas del mundo" (LOC 445).

Ninguna de estas directivas es litúrgica, pero cada una tiene un eco en la liturgia: quienes se encargan de un ministerio de servicio en el mundo son los primeros servidores de la liturgia, asegurándose de que las cosas que hacen que una liturgia marche bien se hagan, para que la asamblea pueda concentrarse en su función celebrativa. El encargado de estudiar y encarnar las Escrituras es quien proclama el Evangelio en la asamblea.

Quienes en cierto sentido se encuentran entre la Iglesia y el lugar de trabajo y que por tanto están encargados de mantener a la Iglesia al tanto de las necesidades concretas del mundo son también quienes en la liturgia piden a la congregación que rece por el mundo en sus necesidades específicas y concretas durante la oración de los fieles. Lo que el diácono hace en la liturgia expresa lo que el diácono hace en la vida de la Iglesia y refuerza ritualmente en el diácono las cualidades de carácter que son exigidas por la ordenación diaconal. La autenticidad es alcanzada cuando lo que hace el diácono en la iglesia y fuera de ella, haciéndolo en su nombre, es un mismo reflejo.

EL LECTOR

Las rúbricas introductorias de la Eucaristía indican que la norma es que los laicos proclamen las lecturas antes del Evangelio. Que una persona ordenada ejerza este papel no es la norma. La rúbrica permite además que un laico pueda dirigir la oración de los fieles. Sin embargo, si un diácono está presente, éste debe participar en el trabajo de preparar, introducir y dirigir las oraciones, ya que los diáconos son ordenados precisamente para identificar las necesidades y preocupaciones del mundo y dárselas a conocer a la Iglesia.

Hemos señalado anteriormente que quienes proclaman las Escrituras en la liturgia deben, en nombre de la autenticidad, amar la Palabra de Dios y ser auténticos evangelizadores, conforme a sus circunstancias. Si han de proclamar las Escrituras de forma genuina en medio de la asamblea, deben de igual manera, proclamarlas más allá de ella. Sin embargo, es igualmente importante la exigencia de que los lectores tengan el talento y la capacidad de hablar en público. Para que la asamblea escuche la proclamación bíblica como la Palabra del Señor, el lector debe ser capaz de leer bien en voz alta. Sólo entonces la asamblea podrá "escuchar lo que el Espíritu está diciendo al pueblo de Dios", tal y como dice *Enriching Our Worship*.

Las habilidades para leer en público: proyección, ritmo, cómo usar un micrófono, pueden enseñarse o perfeccionarse hasta cierto punto, pero algunas personas simplemente no tienen las habilidades para convertirse en oradores públicos eficaces. Es una delicada tarea pastoral alejar a los miembros bien intencionados de la comunidad de las tareas para las que no son apropiados, y el ministerio de la lectura en la liturgia parece ser particularmente problemático en este respecto, ya que muchas personas asumen que, puesto que pueden leer en voz alta, deberían poder leer las Escrituras en la liturgia. El Libro de Oración es claro al decir que quien preside es responsable de nombrar a los laicos para el ministerio de la lectura, por lo tanto, la difícil tarea de no nombrar a personas bien intencionadas recae también en quien preside. Un proceso de discernimiento mutuo en el que participen otras personas, además del sacerdote y el aspirante a lector, en el que el objetivo sea descubrir la "mejor opción" para el ministerio, es probablemente la forma más amable y gentil de abordar esta tarea. Normalmente, algún ministerio litúrgico saldrá a la luz como el más adecuado para la persona. Sin embargo, algunos no querrán renunciar a ejercer este ministerio, y un pastor sensible debe estar preparado para ser a la vez honesto y gentil, para cuidar de la vida litúrgica de la comunidad y al mismo tiempo cuidar de los sentimientos y el amor propio del aspirante a ministro.

En muchas congregaciones, los lectores se sientan en la asamblea y no usan la vestimenta litúrgica. En otras, los lectores se visten y se sientan con los otros ministros revestidos. La cuestión de quién debe revestirse y dónde se sientan los ministros litúrgicos (revestidos o no) es muy significativa. Si, por ejemplo, sólo se visten quienes presiden, algunos dirían que esto enfatiza el ministerio de los laicos, mostrando que incluso la gente "ordinaria" con ropas "ordinarias" puede llevar a cabo funciones sagradas. Otros ven lo contrario: revestir sólo al sacerdote disminuye la dignidad de los laicos y clericaliza la liturgia, ya que sólo el clero es "digno" de la vestimenta litúrgica formal, y establece una dicotomía nosotros/ellos. Revestir a todos los ministros, sin embargo, puede crear otro efecto dañino. Puede sugerir que las funciones litúrgicas son tan distintas de la función básica de ser miembro de la asamblea que ninguna persona ordinaria vestida de manera ordinaria puede hacer nada en el rito. En otras palabras, la abundancia de ministros revestidos puede dar la impresión de que lo secular y lo sagrado son dos reinos completamente distintos que no se atreven a acercarse, y también puede crear una especie de casta cuasiclérica de ministros laicos. Una solución "a mitad de camino" podría ser que solo se revistieran algunos ministros, tal vez los que están asociados directamente con el altar o que se mueven en procesiones formales. En cualquier caso, cada congregación debería pensar en cuestiones de a quiénes deben revestir y dónde deben sentarse los ministros en la asamblea. Cada una de las posibles combinaciones puede tener un impacto diferente y expresar una comprensión distinta de lo que es la Iglesia, cómo se ordena y qué hace cuando se reúne para la liturgia. En varios puntos de la vida de una congregación, puede ser necesario un énfasis diferente o una forma distinta de transmitir el equilibrio.

LOS PRESENTADORES DE LAS OFRENDAS

Los miembros de la congregación deben llevar el pan y el vino y la recolección monetaria y otras ofrendas al diácono (o a la persona que preside o a un sacerdote asistente, si no hay diácono presente), que las coloca en la mesa del Señor. La congregación debe ponerse de pie mientras se colocan las ofrendas en el altar, una indicación obvia de que estas cosas son símbolos de la autodonación del pueblo. El Libro de Oración no define más allá quiénes deben ser los representantes de la comunidad. A menudo, las congregaciones delegan este ministerio a aquellos que quieren participar en un ministerio litúrgico pero que no quieren emprender nada que requiera la habilidad o la inversión de tiempo que otros ministerios requieren. En ocasiones especiales, los representantes se eligen a menudo por su relación con el conjunto de la congregación (los guardianes en la fiesta patronal, por ejemplo) o por el énfasis de la celebración (amigos o familiares en un funeral o bautismo). En algunos lugares, a los ujieres o al equipo de hospitalidad se les asigna normalmente esta tarea.

Debido a que los presentadores de las ofrendas representan a la congregación, y dado que la congregación se une a su acción mediante un gesto externo que señala una disposición interna, los elegidos para esta tarea deben ser miembros de la congregación que sean al menos lo suficientemente activos como para que se pueda decir razonablemente que la representan. Además, aunque la presentación de las ofrendas de pan, vino y dinero y otras ofrendas no es una tarea compleja, los presentadores deben saber muy bien lo que tienen que hacer para que ninguna confusión distraiga a la asamblea en este punto y, por lo tanto, menoscabe su capacidad de participar en su ofrenda simbólica. Una explicación clara y tal vez un ensayo sea lo correcto. ¿A quién se presentan las ofrendas? ¿Se hace en la escalinata del coro, al otro lado del altar o detrás del altar? ¿Los presentadores regresan de inmediato a sus lugares en la asamblea o esperan alguna señal? ¿Hacen un gesto de reverencia a la mesa del Señor o al ministro que recibe la ofrenda de sus manos? Todo esto debe ser considerado y explicado con antelación.

MINISTROS EUCARÍSTICOS

Los ministros a los que durante mucho tiempo se les llamó "portadores del cáliz" ahora se llaman "ministros eucarísticos". De acuerdo con los cánones, "Un ministro eucarístico es una persona laica autorizada para administrar los elementos consagrados durante la celebración de la Sagrada Eucaristía. Un ministro eucarístico debería proceder normalmente bajo la dirección de un o una diácona, si la hubiere, o de otro modo, bajo la dirección del clérigo u otro líder que ejerza la supervisión de la congregación u otra comunidad de fe" (III.4.6). Los ministros de la Eucaristía deben ser reclutados para servir, dice el Libro de Oración, cuando el clero no es lo suficientemente numeroso como para administrar el sacramento.

Es importante señalar que el canon no distingue entre el pan y el vino eucarísticos. Estos ministros no son portadores del cáliz, sino que son ministros de ambas formas de la Eucaristía. Esto altera las rúbricas adicionales dadas en el Libro de Oración, que sí restringen la distribución del pan eucarístico a los clérigos (LOC 331). El nuevo canon simplemente amplía este permiso para que cualquier ministro de la Comunión ordenado o con licencia pueda ofrecer cualquiera de las dos formas, mientras que el que preside siempre ofrece el pan.

El obispo local otorga licencias a los ministros eucarísticos a petición del rector o de otra autoridad eclesiástica a cargo de la parroquia. La licencia no es permanente y es dada por el obispo para un período determinado. La licencia puede ser renovada a discreción del obispo.

MINISTROS LITÚRGICOS NO MENCIONADOS DE FORMA EXPLÍCITA EN LAS RÚBRICAS DEL LIBRO DE ORACIÓN

ACÓLITOS

Puede ser sorprendente para muchos episcopales que el Libro de Oración Común no mencione a los acólitos. La palabra no aparece ni una sola vez. No obstante, esto no es en realidad algo extraño, porque los acólitos son los principales "hacedores" de la liturgia, y el *Libro de oración*, como hemos dicho, es relativamente silencioso sobre qué hacer. ¿Por qué, entonces, no guardaría silencio sobre quién lo hace?

Al considerar a los acólitos, nos referimos a una amplia gama de ministros litúrgicos que se reparten entre ellos las tareas prácticas esenciales para hacer que la liturgia se desarrolle: los portadores del incensario, de la cruz y de las antorchas; los que sostienen el libro del altar abierto ante el que preside o que llevan el Evangeliario en la proclamación; los que llevan los recipientes a la mesa del Señor para la gran plegaria eucarística, los que lavan las manos del que preside, los que traen los recipientes auxiliares para la fracción del pan y del vino eucarísticos, los que ayudan a recoger el altar después de la Comunión y los que se ocupan de que se consuma reverentemente cualquiera de los elementos sobrantes. Los acólitos son como buenos camareros que se ocupan de todos los detalles que hacen que la comida se desarrolle con gracia, y atraen la menor atención posible hacia sí mismos.

Mientras que los acólitos hacen que la liturgia parezca desenvolverse sin esfuerzo, en realidad deben invertir un empeño enorme. Deben aprender a moverse al unísono y discretamente, a entender cuándo cada objeto litúrgico debe estar donde debe estar y ver que está allí en el momento justo, a cultivar hábitos de postura y comportamiento reverente, y a dominar las acciones poco conocidas, haciéndolas parecer completamente naturales. Ser un buen acólito no es fácil.

En muchas congregaciones, los niños o los jóvenes miembros de la asamblea hacen algunas de estas tareas, mientras que otros reservan el ministerio de acólito a los adultos. Sin embargo, este es un ministerio en el que no es necesario hacer distinciones de edad. La liturgia es una expresión de lo que entiende la Iglesia de sí misma y de lo que aspira a hacer. En el bautismo, los miembros son iniciados en una igualdad que trasciende la edad. A menudo, cuando hablamos de la diversidad de la Iglesia, pensamos en el género, la situación socioeconómica, la orientación sexual y los diversos órdenes de la Iglesia. Sin embargo, igual de importante es la edad. La mayoría de las discusiones sobre la edad en la Iglesia se centran en la importancia de incluir plenamente a los ancianos, pero también debemos incluir a los niños, no solo en los domingos especiales de la juventud o en los servicios infantiles, sino en la oración común de la congregación semana a semana. Para que nuestra oración sea verdaderamente común, debe integrar plenamente a los niños. Un cristiano bautizado no tiene que ser adulto o mayor para llevar el Evangeliario, para llevar un recipiente a la mesa del Señor, para ayudar en el lavabo, o para hacer cualquiera de las numerosas tareas de la liturgia.

A veces, un acólito adulto puede con delicadeza guiar a un colega más joven. Lejos de ser un infortunio, esto es un modelo más de la vida cristiana en su mejor momento. Tener ayudantes adultos a mano para los jóvenes acólitos no excusa a los jóvenes de los ensayos y la preparación. Los niños deben practicar tan rigurosamente como los demás, y es probable que no se resientan o se resistan. Están acostumbrados a practicar para actividades deportivas y eventos teatrales o musicales, y el nivel de práctica requerido a menudo les transmite lo importante que es su participación. Al entrenar a los niños con amor y paciencia en sus funciones litúrgicas, la comunidad les inculca no solo la seriedad de su ministerio, sino también la seriedad con la que la comunidad los toma. Cuando una niña puede pararse y ministrar con dignidad, gracia y confianza al lado de un adulto que ejerce el mismo rol, se produce una importante formación espiritual en ella. Aún más importante, quizás, es la formación espiritual que tiene lugar en la asamblea que está siendo testigo de esta sorprendente representación de la vida en el Cuerpo de Cristo.

Las tareas asignadas a los acólitos son muchas y variadas. Para que se hagan con el menor alboroto, la mayor dignidad y de la forma más "desapercibida" posible, puede que se necesiten más, en lugar de menos, acólitos. Esto no significa que los acólitos deban ser utilizados en un servicio sin una buena razón. Llenar la iglesia con gente en alba o en sotana y sobrepellices con el único propósito de crear un espectáculo litúrgico no tiene sentido y va en contra de que la liturgia sea obra de toda la asamblea. Al mismo tiempo, tener uno o dos acólitos corriendo de un lado a otro, o tener ministros insuficientes para celebrar cómodamente una liturgia completa y rica, tiene de igual modo poco sentido. También refleja una comunidad que carece de dones para el ministerio. La liturgia, por el contrario, debería ser una representación de la Iglesia en su mejor momento: rica en dones espirituales y habilidades para el ministerio.

EL COORDINADOR DE LA LITURGIA

Incluso en pequeñas congregaciones cuya liturgia no es compleja, alguien tiene que coordinar los diversos ministerios, especialmente antes y durante la liturgia. Este papel tiene cualquier número de nombres, como el maestro de ceremonias (MC), verger, acólito principal. A menudo, en congregaciones más pequeñas, como se indica más adelante, el diácono realiza o ayuda con esta función, como "servidor principal" en la liturgia y como alguien que mantiene su servicio en la liturgia todos los domingos. La liturgia depende de que un número de personas actúen en completa armonía a fin de que, como ya hemos dicho en varias ocasiones, la visión del mundo y el sistema de creencias de la Iglesia puedan ser a la vez expresadas por la asamblea e inculcadas en esta. Antes de la liturgia, el coordinador (o cualquier otro título con el que se le identifique) verifica que todos los ministros asignados estén presentes, que se pongan de acuerdo sobre quién hará qué cosa, y que todos sepan cómo hacer los ministerios asignados. Todo esto debe hacerse antes de cada liturgia, pero especialmente antes de los eventos especiales cuando no se seguirán los patrones habituales. El coordinador también verifica que todos los ministros se han asegurado de que los materiales u objetos que usarán en la liturgia estén en su lugar y listos.

En cada turno, quien coordina la liturgia debe recordar que la asamblea en su conjunto celebra la liturgia, y que los ministros son en primer lugar miembros de la asamblea. Han sido llamados para tareas particulares, y de entre ellos se elige al coordinador o la coordinadora. En otras palabras, se trata de un arreglo de abajo hacia arriba, no de arriba hacia abajo. El coordinador es un servidor escogido entre los siervos de los siervos de Dios, no un señor. A medida que el "poder" y la autoridad de un ministro aumenta, también debe aumentar el compromiso consciente de modelar la servidumbre de Jesús. El "poder" en la Iglesia, y especialmente en la liturgia, es lo opuesto a lo que normalmente entendemos por poder. Quien coordina tiene un papel particularmente poderoso, y debe adoptar una postura amorosa y humilde. Esto no significa que deba ser débil, indirecto o descuidado. La fuerza, la claridad y el orden pueden ser amables. Saber que alguien está supervisando a todo el cuerpo de ministros puede tranquilizar a todos. Los coordinadores pueden tranquilizar a los que están nerviosos e instruir a los que no están seguros. Este es un importante testimonio de que la vida en el Cuerpo de Cristo no es como la vida en el "mundo".

Los cánones de la Iglesia hacen al rector o rectora responsable de la vida litúrgica de la parroquia. Sin embargo, dentro de la liturgia misma, si todos, incluyendo quien preside, han acordado que el o la coordinadora esté "a cargo", entonces también está a cargo de quien preside. La liturgia es un acto ritual. Nadie, especialmente quien preside, puede actuar unilateralmente. Quien preside, en particular, debe adherirse a los patrones rituales y palabras que la asamblea ha acordado para que el rito se desarrolle sin problemas. Es fundamental insistir en que la liturgia es un acto de la asamblea, no un espectáculo que la persona que preside "monta" para los laicos. Este ministro ordenado, como todos los demás ministros, está sometido al rito. El trabajo del coordinador es recordar, instruir y dirigir a los ministros, y esto incluye a quien preside. Si la persona que preside es la principal responsable de la coordinación de la asamblea durante la celebración de la liturgia, la tarea del diácono, el maestro de ceremonias, el verger o el acólito principal consiste en coordinar a quien preside y a los demás ministros. Es un papel de tipo "entre bastidores".

Para que la liturgia se desarrolle sin problemas, aparentemente sin esfuerzo y como si fuera perfectamente natural, los ministros deben ensayar. Nada reemplaza un ensayo minucioso. El ensayo no es para que la liturgia se congestione, sino todo lo contrario: para que se relaje. Si los líderes y servidores de la asamblea saben intelectualmente y "en sus huesos" qué hacer, sus acciones no serán torpes e inciertas, y no distraerán a la asamblea. En cambio, transmitirán una calma y facilidad que se trasladará a la asamblea, permitiendo que todos celebren la liturgia con confianza, atendiendo plenamente al Misterio revelado en el rito.

Quien coordina, además de "dirigir" la liturgia, es líder del ensayo. Esto no significa que se limite a reunir a los y las ministras y dictar lo que sucederá. Los mejores ensayos involucran a todo el grupo en escoger lo que funcionará mejor: lo que será más reverente, hospitalario, transparente, amable y eficiente. Los mejores ensayos tampoco son un ejercicio intelectual, sino un simulacro práctico. En un ensayo ideal, quien coordina aporta un claro sentido de lo que debe suceder durante el rito y después, a medida que los ministros lo ensayan, escucha atentamente los puntos de vista de todo el equipo, busca el consenso y luego incorpora las nuevas ideas en la coreografía. Esto promete no sólo crear una mejor liturgia, sino también dar un verdadero poder a los ministros. Al pensar en el rito y recorrerlo mentalmente, los ministros llegarán a comprenderlo aún más y, con el tiempo, podrán articular un conjunto de principios litúrgicos que habrán logrado interiorizar por completo.

En la procesión, quien coordina (a menos que sea el diácono) va delante. Incluso el incensario sigue a esta persona. Solo no sería el primero si considera que es mejor para el ritmo de la procesión ir enviando a cada pareja. En ese caso, el coordinador entra en la procesión en último lugar, justo antes del que preside.

En las iglesias que ya tienen un verger, este es el papel que dicho ministro litúrgico debe tener. Si el verger no cumple una verdadera y necesaria función litúrgica, el papel es anticuado y, en muchos casos, costoso, y debería ser reconsiderado. La verdad es que los vergers a menudo no hacen más que dirigir las procesiones (llevando el bastón procesional o *virge*), y luego llevan a los lectores hacia y desde el ambón. De hecho, la mayoría de los lectores no necesitan ser guiados, y hacerlo parece pretencioso. Lo que sí necesitan los ministros, sin embargo, es alguien que los coordine. Tener tanto un verger como un maestro de ceremonias es una duplicación de roles, y deberían combinarse en uno solo. Un único coordinador litúrgico, revestido con un alba junto con todos los demás ministros litúrgicos, o alternativamente en una sotana con una completa y larga sobrepelliz, es usualmente un rol más apropiado para una congregación.

SACRISTANES, MIEMBROS DE LA CONFRADÍA DEL ALTAR, Y ARTISTAS DE AMBIENTACIÓN

El edificio en el que se celebra la liturgia, y los objetos utilizados en él, son formativos. Su cuidado, por lo tanto, y la forma en que están dispuestos no son incidentales. Probablemente no hay ninguna iglesia episcopal que no tenga una cofradía del altar o un grupo de maestros de ceremonia dedicados al cuidado de las cosas concretas que se requieren para la liturgia. Estos ministros lavan y planchan los lienzos, cuidan las vestiduras, pulen los metales, ponen los artículos necesarios en la credencia antes de que empiece la liturgia, cambian el velo del cáliz, arreglan las flores, limpian todo después de la celebración y se encargan de ordenar velas, pan, vino y el resto del material consumible, sin el cual la liturgia no podría celebrarse. Sin embargo, más allá de estas tareas que comúnmente se consideran competencia de los sacristanes y miembros de la cofradía del altar, muchas otras se están convirtiendo cada vez más en parte de su trabajo. Por esta razón, un alto número de congregaciones están expandiendo el alcance de este ministerio y a veces cambiando su nombre. No hablan de la cofradía del altar, por ejemplo, sino del Comité de Arte y Ambientación.

En materia del entorno, así como en todas las demás áreas de la liturgia, el Libro de Oración no ofrece muchos detalles, por lo que se deben tomar decisiones. Las maneras antiguas de hacer las cosas no son por necesidad la mejor manera de hacerlas. Por ejemplo, el "entorno litúrgico" ha significado por tradición las decoraciones en el santuario (el espacio detrás del comulgatorio). Si la liturgia se realiza sólo en esa parte del espacio religioso, entonces este patrón tiene sentido lógico: el ambiente litúrgico y el santuario son coextensivos. Sin embargo, si toda la asamblea celebra la liturgia, y si se pone en escena en toda la iglesia, y si el foco de atención se desplaza de un lugar a otro dentro de la liturgia, entonces el ministerio de la cofradía del altar debe expandirse mucho más allá del área del altar.

En la actualidad, se entiende comúnmente que todo el espacio litúrgico, dondequiera que se reúna la gente, es el entorno litúrgico. En algunos lugares, por ejemplo, las velas no sólo se colocan al lado del altar, sino también cerca del atril e incluso alrededor de toda la sala mediante el uso de candelabros. Las flores adornan todos los lugares donde se realizan acciones litúrgicas clave: el altar, el atril, la pila bautismal e incluso la puerta de la iglesia, como marcador entre las vidas de los miembros individuales y la vida del Cuerpo. Banderas, esculturas, tapices monumentales sobre la asamblea: todo esto forma parte del ambiente litúrgico.

En los lugares donde los miembros de las actuales cofradías del altar no están interesados, o no tienen el don de idear esquemas para mejorar todo el espacio litúrgico, se pueden añadir nuevos miembros sin que los otros sean desplazados. Saber cómo sacar las manchas de vino de un purificador para que sea apropiado para la mesa del Señor no es menos importante u honorable que saber cómo soldar hierro en una corona de Adviento que colgará sobre la iglesia reunida, o cómo hacer estandartes procesionales para una ocasión solemne. La tarea de preparar el ambiente litúrgico es amplia y deja espacio para personas con muchos talentos e intereses.

UJIERES Y MINISTROS DE HOSPITALIDAD

Los "visitadores" de iglesias y los "inquietos" espirituales realizan su primera visita a la Eucaristía dominical por muchas razones. Una de las razones citadas con regularidad por estas personas en su segunda visita es que recibieron una cálida bienvenida la primera vez. La hospitalidad no es suficiente para convertir a una persona, pero es una buena manera de empezar. Jesús se distinguió por acoger a los pecadores y comer con ellos. Era tan importante para él que arriesgó su vida por ello. Así como este ministerio fue central en la vida del Jesús histórico, es un ministerio que el Cristo glorificado continúa hoy en día. Él acoge a los pecadores y come con nosotros. Muchas congregaciones son muy conscientes de que son huéspedes de la mesa de Cristo, sin ningún mérito propio. Y así, lo que han recibido como un don gratuito, buscan darlo de igual modo. Las congregaciones que son así, y mucho más, si invierten en el trabajo evangelizador y social, florecen y crecen. Las congregaciones que no lo hacen casi seguro se estancan y mueren.

La hospitalidad es labor de toda la asamblea. Aun así, como todos los otros ministerios inherentes a la vida cristiana, la iglesia designa representantes para modelar la hospitalidad. Los ujieres, cada vez más llamados Ministros de la hospitalidad, encarnan la hospitalidad que toda la iglesia está llamada a ejercer. Son la "primera línea" de una asamblea de bienvenida. "Algo bien iniciado, ya tiene medio camino ganado", y si la congregación acoge a extraños, inquietos, e incluso a sus propios miembros a medida que llegan, se habrá hecho un gran comienzo. Los ministros de hospitalidad toman la delantera en este importante ministerio.

El ministerio de hospitalidad trasciende el género y la edad. Tradicionalmente, los ujieres han sido hombres adultos. De hecho, personas de ambos sexos y de todas las edades pueden estar dotadas para este trabajo. Los niños, especialmente, pueden ofrecer una abierta y cálida bienvenida a aquellos que vienen a orar en común, y pueden hacer que los visitantes nerviosos se sientan cómodos. Un cristiano no tiene que ser muy mayor para sonreír, ofrecer una mano cálida, y entregar el boletín con el orden del servicio de adoración. Los jóvenes e incluso los niños pequeños que sirven como ministros de hospitalidad expresan la naturaleza del Cuerpo de Cristo a aquellos que vienen a nuestras puertas. Verán a primera vista que esta es una comunidad donde todos son tomados en serio, vistos como iguales y valorados.

En algunas iglesias, los ministros de hospitalidad realmente sientan a los adoradores, como hacen los ujieres en un teatro. Cuando esto se hace, debe ser abordado con mucho cuidado: mientras que los visitantes necesitan saber que son bienvenidos y requieren que se les dé todo lo necesario para participar en cualquier nivel que elijan, también necesitan saber que no están presos. Es probable que no se sientan cómodos si se les empuja a hacer cosas que para un feligrés normal parecerían sencillas y naturales, pero que para ellos son extrañas. El hecho de que se les permita elegir un lugar para sentarse en la asamblea puede ser todo lo que se necesita para que se sientan en control de una situación desconocida e incómoda.

A los ministros de hospitalidad se les suele encomendar la tarea de recoger las ofrendas. Debido a los escándalos públicos relacionados con el dinero y la religión y a las inquietantes historias que la gente cuenta de que se les negaron los sacramentos y otros ministerios de la Iglesia porque no podían pagarlos, la forma en que se maneja el dinero en la asamblea debe ser considerada de forma muy cuidadosa, y mucho más cuidadosamente realizada. En casi todas las esferas de la vida, el dinero se ha equiparado con el poder. En la Iglesia, sin embargo, no se puede permitir que el dinero funcione de esta manera. Los ricos y los pobres son iguales ante Dios y ante los demás en la asamblea de los bautizados. Cualquier cosa que se pueda hacer, por lo tanto, para librar al ofertorio de su potencial para avergonzar a los pobres y engrandecer a los ricos hará la liturgia más hospitalaria. Esto no sugiere que la iglesia deba avergonzarse de manejar dinero. El Libro de Oración ordena al diácono o a la persona que preside que ponga la colecta monetaria en el altar con el pan y el vino, ya que es una muestra tangible del compromiso de la asamblea en el trabajo del Evangelio. Sin embargo, el monto de la donación no se iguala con el nivel de inversión y, sobre todo, no puede determinar el nivel de rango o poder que uno tiene en la iglesia. El plato debe pasarse de forma rápida y sencilla. Si un miembro de la asamblea decide no poner nada en ella, el ministro de hospitalidad no debe prestar atención, no retrasar o mirar extrañamente a la persona, sino que debe seguir adelante con la acción.

El dinero es un asunto delicado en la cultura moderna. La forma en que se trata en la liturgia también debe ser delicada.

La ofrenda es llevada a menudo a la mesa del Señor por los ujieres o ministros de hospitalidad. Usando la imaginación, los ministros pueden estar conscientes del vínculo entre las ofrendas y las vidas de todos los que se han reunido. Los que presentan la ofrenda ante el altar son servidores de la autodonación de la asamblea, no banqueros. Darse cuenta de que, en cierto sentido, tienen la vida de la gente en sus manos transformará su tarea, tanto así, que dejará de ser una transacción para convertirse en un ministerio.

En la recepción de la Comunión (y en otras procesiones), los ministros de hospitalidad suelen organizar a la gente y decirle cuándo y hacia dónde debe moverse. En este punto de la liturgia, son ellos los coordinadores de la congregación en general. Como hemos dicho sobre los coordinadores del equipo litúrgico de ministros, a medida que aumenta el "poder" y la autoridad de un ministro, también debe aumentar el compromiso consciente de modelar el servicio de Jesús. A través de la amable invitación del ministro de hospitalidad en el momento de la Comunión, Jesús invita a los miembros de su Cuerpo a participar de su propio Cuerpo. La invitación a pasar de la banca al altar debe estar llena de bienvenida y paciencia. Los ministros deben imaginar que están haciendo una invitación amorosa y ansiada, no dando órdenes de marcha.

Los que proveen hospitalidad luego de la liturgia, los refrigerios, no suelen ser los mismos ministros que la proporcionan durante la liturgia. Sin embargo, la celebración de reuniones y sesiones de formación conjuntas para estos dos grupos puede asegurar que la hospitalidad de Cristo se extiende a desde el momento en que los adoradores entran por la puerta de la iglesia hasta que salen de ella.

Capítulo 8

POSTURAS Y GESTOS

Si el espacio del edificio y el año litúrgico son los dos "escenarios" en los que se desarrolla la liturgia, los miembros de la asamblea son los actores. Como hemos señalado anteriormente, cada miembro de la asamblea es un actor esencial. Sin embargo, los ministros litúrgicos designados tienen un papel único. Por la forma en que utilizan sus cuerpos, demuestran a los demás una especie de oración que es completamente encarnada. Parte de su tarea como ministros litúrgicos es encarnar las más altas aspiraciones de todo el grupo con cuidado e intención. En ellos, la asamblea se ve a sí misma en su mejor momento.

A lo largo de la liturgia, los ministros deben esforzarse por estar lo más mental y físicamente centrados que sea posible. Tomar conciencia de sí mismos sin llegar a sentirse cohibidos. Estar quietos, pero sin llegar a estar rígidos. Deben controlarse a sí mismos. Los movimientos corporales de los líderes litúrgicos reflejan sus disposiciones interiores y fomentan esas disposiciones dentro de ellos. El cuerpo, la mente y el espíritu están integrados, y lo que sucede en uno, influye en el resto. Los ministros litúrgicos, ya sean laicos u ordenados, se encuentran a menudo divididos entre la oración y el prepararse para lo que viene después. Una medida para orar sin distraerse de las exigencias del ministerio es asumir una postura de oración. El cuerpo puede guiar la mente y el corazón.

Las expresiones corporales de los ministros también pueden guiar las mentes y los corazones de toda la asamblea. Más allá de la liturgia, la gente sabe cuánto le puede afectar su entorno. Para sentirse vigorizados, van a un parque de diversiones; para sentirse tranquilos, van al desierto. En la liturgia, el entorno no es menos influyente. La forma en que los ministros se comportan tiene un fuerte efecto en la disposición del resto de la asamblea. En la medida de lo posible, los ministros deben esforzarse por hacerse "transparentes":

formar parte del ambiente litúrgico sin llamar la atención a sí mismos, especialmente a sus idiosincrasias. La motivación por volverse "transparentes" no es ni antiencarnacional ni autoanulante. Es *kenótica*: es el vaciarse a sí mismo por un bien mayor, imitando el vaciarse a sí mismo de Jesús por el bien del mundo.

Debido a que la liturgia es "dramática", aquellos con roles focales pueden, con toda buena intención, volverse llamativos y atraer así la atención de todos, alejándose del Misterio que eligieron servir. La claridad, la fortaleza y la franqueza son las cualidades a las que aspiran los ministros litúrgicos, y estos son los tipos de rasgos que pueden desencadenar con facilidad una exhibición egocéntrica. Pero no tienen necesidad de hacerlo, y si la asamblea va a experimentar la liturgia como lo que es: un encuentro con Dios en Cristo presente en el Espíritu, los ministros se esforzarán para evitar cualquier impulso de llamar la atención sobre sí mismos.

ORAR

Las primeras representaciones gráficas de los cristianos en la oración los muestran en la posición de los orantes: con los brazos extendidos y las manos abiertas. En la liturgia, la posición orante es el gesto apropiado para todas las oraciones, no sólo los textos pronunciados desde la mesa del Señor. Para las oraciones rezadas en otros lugares de la sala, un acólito sostiene el libro para que las manos de la persona que preside estén libres. El acólito se coloca perpendicularmente a quien preside, apoya el libro en el antebrazo más alejado de quien preside y extiende el brazo para que el libro quede directamente frente a la persona que lo leerá. La otra mano del acólito se usa para sostener el libro agarrando la esquina inferior. El acólito da un paso adelante para que el que preside pueda extender los brazos en la oración. El acólito no sostiene el libro a un lado, sino que lo sostiene directamente frente al que preside, para que este pueda mantener la mirada hacia adelante. El acólito debe ajustarse al que preside y no al revés. El libro debe ser llevado a la persona que preside unos segundos antes de que sea necesario para que el texto pueda ser localizado en la página. En la oración colecta del día, por ejemplo, el acólito lleva el libro abierto a la persona que preside durante las últimas frases del himno de alabanza.

Quien preside abre los brazos en posición orante a lo largo de la oración como tal. La posición orante no se usa cuando la persona que preside se dirige a la asamblea o proclama un texto, sino que es estrictamente para la oración. En la oración colecta del día, por ejemplo, quien preside saluda a la gente con las manos unidas, dice, "Oremos", y solo entonces asume la posición orante. Esta persona comienza a juntar las manos de nuevo durante la última frase de la colecta, para que se unan al final de la oración, cuando la asamblea añade su "Amén".

Hay que señalar que la posición orante no se usa durante el *Sanctus* o durante el canto de himnos métricos, aunque la mayoría de ellos sean oraciones. Normalmente solo se usa para oraciones congregacionales que no son aclamaciones, dichas o cantadas. Así, por ejemplo, quien preside se pone de pie en posición orante para el Padre Nuestro y la oración después de la Comunión, aunque toda la asamblea esté cantando o recitando el texto. Esto es simplemente una cuestión de costumbre y no puede ser defendida sobre la base de alguna lógica o principio.

La posición orante es una postura de apertura y vulnerabilidad ante Dios, así como un gesto de acercamiento a Él. Teniendo en cuenta estas y otras imágenes relevantes en lo personal, la persona que preside unirá su disposición interna en el gesto externo, haciendo que la posición orante sea auténtica tanto en la apariencia como de hecho. No hay "reglas" sobre exactamente cuán amplios deben extenderse los brazos, aunque había pautas específicas en las rúbricas tridentinas que se convirtieron en la norma para algunos episcopales. El gesto debe reflejar la actitud interior a la que aspira la persona que preside, y debe ser proporcional a la sala y al tamaño de la asamblea.

En algunas congregaciones, toda la asamblea se coloca en la posición orante mientras quien preside reza en nombre de todos. La mayoría de las congregaciones se resistirían a tal práctica, pero no debe ser rechazada de plano como "carismática" o no anglicana. Esta posición comenzó siendo un gesto tan común como lo es hoy el de juntar las manos.

SENTARSE

Cuando nos sentamos durante la liturgia, no es un momento para ser casual, sino para estar atentos. Ambos pies deben estar en el suelo, y las manos deben descansar cómodamente en el regazo, con las palmas hacia abajo. Cualquier cosa que sugiera desinterés o llame la atención, como lanzar un brazo sobre el respaldo de una silla o banco, o cruzar las piernas, debe evitarse. La forma en que uno se sienta en la liturgia, ya sea que se trate de un ministro litúrgico u otro miembro de la asamblea, debe reflejar la forma en que uno se sienta en la oración contemplativa. En la liturgia, porque confiamos en que Dios está actuando, usamos posturas para hacer que la mente y los sentidos estén atentos.

CAMINAR

Caminar en procesiones formales o de un lugar litúrgico a otro requiere intencionalidad. El caminar litúrgico no es sólo moverse. Es moverse conscientemente, con atención a uno mismo y, más importante, al objeto o la acción a la que uno se está moviendo. Los ojos deben dirigirse hacia la cosa, la persona o la actividad, y la mente debe estar ocupada con lo que los ojos ven. Los que caminan en la procesión de entrada, por ejemplo, no sólo se mueven de la parte trasera de la iglesia a la delantera. Se mueven desde un lugar fuera de la asamblea de los santos hacia esa asamblea, y se acercan a la mesa del Señor. Tomar en serio la imaginación y la práctica de la atención alinean al cuerpo con la mente y el corazón, y viceversa.

El ritmo debe ser decidido, pero no apresurado. A menudo, a nombre de la reverencia, los ministros litúrgicos se mueven tan lentamente y con tanta gravedad que el efecto es lúgubre. Otros se mueven tan rápido que parecen carecer de atención y asombro. Un equilibrio entre la prisa y la lentitud es la meta: moverse con propósito hacia algo importante, pero sin apresurarse para llegar allí.

Las manos deben unirse mientras el ministro camina. A lo largo de la liturgia, las manos se sostienen entre sí cuando no se usan para sostener otra cosa. Las manos cómodamente unidas, no una dura presión de una palma contra la otra, transmite una sensación calma y tranquila. Los brazos nunca deben colgar o balancearse mientras un ministro camina.

Los y las ministras nunca caminan hacia atrás durante la liturgia, aunque a veces parezca la forma más rápida de moverse. Solo hay una excepción: algunas congregaciones usan dos turiferarios en la procesión del sacramento al lugar de la reserva durante el Jueves Santo. Caminan en procesión directamente frente al que preside, quien lleva el sacramento. Uno de los incensarios inciensa al sacramento caminando hacia atrás, luego se da vuelta para caminar hacia adelante, mientras que el otro hace lo mismo en dirección al sacramento y camina hacia atrás. Esta es la única excepción posible a la regla general de que los ministros no caminan hacia atrás durante la liturgia. Aunque solo se den unos pocos pasos, el ministro debe girar en la dirección del movimiento.

DE PIE

Estar de pie es tan natural y común que podría parecer que no es una postura litúrgica. Estar de pie durante la liturgia, sin embargo, no es lo mismo que estar de pie en una parada de autobús o en la calle charlando con los amigos. Como toda acción en la liturgia, estar de pie es una oración encarnada. En la liturgia, uno está consciente de estar en presencia de Dios y del pueblo de Dios, y usa el cuerpo tanto para expresar como para inculcar actitudes adecuadas. Los pies se plantan firmemente en el suelo, y el peso se distribuye uniformemente entre ambos. Todo el suelo es sagrado. La liturgia es un ensayo para experimentar la santidad de todo el suelo y para moverse con reverencia y gratitud sobre él.

Es natural cambiar de pierna después de estar de pie por un tiempo, o balancearse hacia adelante y hacia atrás. En la liturgia, los ministros deben evitar la tentación. Moviéndose nerviosamente, distraen a los demás en la asamblea. En su lugar, deben mantener un sentido de base, con el objetivo de inspirar una actitud similar en los demás.

Estar de pie, en lugar de arrodillarse, es la postura común de toda la asamblea para la oración. Como resume Marion Hatchett, uno de los eruditos más responsables de los libros litúrgicos que surgieron en la Iglesia Episcopal en los años 70 y 80, en su Comentario sobre el Libro de Oración americano:

> Estar de pie fue la postura universal para la oración [eucarística] hasta finales de la Edad Media y sigue siendo la postura en las Iglesias orientales. El concilio de Nicea prohibió arrodillarse para rezar en domingo o durante la gran cincuentena pascual, en días en los que se celebraría la Eucaristía... El Libro de 1549 asumió la postura de pie para la oración [eucarística]; los libros de oración han encarnado tradicionalmente el principio de que el pueblo se pone de pie para orar a menos que se le pida expresamente que se arrodille, como en las oraciones de confesión y petición. Algunos manuales anglicanos antiguos ordenan a la gente, si están arrodillados, que se pongan de pie cuando se lo pida el sacerdote, y específicamente que asuman una postura de pie después de la absolución, cuando el sacerdote diga: "Oíd qué palabras tan consoladoras". Claramente, esto significaba que se ponían de pie para la oración eucarística que seguía inmediatamente.[8]

---

8. Marion J. Hatchett, *Commentary on the American Prayer Book* (New York: Seabury Press, 1981), 364.

LA GENUFLEXIÓN

En los lugares donde se acostumbra a hacer la genuflexión, el gesto se realiza sólo respecto al Sacramento, ya sea presente en el altar o reservado para los enfermos. El cuerpo se baja  sobre la rodilla derecha, y las manos descansan sobre la izquierda. El cuerpo se mantiene perpendicular al suelo, y la rodilla derecha se lleva hasta el suelo, no parcialmente en el estilo de una reverencia. Las manos que descansan en la rodilla izquierda se utilizan para empujar el cuerpo de nuevo a la posición de pie. No hay pausa al final de la genuflexión. Es un movimiento continuo.

Para hacer una genuflexión a la mesa del Señor, el ministro coloca las manos separadas a la anchura de los hombros con los dedos en la superficie superior (técnicamente llamada "mensa") y los pulgares empujados contra la superficie vertical. La rodilla derecha se baja  hasta el suelo mientras que la espalda se mantiene perpendicular al suelo y los ojos se enfocan hacia adelante. Mientras el ministro está de pie, las manos mantienen el cuerpo firme.

Ya sea haciendo una genuflexión en un espacio abierto o ante el altar, es importante no encorvarse hacia adelante. La genuflexión y la reverencia son dos expresiones distintas, y no deben combinarse.

LA REVERENCIA

Aunque algunas costumbres describen tres grados de inclinación, la simplicidad sugiere que sólo se requieren dos: una inclinación de la cabeza y una inclinación del cuerpo. Ambos son gestos que reconocen el carácter sagrado de un objeto o persona. Como con cualquier otro gesto, la autenticidad y la gracia exigen que la mente y el corazón se unan para que el gesto se convierta en algo más que un ritual vacío. Recordar el respeto y el amor que uno tiene por la persona, el papel de la persona en la comunidad, el objeto, o lo que el objeto significa es el primer paso para hacer una reverencia litúrgica más que el solo "hacer los movimientos".

A menudo, la gente se inclina durante la liturgia de una manera que parece más bien un balanceo. La reverencia debe ser deliberada e intencional, y no apresurada. Los ojos deben seguir la cabeza hacia abajo y no permanecer enfocados en la persona u objeto que se está honrando. A lo largo de la Biblia, cuando la gente se da cuenta de que se está encontrando con Dios, instintivamente desvían su mirada. El saludo litúrgico es un ensayo para este tipo de asombro ante la presencia de Dios. Inclinarse en la liturgia es tanto expresar como aprender una actitud que es lo opuesto a ser "obstinado".

Cuando la reverencia se hace con la inclinación de cabeza, los ojos y la cabeza se mueven hacia el suelo mientras el cuerpo se mantiene erguido. Después de una pausa momentánea, la cabeza se eleva. En una reverencia del cuerpo, también llamada una reverencia solemne, tanto la cabeza como el cuerpo se bajan hacia el suelo desde la cintura, junto con los ojos. Puede ser útil pensar que esta reverencia es como "mirar tus zapatos". Las manos se pueden bajar por las piernas hasta las rodillas durante una reverencia profunda para mantenerse estable y, cuando varios ministros se inclinan, para asegurar que todos se inclinen más o menos hasta el mismo punto. Los ojos deben seguir al cuerpo al doblarse, sin dirigirse hacia lo que se está reverenciando, para que la pelvis no sobresalga hacia atrás y produzca un resultado irreverente, distractor e incluso cómico.

Durante la Eucaristía se hace una profunda reverencia sólo ante el sacramento y el altar, cuando se recibe una bendición (como, por ejemplo, cuando la persona que preside invoca una bendición sobre el diácono antes de proclamar el Evangelio), y cuando la asamblea se inclina ante la afirmación de la encarnación durante el Credo Niceno. Cuando se trata de hacer una reverencia, no hay reglas en el Libro de Oración Común. Por lo tanto, es importante para una congregación episcopal llegar a un conjunto de principios coherentes.

Este libro asume, entre sus principios, que "menos es más". Por lo tanto, en general, el número de reverencias hechas con la cabeza o el cuerpo no debe ser exagerado. Demasiadas reverencias alejan la atención de la acción principal, distrayendo a la asamblea de las cosas esenciales y desbordando la imaginación de los ministros. Una de las primeras preguntas que los planificadores litúrgicos y los ministros deben hacerse es si lo que se está haciendo apoya el núcleo esencial o compite con él.

Cuando un ministro lleva un objeto ritual en sus manos, mientras no sea un libro de oración, un himnario o un folleto del servicio, una reverente pausa sustituye a una genuflexión. Por ejemplo, en una procesión, los portadores del incensario, la cruz y la antorcha no se inclinan, sino que hacen una pausa momentánea en el lugar donde los demás se inclinan.

ARRODILLADOS

Estar arrodillado es la postura habitual para los actos de humildad y penitencia. Al igual que en una genuflexión, el cuerpo se baja hasta la rodilla derecha cuando se arrodilla. Las manos descansan sobre la rodilla izquierda, una sobre la otra, para mayor estabilidad. Luego, la pierna izquierda se lleva detrás del cuerpo para que los pies estén juntos. El cuerpo, desde las rodillas hasta la cabeza, se mantiene perpendicular al suelo. Las caderas no se apoyan en los talones, ni el cuerpo se inclina hacia adelante. Así como la genuflexión y la inclinación son dos posturas distintas, también lo son el arrodillamiento y la inclinación. Para volver a la posición de pie, la pierna izquierda se lleva de nuevo a la parte delantera del cuerpo, y las manos se utilizan para empujar hacia arriba desde la rodilla.

Arrodillarse en las vestiduras puede ser difícil. Los pies pueden quedar atrapados en el alba, de modo que cuando la persona intenta ponerse de pie, se pierde el equilibrio y la persona cae de espaldas. Esto puede evitarse tirando de las vestimentas hacia los lados y alejándolas de los talones al asumir la postura de arrodillamiento. Entonces, cuando llegue el momento de ponerse de pie, las vestimentas no se enredarán con los zapatos.

Cuando arrodillarse ocurre justo después de sentarse, la persona primero se pone de pie y luego se arrodilla.

GIRARSE

Por pura convención, las siguientes reglas rigen la forma en que los ministros se dan vuelta durante la liturgia. Esto ocurre, por ejemplo, cuando los ujieres traen la ofrenda monetaria, se la dan al diácono o a la persona que preside, y luego se dan vuelta para alejarse del altar.

- Los que están solos giran en el sentido de las agujas del reloj.

- Los que están de pie en pareja giran hacia adentro, el uno hacia el otro. Esta regla se mantiene, aunque haya otro ministro entre la pareja. (Los portadores de la antorcha, que flanquean una cruz procesional, por ejemplo, dan vuelta hacia dentro, el uno al otro.)

- Un ministro de pie entre un par de ministros (como un crucífero entre dos portadores de antorchas) gira en el sentido de las agujas del reloj, como si estuviera de pie y solo.

Es innegable que esto es una convención. Sería igual de lógico hacerlo de otra manera. Sin embargo, si los ministros, especialmente en grupos, deciden individualmente qué camino tomar, el efecto es desordenado. Siguiendo la convención, se supera este problema.

LA SEÑAL DE LA CRUZ

La señal de la cruz puede hacerse sobre uno mismo, una persona o grupo, o una cosa. En el estilo occidental, la cruz se traza de arriba a abajo, y luego de izquierda a derecha. Cuando

se traza la cruz sobre uno mismo, la mano derecha se mantiene plana con la palma hacia el cuerpo. Comenzando por el pecho, la mano se mueve a la frente, luego a la cintura; al hombro izquierdo, luego al derecho. Cuando se pronuncia el nombre trinitario durante el gesto, las personas de la Trinidad son nombradas en este patrón: "el Padre" en la frente; "el Hijo" en la cintura; "el Espíritu" en el hombro izquierdo; y el "Santo" en el hombro derecho. Entonces, la mano se coloca sobre el esternón o se junta con la otra. No se permite simplemente dejarla caer a un lado. Todo el gesto se hace deliberadamente pero no de forma dramática. No es exagerado. La mano permanece cerca del cuerpo y no se extiende más allá de la cabeza, los hombros y la cintura.

En la proclamación del Evangelio, el ministro traza una cruz con el pulgar de la mano derecha sobre el texto impreso, moviéndose de arriba a abajo y luego de izquierda a derecha, mientras se anuncia el Evangelio. Con el mismo pulgar, el ministro traza una pequeña cruz en la frente, los labios y el pecho, como hacen los demás miembros de la asamblea. Esta costumbre comenzó en el siglo IX. Al principio, sólo se marcaba la frente con una cruz cuando el diácono saludaba al pueblo ("El Señor esté con ustedes") antes del Evangelio, o la frente y el pecho en el anuncio del Evangelio. Sólo en el siglo XI la triple cruz se convirtió en la norma, junto con marcar

la cruz en la página del libro. También era común que el pueblo se marcara con la cruz después del Evangelio. La costumbre de la cruz final no perduró.

Los sentimientos que acompañan a cada una de las tres cruces antes del Evangelio son una cuestión de costumbre piadosa. La mayoría de la gente reza para que el Evangelio se imprima en la mente, se hable con los labios y se ame con el corazón. El Libro de Oración no menciona, y mucho menos requiere, el gesto, pero la mayoría de los leccionarios episcopales y los evangeliarios tienen una cruz impresa al principio de cada pasaje del Evangelio. En los libros litúrgicos, esta es la convención tipográfica que señala que se debe hacer la señal de la cruz.

Cuando se traza la cruz sobre una persona o un grupo, se sigue el mismo patrón que cuando se traza una sola cruz sobre el propio cuerpo, excepto que la mano gira noventa grados en el sentido de las agujas del reloj para que el borde de la mano quede orientado hacia las personas. La persona que traza la cruz no toca su propio cuerpo, pero limita el gesto al tamaño del cuerpo, como si trazara la cruz sobre sí misma. Sólo los sacerdotes y obispos invocan una bendición sobre los demás en la liturgia. Cuando los diáconos o laicos que presiden (por ejemplo, en el Oficio Diario) invocan la bendición de Dios, alteran la fórmula de la segunda a la primera persona (de "Que Dios todopoderoso te bendiga" a "Que Dios todopoderoso nos bendiga") y tocan sus propios cuerpos, como se ha descrito anteriormente.

Una cruz se traza sobre un objeto exactamente como se traza sobre una persona, excepto que la mano se acerca al objeto. El tamaño de la cruz es proporcional al objeto. Sin embargo, si el objeto es muy pequeño, el tamaño del signo debe ser mayor que el del objeto para que los observadores puedan reconocer que se trata de una cruz y no de un diseño indeterminado.

MIRAR

Para ayudar a la asamblea a mantener el enfoque, la persona que preside y los demás ministros deben mirar hacia las acciones litúrgicas, incluso aquellas en las que no están directamente involucrados. Por ejemplo, los otros ministros deben mirar a los lectores durante las lecturas. La única excepción es cuando el mirar hacia la acción litúrgica requiera una postura incómoda, como mirar por encima del hombro o hacer un esfuerzo. La cabeza y los ojos deben mantenerse siempre básicamente hacia adelante, los pies planos en el suelo y las manos en el regazo. Los ministros y ministras nunca deben cerrar los ojos excepto cuando toda la asamblea esté en meditación silenciosa, como después de cada una de las dos primeras lecturas. Cerrar los ojos sugiere una distancia de la asamblea y un retiro para la oración privada. Los ministros responsables de asistir directamente a la asamblea, especialmente el diácono y los acólitos, nunca deben cerrar los ojos, sino que deben estar atentos a la asamblea durante toda la liturgia.

Los ministros deben mirar a la asamblea cuando se dirigen a ella, y deben seguir mirándola si hay una respuesta congregacional. Por ejemplo, durante el saludo "El Señor sea con ustedes" y la respuesta "Y con tu espíritu", la persona que preside no debe apartar la vista de la asamblea. No sólo es una cuestión de cortesía, sino que también hace que el diálogo sea auténtico. Los diálogos litúrgicos son ritualizados, pero son genuinos.

Por el contrario, cuando los ministros, especialmente la persona que preside, se dirigen a Dios, no deben mirar a la asamblea. Los ojos deben mantenerse en la página donde está la oración impresa, o, cuando se le pide a Dios que santifique objetos o personas, los ojos deben estar enfocados en ellos. Por ejemplo, durante la gran plegaria eucarística, la persona que preside mira el libro hasta la narración de la Institución, y luego al pan y al vino cuando son tocados o elevados. Entonces, los ojos vuelven al libro.

Hemos subrayado que la asamblea es una encarnación particular del Cuerpo de Cristo, y que, en el Espíritu, Dios está presente en toda la liturgia y en todos sus objetos. Esto no significa, sin embargo, que quien preside deba mirar alrededor de la sala cuando se dirija a Dios, como si le buscara. Aunque la presencia de Dios no se concentra en el libro, mantener los ojos enfocados en el libro ayuda de las siguientes maneras:

- Sugiere que, mientras Dios está presente en la asamblea y la acción litúrgica, Dios también trasciende todas las realidades humanas. Quien preside mira un no-lugar simbólico cuando se dirige a Dios.

- Indica a la asamblea que lo que está sucediendo es una oración y no otra cosa, como un anuncio o un discurso, y desencadena el modo adecuado de participación.

- Ayuda a la persona que preside a mantener un enfoque centrado durante la oración. La "Custodia de los ojos", como la llaman algunos maestros espirituales, es una ayuda clásica para la oración.

Algunos autores sugieren que el que preside puede conseguir el mismo efecto que al mirar el libro mirando por encima de las cabezas de los asistentes a un punto de la pared opuesta. Esto, sin embargo, puede hacer parecer que quien preside ha visto algo al fondo de la iglesia que nadie más puede ver. También puede hacer parecer que Dios está "ahí fuera" en algún lugar: más allá de la asamblea y su acción, trascendente y no inmanente, en lugar de ambos a la vez. Es mejor mirar el libro.

TRASLADO DE OBJETOS

Por regla general, los ministros llevan los objetos de uno en uno, y siempre con ambas manos. Aunque sería más conveniente llevar dos objetos, uno en cada mano, el efecto es irreverente y de laissez-faire. No es una regla arbitraria sino una simple cuestión de observación. Si hay que mover muchos objetos a la vez, como en el ofertorio o la fracción, se puede utilizar una bandeja. Alternativamente, varios ministros, cada uno con un objeto, pueden moverse al unísono. (Si se coloca un purificador sobre un cáliz o se enrolla y se coloca en el tazón, la pareja puede ser tratada como un solo objeto. La jarra de agua y el tazón para el lavabo, igualmente, pueden ser vistos como un solo objeto ritual).

Hay excepciones a la regla de las dos manos. Un incensario, por ejemplo, se lleva en una sola mano. Cuando se usa una sola mano para sostener un artículo, la palma de la otra mano se apoya en el pecho. La mano que no se usa nunca puede colgar. Debido a la antigua sospecha y al desagrado por la mano izquierda y la zurda, sólo se usaba la mano derecha para tareas formales o de cortesía. La convención se mantiene en la liturgia en el sentido de que la mano derecha se utiliza para sostener objetos y realizar tareas (como la distribución de la Comunión), aunque en la mayoría de los casos el uso de la mano izquierda no sería antiestético. Sin embargo, para algunos gestos, parecería muy extraño y llamaría la atención (al hacer la señal de la cruz, por ejemplo).

AL INTERCAMBIAR LA PAZ

Más allá del saludo entre quien preside y la asamblea, el Libro de Oración no da instrucciones o gestos específicos para el intercambio de la paz por parte de la asamblea. La paz es más que un saludo casual, pero no es un acto de afecto personal. Es un gesto de aceptación mutua y de perdón enraizado en una humanidad compartida y en los lazos forjados por el bautismo. La paz expresa e inculca una confianza en que la igualdad en Cristo (y la igualdad de todas las personas ante Dios) está enraizada en algo mucho más básico que el hecho de que las personas se conozcan personalmente. Los miembros de la asamblea saludan a quienes se encuentran cerca, incluso si las personas del otro lado de la sala les son más familiares o queridas. Tomar las manos de los demás con las nuestras y abrazar acercándonos, pero sin aferrarnos, son dos maneras de lograr un equilibrio entre la distancia impersonal y la intimidad personal.

El Libro de Oración permite intercambiar la paz antes del ofertorio o justo antes de la Comunión. Esta última es la costumbre romana actual, pero es muy rara en las congregaciones episcopales. Debido a que la confesión y la absolución normalmente vienen al final de la liturgia de la Palabra, mantener la paz en el lugar habitual lo convierte en un acto de gratitud por el inmerecido perdón de Dios, y una manera de encarnarlo. También, esto refleja el mandato bíblico de hacer la paz con el prójimo antes de acercarse al altar. Incluso si la persona que preside es la única de la asamblea que se acerca físicamente al altar en este momento, lo hace en nombre de todos los que se han reunido y, de hecho, de toda la Iglesia. En la mayoría de los edificios de la Iglesia, la asamblea en su conjunto no se acerca físicamente a la mesa del Señor hasta recibir la Comunión, pero de una manera más esencial, se acercan en la persona de quien preside en el ofertorio, cuando esta se acerca a la mesa para la gran plegaria eucarística.

BESAR

La costumbre de besar el altar apareció ya en el siglo VII. La costumbre de besar el Evangeliario después de la proclamación del Evangelio se atestigua ya en el siglo VIII y se hace eco de la costumbre judía de besar la Torá antes de ser devuelta al arca. En ambos casos, la reverencia se dirige a Cristo, cuya presencia está simbolizada por el libro (o, más exactamente, la proclamación que procede de él) y la mesa (o, más exactamente, la comida y la bebida que proceden de ella).

La persona que preside, con los sacerdotes asistentes, puede besar el altar al entrar y salir del espacio litúrgico, o puede besarlo al acercársele durante el ofertorio. Como con todos los gestos litúrgicos, es importante prestar atención y permitir que el cuerpo exprese lo que está en la mente y el corazón. Al mismo tiempo, es importante dejar que la mente y el corazón se unan al gesto físico. Mientras que un beso litúrgico no es el equivalente a un beso romántico, tampoco es como un picoteo superficial en la mejilla. El ministro pone las manos sobre el altar y besa la parte superior del mismo, teniendo en cuenta en ambos actos el saludo al Hijo Amado que está en medio de la comunidad como Servidor, comida y bebida, y Señor del banquete celestial.

Hasta que las rúbricas del rito romano fueron revisadas en 1969, la costumbre de besar el Evangeliario después de la proclamación estaba reservada para quien presidía (o para el obispo, si este estaba presente), incluso si un diácono proclamaba el Evangelio.

Actualmente, cuando un diácono romano proclama el Evangelio, él, y no el sacerdote que preside, besa el libro al final. Esto une directamente al gesto de reverencia con la proclamación y reconoce que el ministerio del diácono tiene su propia integridad. Aunque el Libro de Oración no menciona el beso del Evangeliario, si se observa la costumbre, la persona que proclama la lectura debe besar el libro a menos que el obispo presida o esté presente oficialmente. En ese caso, el libro debe ser llevado a él o a ella para ser reverenciado.

INCENSAR

Casi todos los gestos litúrgicos son gestos humanos comunes. Incluso la posición orante no es realmente inusual, aunque pueda parecerlo. Cualquiera que haya extendido los brazos pidiendo ayuda, misericordia o perdón comprende visceralmente la posición orante. Cualquiera que haya visto a un niño correr hacia un adulto de confianza con los brazos extendidos sabe instintivamente lo que es la posición orante y cómo se conectan con los niveles más profundos de la psique. El uso de un incensario, sin embargo, no tiene paralelos en el repertorio de la mayoría de la gente, y como no todas las parroquias episcopales tienen la tradición de usar incienso en su culto, muchos episcopales no están familiarizados o entrenados en su uso. Sin embargo, el uso del incienso es cada vez más común en las iglesias episcopales, por lo que esta guía entra en algunos detalles para aquellos que deseen usarlo en el servicio de adoración.

El incienso, como los otros elementos de la liturgia, no tiene un significado único o incluso un número limitado de significados. Es evocador y primitivo, y puede inspirar una amplia gama de ideas, recuerdos y emociones en cada miembro de la asamblea. En un contexto judeocristiano, el ascendente humo aromático también se hace eco de innumerables referencias bíblicas, y por lo tanto se nutre profundamente del pozo de la imaginación religiosa. El primer paso para usar bien un incensario es comprometer la imaginación y los sentidos. Sin esto, la incensación puede parecer superficial en el mejor de los casos y, en el peor, desagradable e incómoda.

LA CARGA DE UN INCENSARIO

El incensario puede ser cargado (es decir, los granos de incienso pueden ser añadidos a las brasas) a la vista de la asamblea, o puede ser traído ya cargado a la persona que lo utilizará. Si el incensario se va a cargar públicamente, se lleva al ministro, junto con la naveta (el recipiente del incienso). Cada uno puede ser llevado por una persona distinta, o una persona puede llevar ambos: uno en cada mano. Es preferible que una persona lleve ambos recipientes. En cualquier caso, el incensario se toma de la parte superior de las cadenas y se deja caer en toda su longitud mientras se lleva. Se balancea de adelante hacia atrás, mientras el incensario avanza, al ritmo del paso del turífero. Como de costumbre, la palma de la mano libre se sostiene contra el pecho si no está sosteniendo la naveta. No se deja que el brazo cuelgue.

Los recipientes son llevados a la persona que preside, quien toma la naveta. Si se utiliza un incensario de cuatro cadenas, o un incensario de una sola cadena con una tapa móvil, el turífero levanta la tapa unos centímetros. El apretar el agarre en la parte superior de las cadenas mantendrá la tapa abierta. El turífero lleva el puño cerrado y la parte superior de las cadenas al pecho y, con la otra mano, agarra las cadenas lo más cerca posible de la tapa sin quemarse. (Los incensarios se calientan mucho. Tocar el recipiente, la tapa o la parte inferior de la cadena puede provocar graves quemaduras). El turífero levanta el tazón para que el que preside pueda echar granos de incienso de la naveta sobre las brasas sin agacharse. Luego el turífero permite que el incensario caiga una vez más, alejando el puño apretado del pecho, y aflojando el agarre para que la tapa descienda. Quien preside y el turífero intercambian objetos; el que preside toma el incensario cargado y el turífero toma la naveta. El turífero se hace a un lado y la persona que preside comienza a incensar.

Existe una manera formal de llevar a cabo el intercambio del incensario y la naveta si hay un portador de naveta. Luego de que el portador de la naveta la ha tomado de las manos de quien preside, el turífero coloca la parte superior de la cadena en la mano izquierda de quien preside y la parte inferior de la cadena en la mano derecha de esta misma persona. Si este intercambio no se hace de manera muy precisa, puede parecer caprichoso y, a menudo, debido a que el turífero no ha entregado el incensario a quien preside para que la empuñadura inferior esté en el lugar exacto, la persona que preside tiene que dejar caer el incensario en toda su longitud y empezar de nuevo. A menos que los ministros se comprometan a ensayar con dedicación, es más sencillo para quien preside reciba el incensario completamente encadenado desde el principio. En los lugares donde el incienso se usa poco, es especialmente importante no complicar el asunto.

Hay que tener en cuenta dos factores si se quiere que la carga del incensario tenga un aspecto elegante y que el elemento esencial —la vistosidad y el aroma del humo ascendente— sea el centro de atención. Primero, la distancia a la que se levanta la tapa determina cuán cerca del tazón el turífero puede agarrar las cadenas. Si la tapa se levanta sólo unos centímetros, el turífero puede agarrar el incensario relativamente cerca del tazón. Esto permite que el turífero mantenga todo el incensario, cadena, tapa y tazón, frente al pecho mientras la o el que preside lo recarga. Sin embargo, si la tapa se eleva por encima del tazón (un pie o más, por ejemplo), el turífero se ve obligado a levantar la tapa por encima de la cabeza para que el tazón quede a una altura cómoda para quien preside. El turífero parecería tenso y la mecánica llamaría más la atención que el humo ascendente. La impresión general sería de torpeza.

Un segundo punto, relacionado con la importancia de levantar la tapa sólo ligeramente, es que la parte superior de las cadenas debe sostenerse contra el pecho y no levantarse por encima de la cabeza. El instinto de la mayoría de la gente es elevar el recipiente hacia la persona que preside levantando todo el incensario, incluyendo la cadena, en línea recta. Por muy natural que sea esta tendencia, el resultado parece ser tenso y es físicamente incómodo para el turífero. Además, a menos que el turífero sea excepcionalmente alto o tenga los brazos inusualmente largos, esta maniobra todavía no consigue que el tazón esté a la altura adecuada para el que preside. Un incensario estándar tiene unas treinta pulgadas (76 cm) de largo. Llevar el tazón a la mitad del pecho usando un agarre en la parte superior de las cadenas significa estirarse más alto de lo que la mayoría de la gente puede lograr alcanzar. Sin embargo, si el incensario se levanta no agarrándolo a treinta pulgadas de la parte inferior, sino a unas doce pulgadas (30.5 cm) de la parte inferior (es decir, justo por encima de la tapa ligeramente levantada), el tazón puede levantarse hasta la mitad del pecho levantando la mano sólo hasta el cuello. El efecto es compacto y no desvía la atención del humo.

Si se utiliza un incensario de una sola cadena con tapa fija, el procedimiento es exactamente el mismo, excepto que no hay tapa que levantar. El turífero simplemente lleva la parte superior de la cadena al pecho, utiliza la otra mano para agarrar la cadena cerca del tazón (teniendo cuidado de no quemarse), y eleva el tazón al nivel del pecho.

EL USO DEL INCENSARIO

El incienso se usa habitualmente en cualquiera de las tres ocasiones durante la Eucaristía:

1. En la procesión de entrada, que conduce a la incensación de la mesa del Señor.

2. En la proclamación del Evangelio, para incensar el Evangeliario.

3. En el ofertorio, para incensar las ofrendas.

1. En la procesión de entrada

◆ Un incensario siempre se lleva con la cadena completamente extendida. Cuando un incensario es llevado en procesión, se balancea de adelante hacia atrás al ritmo de la marcha del turífero. Cuando el turífero está parado, el incensario se balancea frente al cuerpo de lado a lado, lo suficiente para mantener los carbones aireados y ardiendo. En cualquier caso, el movimiento es creado por la muñeca, no por el brazo o el hombro. El movimiento es muy sutil. Una vez que el turífero se pone en marcha, continuará girando con un ligero movimiento de la muñeca.

◆ El incienso es colocado justo antes de que comience la procesión. No es necesario que la persona que preside bendiga el incienso después de que se añade a las brasas. Ya que el potencial evocador del incienso está tanto en su olor como en el movimiento del humo, debe usarse suficiente incienso para que el aroma y la vista sean claros y fuertes.

- En general, el turífero siempre lidera la procesión. Sólo un maestro de ceremonias o un sacristán precede al turífero. Como el incensario se balancea hacia adelante y hacia atrás durante la procesión, debe dejarse un espacio significativo entre el turífero y quien lo precede y lo sigue.

- El incensario se balancea al ritmo del paso del turífero durante la procesión. Aunque se han ideado métodos complejos para negociar los giros mientras se balancea un incensario, tienden a parecer rígidos e incluso militaristas y son totalmente innecesarios. Llaman la atención sobre el turífero, alejándola del humo ascendente.

- El turífero llega a la mesa del Señor y espera en el lado del altar que estará a la derecha del que preside (es decir, al norte en un altar de cara a la asamblea, y al sur en un altar fijado a la pared este). Cuando el que preside llega al lugar donde se parará durante la gran plegaria eucarística, el turífero le trae el incensario a quien preside. (O si el incienso se va a usar durante el himno de alabanza, como es costumbre en algunos lugares, el turífero espera hasta el comienzo del himno para llevar el incensario al que preside). No hay necesidad de que el diácono actúe como intermediario entre el turífero y quien preside. La incensación del altar comienza en el centro. Por lo tanto, el turífero debe llevar el incensario al centro donde quien preside ya está de pie; no debe ser forzado a alejarse del centro para tomar el incensario. Después que la persona que preside ha tomado el incensario, el turífero se aparta bien fuera del camino para que la incensación pueda ser apreciada.

- Hay dos formas de balancear un incensario:
  - La costumbre occidental es agarrar el incensario por las cadenas con una mano, con la palma hacia abajo, cerca del tazón. (Algunos encuentran que sostenerlo con la palma hacia arriba permite un mayor control. Cada persona debe hacer lo necesario para que la incensación se vea y se sienta natural.). La muñeca se ladea para producir  un movimiento de balanceo. La otra mano sujeta la parte superior de la cadena al pecho.

  - La costumbre oriental es agarrar el incensario en la parte superior de las cadenas y lanzarlo en toda su longitud hacia fuera del cuerpo. Al igual que en el Occidente, la mano libre se sostiene contra el pecho. El método oriental está diseñado para un incensario de estilo oriental, con cadenas mucho más cortas que el estándar de treinta pulgadas de un incensario occidental.

Es muy difícil usar un incensario occidental a la manera oriental. Del mismo modo, es algo incongruente usar un incensario oriental en la forma occidental. Sin embargo, los incensarios occidentales se usan cada vez más en la forma oriental y los orientales se usan cada vez más en las liturgias de Occidente. La mezcla y el emparejamiento de los recipientes y los métodos deben tener como objetivo, sobre todo, permitir que el elemento central, el humo aromático, domine, y no la mecánica. Los ministros deben decidir la mejor manera de negociar las posibilidades.

◆ La costumbre de arrojar el incensario sobre la cabeza, en lo que comúnmente se llama "un 360", y de maniobrarlo para producir "una figura de 8" llama precisamente la atención sobre la mecánica y, peor aún, sobre el ministro. Estos y otros gestos que involucran el incienso son innovaciones recientes. Eso, por sí solo, no es una razón para desaconsejarlas; un desarrollo reciente puede ser un verdadero avance. Los usos llamativos de un incensario, sin embargo, no son un avance ya que alejan la atención de lo esencial a lo incidental. Además, llaman la atención sobre las peculiares habilidades del ministro. Nunca es apropiada la autopromoción o el autoengrandecimiento en la liturgia. La liturgia es una expresión del Cristo que, "aunque existía con el mismo ser de Dios, no se aferró a su igualdad con él, sino que renunció a lo que era suyo y tomó naturaleza de siervo" (Fil. 2:6-7). Todos los miembros de la asamblea, pero especialmente los ministros, deben aspirar a las mismas actitudes que el Cristo que está orando en y a través de ellos.

◆ Si el altar es autónomo, quien preside lo rodea en sentido contrario a las agujas del reloj, incensándolo continuamente. No hay un número predeterminado de oscilaciones, ni un patrón complejo. Involucrando la imaginación y los ojos, la persona que preside honra el altar, un símbolo de Cristo, rodeándolo y "acariciándolo" reverentemente con el humo perfumado. El humo envuelve el altar y se extiende desde él por toda la sala y en medio de la gente. La propagación del humo y el aroma es el elemento crucial de esta acción, no el número de oscilaciones o su actuación de acuerdo con algún conjunto de reglas arcanas. El mejor sustituto de esa clase de rigidez y precisión es la gracia y la reverencia. Ser capaz de usar un incensario con gracia y reverencia, ya que es un gesto sin fuertes paralelismos cotidianos, requiere ensayo fuera de la liturgia y práctica dentro de ella.

◆ Si el altar está adosado a la pared este, la persona que preside se mueve del centro a la derecha, luego retrocede a la izquierda, y luego vuelve al centro, incensando todo el tiempo. Esta es simplemente la convención de larga data y tiene tanto sentido como cualquier otra.

- El altar está siendo incensado, no la cruz o el crucifijo. La incensación es un paralelo o un complemento a besar la mesa del Señor. Incensar las cruces o crucifijos cercanos complica el asunto. Incensar el altar es un acto unificado que involucra uno de los focos litúrgicos centrales, la mesa del Señor. Interrumpirlo con atención a un tema secundario es confuso y distrae. Por lo tanto, sólo la mesa del Señor, el símbolo de Cristo en medio de la Iglesia es honrada con incienso, que luego impregna todo el espacio sagrado.

- Cuando quien preside se acerca al final de la incensación, el turífero (y el portador de la naveta, si lo hubiere) se mueve al centro de la mesa donde comenzó la acción, y recibe el incensario de la persona que preside. El incensario es entonces retirado del espacio litúrgico mientras el que preside va a la silla para la aclamación de apertura.

2. En la proclamación del Evangelio

- La persona que preside se pone de pie con el resto de la asamblea cuando comienza el himno gradual.

- Si el incensario debe ser recargado a la vista de la asamblea, el turífero lo lleva, junto con la naveta, a quien preside en la silla. El turífero y la persona que preside recargan el incensario de acuerdo con el patrón descrito anteriormente.

- El turífero se coloca en su lugar ante el altar, de cara a él y dejando espacio para que las antorchas, el portador del Evangeliario y el lector del Evangelio se acerquen al altar. (Se proporciona un diagrama en el ceremonial de la liturgia de la Palabra, abajo.) El turífero conduce la procesión al lugar desde el cual se proclamará el Evangelio.

- Después de que el lector del Evangelio anuncie la lectura, el turífero le pasa el incensario al lector del Evangelio. El lector del Evangelio inciensa el libro abierto, haciendo una oscilación al centro, otra a la derecha y otra a la izquierda.

- El turífero toma el incensario y se mueve detrás del lector del Evangelio, o a otro lugar conveniente cerca del libro, y suavemente balancea el incensario de un lado a otro durante la proclamación. De esta manera, es todo el acto de proclamación y no solo el Evangeliario como objeto el que se asocia con el ascendente humo aromático.

- Al final del Evangelio, el turífero lleva la procesión de vuelta al lugar donde el Evangeliario será colocado por el resto de la liturgia o, si el libro debe dejarse en el ambón, de vuelta al lugar donde se colocarán las antorchas. Como es habitual en la procesión, el turífero balancea el incensario de adelante hacia atrás, al ritmo de sus pasos.

3. En el ofertorio

Como Marion Hatchett señala en su *Comentario sobre el Libro de Oración americano*, el ofertorio está mal nombrado. La gran plegaria eucarística es el ofertorio litúrgico. La colocación del pan, el vino y las ofrendas monetarias en la mesa del Señor es preparatoria para el verdadero ofrecimiento. Aunque no es útil o ni siquiera exacto decir con precisión lo que significa el incensar durante el ofertorio (ya que puede evocar innumerables pensamientos y sentimientos legítimos en los adoradores), está principalmente relacionado con los dones que han sido puestos sobre el altar y no el altar mismo.

- Cuando la persona que preside termina de colocar las ofrendas en la mesa, el turífero (y el portador de la naveta) se mueve al centro donde quien preside está de pie y recargan el incensario, como ya se ha dicho.

- El turífero (y el portador de la naveta) intercambian los recipientes con la persona que preside y se hacen a un lado para que la incensación pueda ser el centro de atención. La persona que preside inciensa primero las ofrendas de forma directa, y luego se mueve alrededor de todo el altar como en la entrada. Las ofrendas pueden ser incensadas directamente con una oscilación al centro, una a la derecha y otra a la izquierda. Nada más es requerido o incluso deseable. Un complejo patrón para incensar las ofrendas fue formalizado en el misal tridentino y fue adoptado por muchos anglicanos. Implicaba tres cruces, luego una serie de círculos, primero en un sentido y luego en el otro. Este patrón es sugerido por muchas costumbres anglicanas, incluyendo las famosas y muy influyentes *Ritual Notes*. Parece, sin embargo, que el elaborado patrón atrae más la atención sobre sí mismo que sobre las ofrendas. (Por cierto, no es parte del actual rito romano).

- Mientras la persona que preside completa la incensación de las ofrendas (y de la mesa), el turífero se acerca al centro del altar y recibe el incensario de quien preside. El turífero se mueve entonces al frente del altar, llevando el incensario con las cadenas completamente extendidas. El turífero inciensa a todos los ministros del santuario, inclinándose ante ellos antes y después, si es la costumbre local. El turífero arroja humo primero hacia los del centro (incluido el que preside), luego hacia los de la derecha y finalmente hacia los de la izquierda.

♦ Entonces, el turífero se mueve hacia la asamblea y la inciensa, al igual que los ministros que ya han sido incensados. La asamblea se pone de pie para ser incensada. El turífero puede tener que señalar esto levantando en un movimiento hacia arriba la mano que no está agarrando el incensario. Se perdería la unidad de todo el incensado si el turífero dijera a la asamblea que se ponga de pie, y un gesto con la mano suele ser suficiente. Si el turífero se inclinara ante los ministros antes de incensarlos, el resto de la asamblea debería recibir la misma señal de reverencia. La forma en que se haga el incensado dependerá de la configuración de la sala.

❖ En un espacio longitudinal sin transeptos, el turífero inciensa el conjunto, ya sea haciendo un número de oscilaciones a la izquierda del pasillo y luego a la derecha de este, o caminando a lo largo del pasillo, incensando de lado a lado. El turífero puede inclinarse ante la asamblea, y los miembros de la asamblea pueden inclinarse ante el turífero, antes y después de la incensación.

❖ En un espacio cruciforme, el turífero inciensa cada uno de los cuatro brazos de la cruz, usando uno de los patrones para un espacio longitudinal, casi como si fueran cuatro espacios distintos.

❖ En un espacio circular o no lineal, el turífero puede moverse alrededor del frente del círculo, incensando todo el tiempo, y puede moverse por cada uno de los pasillos.

❖ En un espacio antifonal, donde los asientos se enfrentan a través de un pasillo central, el turífero puede caminar a lo largo del espacio, incensando un lado continuamente y luego, volviendo hacia el altar, incensando el otro lado de manera continua.

♦ Debido a que los espacios litúrgicos se pueden organizar de muchas maneras diferentes, no hay una única forma correcta de incensar a la asamblea. Como en todos los demás casos, sin embargo, la pregunta sigue siendo la misma: ¿Qué se supone que debe hacer esta acción? Al involucrar la imaginación y llevar la mente y el corazón a la armonía con el cuerpo, el turífero dejará claro que, así como el pan y el vino junto con los dones monetarios han sido preparados para la gran plegaria eucarística, también la asamblea ha sido preparada como "un sacrificio vivo".

Capítulo 9

LO MÁS Y LO MENOS

En la Iglesia Episcopal de hoy, la Santa Eucaristía es "el acto principal de adoración cristiana en el Día del Señor y otras Fiestas Mayores" (LOC 13), y, gracias al movimiento litúrgico, es cada vez más normativa también en otras tradiciones cristianas. Como afirma el documento ecuménico *Bautismo, Eucaristía y ministerio*, "Como la Eucaristía celebra la resurrección de Cristo, es apropiado que tenga lugar al menos cada domingo".[9] Muchos cristianos, entonces, y casi todos los episcopales, celebran la Eucaristía con suficiente frecuencia como para saberse el rito de memoria.

Por eso los que se entrenan para los ministerios litúrgicos a menudo se sorprenden de lo perdidos que se sienten cuando llega su turno de "jugar a la iglesia". Cómo moverse a través de los libros, qué hacer con las manos, hacia dónde dirigir la mirada, cuándo moverse de un lugar a otro y qué camino tomar, qué decir y qué no decir, cómo colocar objetos en la mesa del Señor y cómo maniobrarlos una vez que están en su lugar: los detalles pueden ser abrumadores, y los neófitos pueden llegar a estar tan confundidos que se paralizan. Creen que conocen la liturgia por dentro y por fuera, y por eso están confundidos por su propia confusión. Cuando se ponen las vestiduras descubren que la mayoría de los detalles se les han escapado por completo.

La forma de avanzar en los detalles no es memorizarlos y llevarlos a cabo como si fuera un simulacro. Para moverse con gracia a través de esta maraña, los ministros litúrgicos deben volver a lo básico, a lo que hay detrás de todos los detalles desconcertantes: un sencillo núcleo básico que une todos los detalles. Sin él, los aparentemente arbitrarios e innumerables

---

9. *Baptism, Eucharist and Ministry*, Eucharist III.31.

detalles son un conglomerado confuso y esencialmente, sin sentido. El núcleo determina los detalles: qué es apropiado y qué no, qué se debe decir y qué no, qué se debe hacer y qué no. Una vez que el núcleo está firmemente identificado, puede funcionar como una matriz en la que encajan todos los detalles, y entonces gran parte de la confusión se evaporará.

Las campanas y los silbatos son importantes sólo si están unidos a una bicicleta que funciona, y una bicicleta que funciona es útil sólo si la persona que quiere montarla sabe cómo hacerla funcionar. De lo contrario, las campanas y los silbatos carecen de importancia. Son divertidos y elegantes, pero son inútiles. Incluso son una distracción de lo que realmente importa si el aspirante a ciclista debe levantarse y ponerse en movimiento. Cuando un ministro en formación quiere aprender a servir en la Eucaristía, el lugar para empezar es el equivalente litúrgico del cuadro y las ruedas de la bicicleta, no las campanas y los silbatos. ¿Qué es esta cosa, para qué sirve, cómo funciona? Después de que esas preguntas se resuelvan viene el momento de pensar en el adorno. Hay tiempo y razón para añadir el adorno, pero el adorno es secundario al núcleo.

El Orden para celebrar la Santa Eucaristía (LOC 323-324) es el núcleo de la liturgia eucarística. Cuando los encabezados en negrita en el Orden del Libro de Oración se unen, forman una frase con "el pueblo y el sacerdote" como sujeto: El pueblo y el sacerdote se reúnen en el nombre del Señor, proclaman y responden a la Palabra de Dios, rezan por el mundo y la Iglesia, intercambian la paz, preparan la mesa, hacen la Eucaristía, parten el pan y comparten los dones de Dios. Ese es el núcleo del rito eucarístico.

Estas acciones no son arbitrarias, ni son estrictamente litúrgicas. Son los elementos esenciales de la vocación bautismal: reunirse y reconocerse mutuamente como el Cuerpo de Cristo; escuchar las señales del Espíritu en la historia de la Iglesia y escuchar los ecos de la acción de Dios en el mundo de hoy; servir como "pueblo sacerdotal", intercediendo por el mundo; reconciliarse con Dios y con el prójimo; dar de sí mismo para el bien de la Iglesia y del mundo; estar siempre agradecido, especialmente por la salvación en Cristo; reconocer a Cristo presente en la asamblea, en el Sacramento y en el mundo; y unirse a Él para que su misión pueda continuar. Este es el núcleo, no del rito eucarístico, sino de la vida cristiana.

La liturgia, no es un ritual vacío o una ceremonia pomposa, sino la destilación en forma ritual de todo lo que significa ser discípulos de Cristo y miembros de su Cuerpo resucitado. El núcleo de la liturgia eucarística es el núcleo de la vida bautismal. Es un ensayo para vivir en el reino de Dios.

Según las rúbricas del Libro de Oración: El Orden para celebrar la Santa Eucaristía no es para ser usado "en la celebración principal de la Santa Eucaristía, ya sea en domingo o entre semana" (LOC 323).[10] Los ritos completos de la Sagrada Eucaristía, sin embargo, son esencialmente elaboraciones de este Orden. Las preguntas que un comité litúrgico, así como los ministros litúrgicos, deben hacerse, no son entonces acerca de las "campanas y silbatos" sino del núcleo del rito resaltado en el Orden.

---

10. Desde la publicación de este libro en inglés, la Convención General permitió el uso del Orden para Celebrar la Eucaristía también los domingos, con permiso del o la Obispa diocesana.

REUNIDOS

¿Cómo se pueden estructurar y celebrar los ritos de apertura para que el pueblo y el sacerdote "se reúnan en el nombre del Señor"? ¿Qué significa estar reunidos en el nombre del Señor y no solo reunidos? ¿En qué se diferencia el estar "reunidos" de solo estar en el mismo lugar y al mismo tiempo? Este es el tipo de preguntas que deben ser consideradas si las ceremonias de la Eucaristía van a ser más que pompa y formalidad.

Si los ritos de apertura tienen como objetivo reunir a la gente en el nombre del Señor, ¿debería el equipo de planificación aprovechar el permiso del Libro de Oración para que se cante "un himno, salmo o antífona" (LOC 277) en este momento? Si es así, ¿cuál de los tres? Si la intención es reunir a la iglesia más allá de lo superficial, ¿qué tipo de himno sería mejor? Parecería que las consideraciones primarias serían la familiaridad, el ritmo, el impulso y la energía del himno.

Y, ¿no sería la principal preocupación seleccionar un himno cuyas imágenes aprovechen las verdades esenciales y los sentimientos que hacen que la asamblea sea más que una agrupación accidental, en lugar de imágenes que reflejen el "tema del día"? Si el equipo de planificación litúrgica decidiera no utilizar una pieza musical al comienzo del rito, ¿qué elegiría en su lugar para facilitar la reunión de la iglesia? ¿Cómo se recibiría a la gente, y quien lo haría, al llegar a la iglesia? ¿Cómo entrarían los ministros? ¿Se fomentaría el silencio o la conversación en la iglesia? ¿Qué acciones podrían ser utilizadas, ya sea por toda la asamblea o por algunos de los ministros, para facilitar la transición del grupo de una conglomeración de individuos a una unión de los miembros del Cuerpo de Cristo?

Cada una de las siguientes preguntas debe hacerse a la luz del propósito general: que el pueblo y el sacerdote se reúnan en el nombre del Señor.

- ¿Comienza la liturgia con una procesión? ¿Cuál es el orden de la procesión? ¿Cuál es la ruta de la procesión?

- ¿Se usará incienso, y cómo?

- ¿Dónde estará la persona que preside y dónde estarán los ministros para la aclamación de apertura? ¿La Colecta por la pureza? ¿el himno de alabanza? ¿la oración colecta del día? ¿qué gestos y qué tono usará quien preside para cada uno de ellos?

- ¿Qué elementos formarán parte del ambiente? ¿Cómo se arreglarán?

- ¿Hay, en el ambiente, el tono, los movimientos y gestos de los miembros de la asamblea algo que vaya en contra de la intención de esta parte de la liturgia?

- Si se escoge el Gloria, ¿cómo se realizará? Si no se escoge, ¿qué otro himno podría apoyar mejor la reunión en el nombre del Señor? (Nótese que el himno de alabanza es obligatorio para todos los domingos, mientras que el himno de apertura o procesional nunca es necesario).

PROCLAMAR Y RESPONDER

En cada punto de la liturgia, la búsqueda del núcleo debe ser previa a la consideración de los detalles secundarios, y debe entretejerse en la consideración de esos detalles. En la siguiente sección de la Eucaristía, el objetivo del pueblo y del sacerdote es proclamar y responder a la Palabra de Dios.

- Las proclamaciones, por definición, están destinadas a ser escuchadas. ¿Qué necesita la gente de nuestra cultura para escuchar de verdad algo, no solo leerlo u oírlo, sino también escucharlo genuinamente? ¿Acaso "proclamar" es diferente de "leer en voz alta"? ¿Cómo podrían los lectores estar preparados para ser proclamadores?

- ¿Qué pistas visuales sugerirían que las proclamaciones bíblicas son más que simples textos antiguos? ¿Qué objetos deberían ser usados, posiciones tomadas, tonos proyectados y actitudes fomentadas para sugerir que estas palabras son registros de la experiencia de un pueblo con Dios, ventanas a lo que Dios continúa haciendo en el mundo?

- ¿Qué tipos de acciones rituales podrían distraer a la asamblea de la experiencia de la proclamación como un encuentro con la Palabra de Dios, aún si son comúnmente aceptadas? En una congregación particular, por ejemplo, ¿el uso de incienso aumentaría o reduciría la experiencia del pueblo con la Palabra proclamada? ¿Una procesión? ¿Un púlpito elevado? ¿Un leccionario desgastado? ¿Un Evangeliario adornado?

- ¿Qué constituiría una respuesta genuina a la Palabra en una asamblea particular? Claramente, el sermón es una respuesta, pero ¿cómo puede pedírsele a toda la congregación, y no sólo al predicador, que responda de una forma sincera, mientras se observan los cánones y las rúbricas?

- Si se va a realizar un rito después de la proclamación (bautismo, matrimonio, ordenación, unción, confirmación), ¿cómo se puede presentar homiléticamente y cómo se puede "coreografiar" para que sea, de forma inequívoca, una respuesta a la Palabra que se ha proclamado?

REZAR POR EL MUNDO Y LA IGLESIA

La oración de los fieles no consiste en oraciones sobre el pueblo y sus necesidades individuales. Al contrario, estas son las oraciones del pueblo por todo el orden creado. La comunidad de personas bautizadas es sacerdotal en la medida en que se presenta ante Dios haciendo intercesión por el mundo, y se presenta en medio del mundo como testigo de la presencia de Dios. La oración de los fieles es donde las realidades concretas de la vida entran más explícitamente en la liturgia. El núcleo de esta parte de la liturgia es la intercesión que está atenta a las necesidades más concretas de la vida real.

Las formas de las oraciones en el Libro de Oración Común de 1979 no son más que eso: formas. Son ejemplos de cómo la oración de los fieles puede estar estructurada. Ya eran genéricas cuando fueron escritas, y el mundo y la Iglesia de los 70 no es la Iglesia y el mundo de hoy. Cuando se usan estas formas, necesitan ser adaptadas y expandidas; muchas iglesias escriben su propia oración de los fieles. Las siguientes preguntas deben hacerse cuando se revisen, expandan o escriban las oraciones.

- ¿Cuáles son, hoy, las necesidades genuinas del mundo y de la Iglesia? ¿Qué personas y eventos llaman la atención actual en la televisión, radio, periódicos y en la voz de las calles?

- ¿Cuáles son las necesidades de aquellos que difieren de manera significativa de la asamblea reunida, o de la persona que compone las peticiones? ¿Qué es lo que los niños experimentan como realmente necesario en sus vidas? ¿Los adultos jóvenes? ¿Las nuevas familias? ¿Los jubilados? ¿La gente que siente que la muerte se acerca? El lapso de edad es solo una de las variables que hacen que las personas sean diferentes. ¿Cómo puede la iglesia expandir su conciencia para poder orar "por el bienestar de la Iglesia de Cristo y del mundo" (LOC 250)?

- ¿Qué mecanismos ayudarían a las personas o grupos que escriben las oraciones a ser más conscientes de las necesidades tanto globales como locales?

- ¿Cómo pueden los miembros de la asamblea invitar a la gente y al sacerdote a rezar por el mundo y la Iglesia de maneras que podrían no ocurrirle al grupo, o por necesidades importantes de las que el grupo podría no estar consciente?

- ¿Cómo pueden estructurarse las oraciones o las peticiones de manera que las intenciones individuales destaquen y desencadenen un fuerte compromiso intelectual y emocional de los miembros de la asamblea suscitando en ellos el deseo, no solo de rezar, sino también de hacer algo por estas necesidades?

AL INTERCAMBIAR LA PAZ

La paz ocurre entre la liturgia de la Palabra y la liturgia de la Eucaristía. Es un signo ritual de que la comunidad que está reconciliada y puede acercarse a la mesa del Señor con buena conciencia. Es el Cuerpo reconociendo al Cuerpo de modo que, como San Pablo advierte: "Porque si come y bebe sin fijarse en que se trata del Cuerpo del Señor, para su propio castigo come y bebe". El núcleo de este rito es un simple saludo humano que reconoce la dignidad de los demás y los acepta, sin importar quiénes sean.

La paz es un acto ritual de reconciliación, así como la Eucaristía es una comida ritual. No necesita extenderse a fin de ser genuino, ni cada persona tiene que saludar a cada una de las demás. El núcleo de este rito es abrazar a cualquier persona que se acerque. Eso no requiere que cada persona en el espacio litúrgico salude a cada otra persona. Significa especialmente que los miembros de la asamblea no deben moverse en busca de aquellos que conocen o con los que están relacionados. El punto es que, en el Cuerpo de Cristo, tales distinciones son irrelevantes.

- La paz es una parte integral de la liturgia, no una ruptura en ella. ¿Qué tipo de formación puede ayudar a toda la asamblea a reconocer la paz como una acción ritual en la que todos participan, no un receso en el ritual?

- Las rúbricas señalan que "los ministros y el pueblo pueden saludarse mutuamente en el nombre del Señor" (LOC 283). No sugiere ni palabras ni gestos. ¿Cómo podrían los líderes litúrgicos modelar la paz para que exprese e inculque un espíritu de reconciliación en Cristo, y una apertura hacia el otro?

- ¿Qué gesto podría usar la persona que preside para saludar al pueblo durante la paz? ¿Qué debería transmitir el gesto? ¿Es un gesto, en realidad, necesario o útil?

AL PREPARAR LA MESA

Al preparar la mesa para la Eucaristía *solo* se requiere que el pan y el vino se pongan sobre ella. Como dice el Catecismo, "El signo externo y visible en la Eucaristía es el pan y el vino, dados y recibidos según el mandato de Cristo". (LOC 752). Cada objeto y cada gesto que entra en esta parte del rito debe estar orientado a estos elementos esenciales. Nada debe distraer de ellos.

El pan y el vino son artefactos humanos básicos. Como todas las cosas primitivas, son ricas en significado. Todos los elementos esenciales de la liturgia: pan y vino, agua y aceite, piel con piel, son simbólicamente densos. Es decir, en sí mismos, evocan pensamientos, sentimientos, percepciones y recuerdos que van al corazón mismo de la experiencia humana y, por lo tanto, a la experiencia humana de Dios.

Un viejo chiste dice que la mayoría de la gente puede creer que la presencia de Cristo es transmitida por el pan, pero no pueden creer que las hostias de la Comunión sean pan. En otras palabras, lo que es esencial es comúnmente rebajado y minimizado, y lo que es secundario se eleva a la prominencia. Se deja que el núcleo se vuelva anémico y se pierda, mientras que las "campanas y silbatos" se inflan y se ponen en primer plano. En el núcleo de la "preparación de la mesa" está el poner pan y vino sobre ella en preparación para la gran plegaria eucarística. Cada decisión sobre esta parte del rito debe estar al servicio de ese núcleo.

Las ofrendas del pueblo, aunque no son esenciales ya que no es necesario recogerlas en cada Eucaristía, son el signo de que la asamblea reconoce todo como un regalo de Dios. El Libro de Oración de 1928 incluía entre las frases del ofertorio: "Todo es tuyo, oh Señor, y de lo tuyo te damos" (1 Cron. 29:14). La ofrenda es también el compromiso concreto de la asamblea de apoyar la misión de Cristo en el mundo, no sólo contribuyendo económicamente, sino también dando su vida al servicio del reino de Dios. El actual Libro de Oración incluye esta frase de Romanos: "Hermanos, les ruego por las misericordias de Dios, que presenten sus cuerpos en sacrificio vivo, santo, agradable a Dios, que es su culto racional" (LOC 299).

El libro del altar no es necesario, pero es importante. Quien preside podría intentar rezar la plegaria eucarística de memoria, pero esto es arriesgado, ya que incluso la memoria más entrenada puede fallar. Más importante, sin embargo, el libro del altar es una señal visual de que la oración no es la del sacerdote, sino la de la Iglesia. Quien preside dice en voz alta la oración que Cristo reza en la asamblea reunida y en asambleas como esta, a través del tiempo y el espacio. El libro del altar no es el núcleo, ni siquiera es tan importante como las ofrendas monetarias. Es, no obstante, un signo importante de lo que la comunidad hace cuando "hace la Eucaristía".

Más allá de las cosas primarias, pan y vino; y las cosas secundarias, ofrendas monetarias y libros de altar, todo lo demás es terciario. A menudo, sin embargo, a las cosas terciarias se les da tal prominencia que parecen ser secundarias o incluso primarias. De hecho, es muy común que las cosas secundarias sean tratadas como si fueran las primarias. (Piense, por ejemplo, en la elaborada ceremonia que, a menudo, acompaña a la procesión y la presentación de las ofrendas. Asfixia a la acción esencial de poner la comida y la bebida sobre la mesa, y el enorme recipiente de la limosna a veces empequeñece la comida y la bebida en sí mismas). Las cosas primarias y fundamentales deben ser el foco de esta parte de la liturgia, así como las cosas fundamentales deben ser el centro de atención de todas las demás partes de la liturgia.

- ¿Qué clase de pan puede usarse para que todo el poder evocador del pan esté disponible para la asamblea?

- ¿Cómo se puede verter el vino para que la acción central pueda ser apreciada (vista, oída, olida) por toda la asamblea?

◆ ¿En qué lugar de la mesa se colocan el pan y el vino para que se perciban como la ofrenda del "pueblo y del sacerdote", y no sólo del sacerdote?

◆ ¿Dónde se sitúan la persona que preside y el diácono en relación con la mesa y el pan y el vino para que, de nuevo, los elementos y la acción se vivan como algo comunitario y no privado?

◆ ¿Cómo se colocan las limosnas y el libro del altar para que no alcancen una mayor importancia que el pan y el vino?

◆ ¿Qué cosas y gestos pueden ser abreviados para que la acción principal de preparar la mesa pueda relucir?

◆ ¿Qué tamaño, forma y calidad deben tener otros objetos relacionados con la mesa (velas, por ejemplo)? ¿Dónde se pueden colocar, de manera que apunten y resalten, en lugar de distraer y nublar, lo que es el núcleo?

◆ ¿Cómo se puede transmitir la unidad simbolizada por un pan y una copa, incluso si debe haber más de un recipiente con pan o vino colocado en el altar en una gran asamblea?

◆ El Libro de Oración indica que es el diácono quien debe "preparar la mesa para la celebración, preparando y colocando sobre ella el pan y el cáliz con vino... Otros ministros pueden ayudar al diácono" (LOC 330). ¿Cómo puede hacerse todo esto de una manera "decente y piadosa", para que la mecánica de pasar cosas de una persona a otra, colocarlas en el altar, llenar la copa, añadir el agua, etc., no se vuelva tan confusa y compleja que la acción principal, la colocación del pan y el vino en la mesa del Señor, no quede oscurecida?

AL HACER EUCARISTÍA

El Orden para celebrar la Santa Eucaristía manda que el sacerdote rece la gran plegaria eucarística "en nombre de la asamblea". De nuevo, el énfasis está en que el sacerdote y el pueblo entren en una acción litúrgica común. El nombre de la oración no es Oración de consagración, como en efecto fue llamada la sección de la plegaria eucarística después del *Sanctus* en ediciones anteriores. Los nombres actuales: la Gran plegaria eucarística y la Plegaria eucarística, significan exactamente lo mismo y reflejan el contenido e intención de esta oración en todas sus formas clásicas. Es una Eucaristía, es decir, una acción de gracias, y por el acto de agradecimiento de la comunidad, Dios transforma lo que está preparado en la mesa del Señor. El pan y el vino son consagrados no por un solo acto o frase, sino por la Iglesia (no solo el clero) que se reúne en torno a ellos y da gracias por todos los actos poderosos de Dios, especialmente por la salvación en Cristo.

El Orden proporciona dos "formas" de la plegaria eucarística, que, como todo orden, son esencialmente esquemas. Cada uno de estos esquemas, sin embargo, tiene los mismos elementos esenciales:

1. diálogo introductorio entre la persona que preside y el resto de la asamblea;

2. acción de gracias por la obra de Dios en la creación y por la revelación de Dios en la historia humana;

3. alabanza a Dios por la salvación del mundo a través de Jesús;

4. conmemoración de la Última Cena del Señor;

5. petición de que Dios envíe el Espíritu Santo sobre el pan y el vino;

6. petición de que Dios una la asamblea con Cristo y acepte la ofrenda de cada miembro en comunión con la de Cristo.

Estos son los mismos elementos en cada una de las plegarias eucarísticas aprobadas para su uso en la Iglesia Episcopal, y son el núcleo de las primeras oraciones clásicas.

En resumen, la plegaria eucarística es un acto de acción de gracias por los poderosos actos de Dios, especialmente por la obra salvadora realizada por Cristo, con una invocación para que el Espíritu Santo transforme el pan y el vino y, a través de ellos, una a la asamblea con Cristo en su vida y misión. Al final de la oración, toda la asamblea dice "Amén": un asentimiento a las palabras de la persona que preside y un compromiso de recibir lo que se le ha pedido a Dios. Debe tenerse en cuenta que esta oración no es una recreación de la Última Cena. Es más bien una representación actual de lo que Jesús pidió a sus discípulos que hicieran en memoria de él. El recuerdo de la Última Cena en medio de la oración (la narración de la Institución) expresa por qué la comunidad está haciendo lo que está haciendo. Pero lo que está haciendo no es recrear la Última Cena, sino más bien dar gracias, especialmente por el Señor Jesús, que mandó a sus discípulos comer y beber agradecidos en memoria de Él. La narración de la Institución, entonces, no es una fórmula mágica para transformar el pan y el vino, o la asamblea. Más bien, Dios transforma el pan y el vino a través de toda la acción agradecida de la asamblea y, luego, a su vez, transforma la asamblea a través de su comunión en el pan y el vino santificados.

- ¿Cómo puede el ritual expresar que toda la asamblea está rezando, y que el sacerdote está hablando en voz alta una oración que es común a todos?

- ¿Qué tono es apropiado para esta oración, y cómo se transmite el tono a través de la acción ritual, el rito, el gesto, la inflexión, el ritmo y la música? Esta pregunta se aplica no solo a quien preside, sino también a los otros ministros litúrgicos y a toda la asamblea.

- Dado que la oración es una sola plegaria, desde el diálogo introductorio hasta el "Amén" final, ¿cómo puede expresarse la unidad de la oración en la música, el gesto, la postura y el tono?

◆ Un malentendido común de la gran plegaria eucarística es que es una recreación de la Última Cena. ¿Cómo puede la asamblea rezar la oración para expresar su verdadera naturaleza? ¿Cómo pueden contrarrestar de forma deliberada el malentendido de lo que es la plegaria? ¿Qué podría hacerse, por el contrario, que sirva para reforzar la noción de que la plegaria eucarística no es una recreación histórica de la Última Cena?

◆ Si la gran plegaria eucarística no es una recreación histórica de la Última Cena, se deduce que la persona que preside no está "haciéndose pasar" por Jesús. ¿Cuál es entonces la identidad de quien preside durante la plegaria eucarística? ¿Cómo expresa la persona que preside esto con precisión en el tono, gestos, el uso de los ojos, etc.? ¿Qué podría hacer para no reforzar la percepción errónea de que es un actor que hace el papel de Jesús? ¿Qué podría hacer para expresar lo más claramente posible su verdadero papel presidencial en la oración de la asamblea?

AL PARTIR EL PAN

El nombre más antiguo de la Eucaristía es "La fracción del pan". Este único acto prestaba su nombre a todo el evento. La fracción del pan y el verter el vino después de ser consagrados son acciones que llevan varios niveles de significado. Desde una perspectiva estrictamente humana, el compartir el pan y el vino es rico en significado. Evoca imágenes e ideas que van al corazón de la existencia humana y de la comunidad humana. Cuando se añade el significado particularmente cristiano de este acto, la profundidad del símbolo, tanto la acción de partir, como el símbolo del pan único dividido para toda la asamblea, se vuelve insondable. El silencio es obligatorio en los dos ritos completos de la Eucaristía cuando el pan eucarístico es partido por primera vez. Este es el único silencio obligatorio en todo el rito eucarístico, sugiriendo que hay algo en esta acción que vale la pena contemplar.

El núcleo de este momento en la liturgia es tan básico que parece demasiado simple para estar solo como elemento clave del rito. El núcleo es, simplemente, preparar la comida y bebida consagrada para la Comunión dividiéndola en suficientes piezas y recipientes para la asamblea. Pero debido a que este rito es tan denso en imágenes y asociaciones, es un momento con el potencial de desencadenar un entendimiento profundo. Puede ser un momento hierofánico: una ocasión en la que el Misterio se revela en su complejidad y riqueza. Todo este rito se conoce como la fracción, y la música designada se llama Himno de la fracción.

◆ ¿Qué tipo de pan tiene el mayor potencial para desencadenar las ricas percepciones y experiencias de la fracción del pan? ¿Debe ser con levadura o no? ¿Hostias o pan horneado?

- ¿Qué tipo de recipientes permiten a la asamblea apreciar lo más plenamente posible el pan tanto antes como después de que se ha partido, y el vino tanto antes como después de que se ha vertido? Si se deben usar recipientes que no cumplen con estas normas ideales, ¿cómo podrían compensarlo los que celebran el rito?

- ¿Cómo se podría manejar el pan durante la primera fracción? ¿Qué tan alto puede ser sostenido? ¿Qué tan rápido o despacio se debe romper o desgarrar? ¿Cuánto tiempo debe durar el silencio contemplativo?

- ¿Qué puede hacer la persona que preside con el cuerpo, la cara, los ojos para facilitar que la asamblea vea este símbolo en toda su riqueza?

- El Libro de Oración no sugiere ningún gesto para acompañar la invitación a la Comunión, solo las palabras "Los dones de Dios para el Pueblo de Dios" (LOC 287). Dados los muchos niveles de significado en la fracción del pan y el verter el vino, ¿qué acción invitaría con mayor eficacia a la comunidad a festejar en el Cuerpo y la Sangre partidos de Cristo, que son muchos y uno a la vez? ¿Debería ser quien preside la única persona que participe en este gesto, o deberían unirse otros ministros?

- ¿Cómo podría la preparación de los elementos y la invitación a la Comunión ser seguida lo más inmediatamente posible por la procesión de la asamblea a comulgar o de la entrega de los elementos consagrados a la asamblea? ¿Cómo se puede unir la compleja experiencia de la comunidad durante los ricos momentos del rito de la fracción con su participación en los dones?

AL COMPARTIR LOS DONES DE DIOS

La liturgia se construye para compartir la Comunión. En los ritos completos, hay una oración de agradecimiento para concluir la Comunión, pero luego no se prescribe nada más que la despedida. Nada sigue a la Comunión. Es a la vez la cúspide y la conclusión de la liturgia. El compartir los dones es la ofrenda de comida y bebida, la aceptación de la ofrenda y su consumo real. El núcleo de esta parte final de la liturgia es el simple acto humano de comer y beber juntos. Observen la palabra "compartir". Este es un evento comunitario, no privado. Todo lo que se haga debe referirse a este núcleo.

Comer y beber es básico para la existencia humana y, como sugiere el dicho; lo que se recibe en el cuerpo es sumamente importante. "Usted es lo que come". Comer y beber algo es convertirlo en parte de uno mismo. Esto es cierto tanto en el sentido espiritual como en el físico, tal y como lo deja claro la segunda oración de poscomunión:

Omnipotente y sempiterno Dios, te damos gracias
porque nos has nutrido con el alimento espiritual
del preciosísimo cuerpo y sangre
de tu Hijo, nuestro Salvador Jesucristo;
y porque nos aseguras, en estos santos misterios,
que somos miembros vivos del cuerpo de tu Hijo. (LOC 288; cf. 322)

Aquellos que participan del Cuerpo de Cristo son el Cuerpo de Cristo. Compartir la Comunión, dice la oración, expresa lo que es la Iglesia y la convierte en lo que es. En su primera carta a los Corintios, Pablo hace la misma afirmación: "Aunque somos muchos, todos comemos de un mismo pan, y por esto somos un solo cuerpo" (1 Corintios 10:17). El Sacramento y la Iglesia son imágenes en espejos que se reflejan el uno al otro, y se "hacen" el uno al otro. La Eucaristía es el Cuerpo de Cristo, suscitado por la oración del Cuerpo de Cristo, en comunión con Cristo, que hace de los miembros de la Iglesia su Cuerpo.

Debido a que la comida y la bebida, según la *lex orandi* y la *lex credendi*, son el cuerpo y la sangre de Cristo, comerlos y beberlos no es un bocadillo casual. El nivel de atención y cuidado que las personas dan a la comida y la bebida varía según la importancia que le dan a la comida y la ocasión en la que la comparten. Decir que el núcleo de esta parte del rito es comer y beber juntos no significa reducir el núcleo a una función puramente biológica. Comer y beber es un fenómeno social complejo que, aunque biológico, es más que eso. El cómo y lo que comen los seres humanos los expresa y forma en niveles mucho más allá de lo puramente físico.

- Al compartir los dones, los miembros de la Iglesia se unen entre sí y con Cristo por medio del Espíritu. ¿Qué sugiere esto sobre la forma en que el alimento y la bebida deben ser ofrecidos y aceptados, administrados y recibidos?

- ¿Cuál es el equilibrio adecuado entre la distancia y la intimidad que el ministro y el comulgante deben crear para expresar lo que esta ofrenda, y este aceptar, comer y beber hacen? ¿Permiten que sus ojos se encuentren? ¿que sus manos se toquen? Y si es así, ¿cómo y por cuánto tiempo?

- ¿Qué tipo de música debe acompañar a la Comunión? ¿Qué debe transmitir en su tono y su texto? ¿Cuándo debe comenzar y cuándo debe terminar?

- ¿Qué postura debería animarse a los miembros de la asamblea a adoptar mientras otros reciben la Comunión? ¿Qué acción corporal crearía la mayor congruencia entre lo que la asamblea cree sobre la recepción de la Comunión (la *lex credendi*) y su comportamiento ritual (la *lex orandi*)? ¿De qué debe ocuparse cada miembro de la asamblea mientras los demás miembros ofrecen, aceptan, comen y beben?

- ¿Cómo se reabastecen los recipientes de pan y vino? ¿Cómo se puede hacer esto para apoyar más plenamente el núcleo de esta parte de la liturgia?

Todas estas preguntas deben hacerse a la luz del evento central que está ocurriendo: el Cuerpo de Cristo está compartiendo el Cuerpo de Cristo como alimento y bebida.

SEGUNDA PARTE

LA EUCARISTÍA DOMINICAL

Capítulo 10

LOS RITOS DE APERTURA

RESUMEN

Artefactos necesarios
- Un "paño blanco y limpio" sobre la mesa del Señor (LOC 406)
- Las vasijas y pequeños paños para la cena del Señor, colocadas sobre una credencia:
  - Corporal
  - Cáliz principal y purificador
  - Cálices secundarios y purificadores (si es necesario)
  - Tazones, platos o copones secundarios (si es necesario)
- El libro del altar
- Una biblia, que puede estar acompañada por un leccionario, un evangeliario o ambos

Artefactos opcionales
- Una jarra de agua para mezclar.
- Un cuenco de agua y una toalla; o un cuenco vacío, jarra de agua y toalla para el lavabo
- Antorchas, velas de altar, incensario y naveta

Ministros necesarios
- La asamblea
- La persona que preside
- Un ministro asistente

Ministros opcionales
- Diácono
- Maestro de ceremonias
- Turífero (y portador de naveta)
- Crucífero, portadores de antorcha y suficientes acólitos para facilitar la liturgia
- Cantor o coro (uno de estos es necesario si la música de apertura o el himno de alabanza es responsorial o antifonal)
- Instrumentista(s)

Elementos litúrgicos necesarios
- Aclamación propia de la estación litúrgica
- Himno de alabanza
- Oración colecta del día

Elementos litúrgicos opcionales
- Un canto antes de la aclamación
- Colecta por la pureza

¿Qué hace esta parte del rito?
La vitalidad de la liturgia depende de que toda la asamblea se comprenda y se experimente a sí misma como celebrante, precisamente como asamblea y no como conjunto de individuos. Estos momentos iniciales del servicio son clave para fomentar esa autoconciencia común. Marcan la transición de la comunidad a una experiencia profundamente sentida de lo que es: el Cuerpo del Resucitado.

¿Cómo se logra este objetivo?
La forma en que se inculque esta conciencia no será la misma ni en todas las comunidades ni en todas las ocasiones. Los equipos de planificación y los ministros deben considerar una serie de factores, siendo los más obvios la forma del salón, el tamaño de la asamblea, el número de ministros revestidos, las posibilidades musicales y la estación litúrgica.

REUNIDOS

MODELO 1: LA PROCESIÓN DE LOS MINISTROS

Hacer que los ministros revestidos suban por el pasillo central encabezados por una cruz y antorchas no necesariamente logrará la transición, aunque es el modelo más común. Una procesión es, esencialmente, un desfile. En una gran fiesta cívica, un desfile poderoso, enérgico y bien organizado puede llevar a los que se alinean en la calle, con su energía, a sentirse involucrados no solo en el desfile sino también en los ideales que celebra. Un desfile enclenque, sin embargo, puede tener el impacto contrario. Debido a que no procede con suficiente volumen o vigor para atraer a los observadores a su trayectoria, no pueden "conectarse" con él o con lo que simboliza. Los deja sintiéndose desconectados del gran todo, o incluso decepcionados de él. "¿Esto es todo lo que hay?" podrían preguntar, aunque sólo sea en un nivel inconsciente. Si el desfile está mal organizado o sin gracia, puede desencadenar malestar, aburrimiento, falta de fe en los ideales que se celebran y quebrantamiento de la fe de la gente en los organizadores.

Un "desfile" al comienzo de la liturgia, por lo tanto, debe ser lo suficientemente fuerte y organizado con el cuidado suficiente para atraer a los fieles a la conciencia de su identidad corporativa y prepararlos para las tareas que tienen por delante: escuchar con atención, hablar con convicción, cantar con el corazón, mirar con mirada contemplativa y tocar, saborear y oler la acción de Dios que están a punto de experimentar. Esta es una tarea difícil y requiere una procesión vigorosa e intencional.

La procesión es un símbolo representado. Sus alusiones son muchas: el peregrinaje de la vida cristiana, el paso de la distracción a la atención plena, el viaje al reino y otras imágenes que surgirán de forma natural en los fieles. Una procesión de solo un sacerdote y uno o dos acólitos difícilmente sería capaz de atraer a toda la asamblea al tipo de participación

imaginativa que una procesión debe provocar. Además, la procesión no es, como a veces se dice, con el propósito de "saludar al que preside". Entonces, llamar a la entrada de la persona que preside y un ministro "una procesión de entrada", no parece válido.

Dado que el Libro de Oración no prescribe una procesión, tampoco se refiere al orden de la procesión. Las directivas más antiguas y duraderas para la organización de las procesiones litúrgicas prescriben, esencialmente, que los ministros ingresan por orden de "rango" eclesiástico. La eclesiología del Libro de Oración Común de 1979 es bautismal; comienza con la igualdad de todos los bautizados y sitúa a los ministerios ordenados en ese contexto. La noción de rango no encuentra un lugar feliz dentro de nuestra noción predominante de nosotros mismos como cuerpo. Al mismo tiempo, el Libro de Oración entiende que la comunidad está ordenada. No es anárquica.

Entonces, quizás sea mejor ordenar la procesión en términos de cómo funcionan las cosas y las personas; en lugar del rango que ocupan. La procesión está dirigida por los símbolos sagrados de la comunidad (la cruz o crucifijo y, mucho más importante, el Evangelio). Pueden estar flanqueados o guiados por antorchas, como señal de honor. Los estandartes generalmente no se llevarían en procesión en un domingo típico. Cuando se llevan, deben ser pocos en número para no competir con los símbolos primarios, el Evangeliario y las personas mismas. Los estandartes se pueden intercalar de cualquier manera, como después del coro y antes de los otros ministros, pero se debe tener cuidado de no llevarlos tan cerca del Evangeliario que lo eclipsen. Tal y como dice la obra *La Iglesia para la oración común* (*The Church for Common Prayer*) con respecto a obras de arte, banderas y estandartes: "Las cosas que son secundarias nunca deben eclipsar o degradar a las que son primarias". Las banderas nacionales nunca se llevan en una procesión litúrgica. El Misterio celebrado en la liturgia trasciende las fronteras nacionales.

Si se usa incienso, este precede a toda la procesión para que el humo rodee a los símbolos, así como a los miembros de la procesión. A medida que el humo se difunde, también envuelve al resto de la congregación y ayuda a llevarlos al movimiento de la procesión. Después de los símbolos sagrados vienen los ministros laicos, luego los ordenados que no tienen roles ministeriales específicos en la liturgia, y, finalmente, la persona que preside y los asistentes. El o la diácona, como custodio del Evangelio, lleva el libro cerca de la cabeza de la procesión. El diácono lo entroniza en el centro del altar y espera allí a que el que preside se acerque o, si el que preside no debe acercarse al altar, se encuentra con la persona que preside en el asiento de esta última. Si no hay diáconos, otro ministro, tal vez uno de los lectores, puede llevar solemnemente el Evangeliario a la asamblea. Si no se lleva en procesión, el diácono o diácona camina a la derecha del que preside y permanece a la derecha del que preside durante toda la liturgia.

Orden de la procesión
Si bien no todas las procesiones incluirán el conjunto de las siguientes unidades, un orden estándar podría ser:

Maestro de Ceremonias / Verger
Turífero
Crucífero
Antorcha — Evangelio — Antorcha
Coro
Acólitos
Diáconos revestidos
Sacerdotes revestidos
Quien preside y Diácono

Las instrucciones para el uso del incienso como parte de la procesión de entrada se dan en el Capítulo 8, "Posturas y gestos". Dado que las antorchas están asociadas con el Evangeliario y, por lo general, se llevarán consigo en la proclamación del Evangelio, deben colocarse a ambos lados de este, donde está entronizado. Si es posible, estas antorchas también pueden servir como velas del altar. La mayoría de los evangeliarios se mantendrán erguidos y deben entronizarse en el altar de esta manera, a la vista de la asamblea.

Si hay que elegir entre llevar el Evangelio o la cruz en la procesión, se elige el libro, ya que es una parte integral de la liturgia. Como el altar, es un símbolo de Cristo en la asamblea. Nuevamente, como señala el documento *The Church for Common Prayer*, "Si bien la cruz es un símbolo cristiano básico, no es uno de los principales puntos focales litúrgicos". Cuando se llevan una cruz procesional y el Evangeliario, las antorchas acompañan al libro. Dado que las antorchas son una especie de guardia de honor para el libro, si la procesión llega a un lugar donde los tres no pueden caminar juntos, las antorchas preceden al Evangeliario.

1. Si hay un himno procesional, la procesión no se mueve hasta que comienza el himno, y debe cronometrarse para terminar antes de que termine el himno. Si se va a incensar la santa mesa, se debe insertar un interludio en el himno para que la asamblea pueda mirar por encima de la página impresa a fin de atender esta acción y, al verla, participar en ella lo más plenamente posible. La incensación del altar es un evento visual y olfativo, y la liturgia debe estar coreografiada para permitir que la asamblea lo experimente como ambos.

2. Cuando la procesión llega o pasa por el altar, los ministros que no llevan objetos litúrgicos hacen una profunda reverencia. Aquellos que llevan un objeto, en su lugar, solo se detienen brevemente.

3. Una procesión litúrgica debe tener volumen, fuerza y trayectoria. Las personas que participan en ella deben moverse con suficiente espacio entre ellas para que, a medida que cada pareja se detiene para reverenciar el altar, la procesión no se detenga, rompiendo la imagen de la peregrinación o el viaje. Una procesión "estancada" tiene un aspecto torpe. No permite que la asamblea sea atraída por su gracia y belleza. A lo largo

de la procesión, los ministros deben mantener los ojos enfocados hacia adelante, hacia el lugar al que se dirigen. A veces, en ocasiones festivas cuando se reúnen personas que no suelen estar juntas, los ministros, especialmente los sacerdotes, miran alrededor de la sala e incluso se alegran mientras avanzan por el pasillo. La base de la liturgia no es la intimidad personal, como discute la sección anterior sobre el intercambio de la paz, y la procesión no debe ser interrumpida por saludos personales e íntimos. Además, dado el clericalismo latente en la Iglesia, que los ministros litúrgicos saluden de modo individual a algunas de las personas sobre la base del conocimiento personal, podría animar sentimiento de favoritismo. Esto resulta completamente contrario al espíritu y la intención de la liturgia.

4. Para asegurar que la procesión esté bien espaciada, un ministro litúrgico puede "separar" a cada persona o pareja en la procesión, indicándoles que mantengan el espacio durante la procesión. El maestro de ceremonias podría hacer esto, en cuyo caso entraría en la procesión justo antes que la persona que preside y el diácono, en lugar de caminar a la cabeza de la procesión.

5. Todos en la procesión, incluido quien preside, son ante todo miembros de la asamblea. Aquellos que no porten un objeto litúrgico deben tener himnarios u órdenes de culto, y deben cantar el himno con los demás miembros de la asamblea. Esto es modelo de participación activa y testimonio de la igualdad de los bautizados. Mientras la procesión se acerca al altar:

- Los ministros colocan los objetos que llevan en los lugares designados y toman sus puestos.

- El diácono (o, en su ausencia, un acólito) toma el himnario o el orden de adoración de quien preside para que este no tenga que colocarlo sobre la mesa del Señor y así poder besar y/o incensar el altar. Los objetos extraños nunca deben colocarse en el altar. Todo lo que debe reposar sobre él durante el curso de una liturgia dominical normal son las ofrendas, el Evangeliario, el libro del altar, los recipientes secundarios en los que el pan y el vino pueden tener que ser divididos y, si no van en el suelo, los candelabros. (Es interesante notar que *The Church for Common Prayer*, al enumerar los elementos para los que el altar debe ser lo suficientemente grande para acomodarlos, dice candelabros "a veces". Esto no sugiere que no se deben usar velas. Más bien, estas están destinadas a honrar no solo lo que está sobre la mesa, sino también a la mesa misma, y flanquearla en lugar de colocarse sobre ella).

- Quien preside puede besar el altar (ver capítulo 8, "Posturas y gestos").

- Quien preside puede incensar el altar (ver capítulo 8, "Posturas y gestos").

- Quien preside, el diácono y el portador del libro del altar se trasladan al lugar desde el cual se dirigirá el resto de los ritos de apertura (consulte "Posicionamiento de los ministros", más adelante).

MODELO 2: UN ENCUENTRO INFORMAL CON PLÁTICA

Otra opción sería que toda la asamblea, incluidos los ministros con derechos adquiridos, se reuniera de manera informal y circulara libremente para conversar. El papel de los ministros en este modelo es encarnar el espíritu de hospitalidad e igualdad que es esencial para la salud de la Iglesia y la autenticidad de su liturgia. Aquellos que parecen estar más incómodos o aislados, especialmente los recién llegados, requerirían la mayor atención por parte del clero, el liderazgo laico de la parroquia y los demás ministros revestidos.

Este modelo podría servir bien, por ejemplo, en una parroquia con una fuerte afluencia de nuevos miembros o donde las heridas dentro del cuerpo necesitan ser curadas, o donde la comunidad aún no ha comprendido que la liturgia es una acción comunitaria, en lugar de individual. Quizás el mayor escollo de este modelo, sin embargo, es la facilidad con que puede alejar a la asamblea del propósito sagrado para el que se ha reunido. La conversación sin guion entre los miembros de la iglesia ciertamente puede ser sagrada en sí misma. Al mismo tiempo, la conversación puede distraer a las personas de la atención plena a la presencia divina y hasta llegar a ser una forma de evitarla.

Cuando se utilice este modo de encuentro, entonces, será necesaria una nueva actividad de transición: un movimiento gradual de los miembros de la asamblea a sus lugares, una señal, de que un tiempo de recogimiento está por comenzar y, lo más importante, un tiempo para que toda la comunidad se siente en silencio y, tal vez, escuche un preludio. Si se va a cantar un himno, el sonido de los instrumentos sería la señal de la asamblea para ponerse de pie.

MODELO 3: UNA REUNIÓN INFORMAL SILENCIOSA

A veces, especialmente durante el Adviento y la Cuaresma, la comunidad, incluyendo los ministros revestidos, puede entrar en silencio de manera informal e individual. Este también es un buen modelo para una congregación que se esfuerza por profundizar su enfoque contemplativo. El silencio litúrgico puede explicarse homiléticamente como una actividad de gran plenitud y belleza, no solo vacío y privación. Un grupo reunido en silencio, enfocado intencionalmente en la presencia divina dentro, entre y más allá de la asamblea, puede alcanzar un estado de intensa atención. Se puede empezar a sentir algo más grande que el grupo y, sin embargo, no separado de él: el Dios trascendente e inmanente. De esta manera, tanto la reverencia como la hospitalidad, el asombro ante Dios y el asombro ante el prójimo, la apertura a Dios y la apertura al prójimo, pueden experimentarse como una sola realidad.

Si hay un himno de entrada, el sonido de los instrumentos sería la señal para que la asamblea se ponga de pie. De lo contrario, la posición de quien preside es la señal para que el resto de la asamblea se ponga de pie. Las "instrucciones" son innecesarias, aquí y en otras partes del rito, si está bien diseñado, los ministros están bien ensayados y el orden de adoración contiene rúbricas claras. Siempre que los ministros sepan que deben estar de pie cuando el que preside lo hace, el resto de la asamblea seguirá su ejemplo. Una rúbrica clara y simple en el orden de adoración también puede ser útil, como, "Cuando la persona que preside se pone de pie, toda la asamblea se levanta". Si quien preside tiene que decirle a todos qué hacer a cada instante, tomara el control de la liturgia y los otros miembros de la asamblea se convertirán en simples seguidores pasivos, esperando que se les diga qué hacer. Todo lo que se pueda hacer por convertir a la congregación y a cada miembro de esta en actores litúrgicos competentes promueve la causa no solo de la liturgia, sino de la vida cristiana que esta expresa.

MODELO 4: UNA COMBINACIÓN DE MODELOS
Los modelos 1, 2 y 3 también se pueden combinar de varias formas con buenos resultados. Quien preside, demás ministros y líderes parroquiales pueden saludar a los miembros de la asamblea a medida que llegan, en la acera o en la puerta, al estilo del Modelo 2. Cuando la liturgia debe comenzar, los ministros pueden entrar en solemne procesión, al estilo del Modelo 1. O, después de saludar a la gente en la acera o en el nártex y charlar con ellos, los ministros pueden entrar al espacio de culto individual e informalmente, ocupando sus lugares en silencio. El resto de la asamblea ya estaría sentada allí en silencio.

Sin embargo, no todas las combinaciones son felices. Una combinación ineficaz de los modelos, por ejemplo, sería que los ministros circularan y tuvieran conversaciones con la asamblea en el espacio de adoración, salieran momentáneamente y luego ingresaran a la sala como si nunca hubieran estado allí. La liturgia es ritual, pero no fingida. Entrar, salir y volver a entrar como si nunca hubieran estado allí no fomenta un espíritu de autenticidad.

ELEMENTOS DE LOS RITOS DE APERTURA

POSICIONAMIENTO DE LOS MINISTROS
En el capítulo sobre el espacio litúrgico, se esbozaron varios modelos de ubicación de la persona que preside, de un acólito que sostiene el libro del altar y del diácono durante la liturgia. Si los ministros están detrás del altar o al costado de este, dirigen todos los ritos de apertura desde allí. Sin embargo, si optan por pararse en el centro del presbiterio frente a la santa mesa, deben orientarse en la misma dirección que el resto de la asamblea, es decir, hacia el altar, excepto durante la aclamación y el diálogo anterior a la colecta del día. En esos dos puntos, quien preside, pero no los otros ministros, se coloca de frente a la asamblea, ya que se dirige a ella. Durante las oraciones, sin embargo, el que preside no se

dirige a la asamblea, sino que le habla a Dios, junto con y en el nombre de la asamblea y, por lo tanto, con los demás, se para frente al lugar simbólico de Dios: el este, el altar o el sacramento reservado. Esto no sugiere de ninguna manera que Dios esté más en ninguno de esos lugares de lo que Dios está en medio de la asamblea. Es solo para decir que, dado que la liturgia es una acción simbólica, el cuerpo debe usarse intencionalmente para simbolizar diferentes tipos de expresión. Una oración no es un sermón o un anuncio, y la forma en que la persona se para en el edificio mientras ora es una señal importante de las distinciones.

LA ACLAMACIÓN DE APERTURA

El Libro de Oración Común de 1979 ofrece tres aclamaciones: para la estación de Pascua, las ocasiones de penitencia (especialmente la Cuaresma) y las estaciones "verdes". La obra en inglés *Enriching Our Worship 1* (Para enriquecer nuestro culto) proporciona variaciones e incluye una aclamación adecuada para el Adviento. En una de las costumbres más antiguas existentes, la primera de las Ordines Romani (órdenes romanas) de principios del siglo VIII, cuando el obispo se persignaba en silencio al comienzo de la liturgia, la asamblea aparentemente se uniría a él. Muchos, si no la mayoría, de los episcopales han adoptado esta costumbre. La señal se puede hacer durante cualquiera de estas aclamaciones, pero es especialmente apropiada para la primera aclamación del Libro de Oración debido a su lenguaje trinitario. Si el acólito debe sostener el libro del altar ante quien preside para la aclamación, debe estar en posición unos segundos antes para que el que preside pueda encontrar el texto. Generalmente, las aclamaciones son tan familiares que puede que no se necesite el libro del altar. La parte de la aclamación de quien preside no es una oración ni un diálogo ritual, sino una invitación. Invita a la gente al reconocimiento y alabanza a Dios. Debe mirar a la asamblea durante la aclamación y no asumir la posición de orante. (Consulte "Mirar" y "Orar" en el capítulo 8, "Posturas y gestos").

LA COLECTA POR LA PUREZA

En el uso de Sarum, el sacerdote recitaba esta oración en la sacristía antes de la liturgia, junto con otros actos preparatorios. El arzobispo Cranmer trasladó la oración a la parte pública del rito en el Libro de Oración de 1552. En la Colecta para la pureza la asamblea reconoce que la misma capacidad de celebrar la liturgia se basa en la gracia de Dios. Este texto comenzó como una oración preparatoria para el sacerdote, pero ahora es una oración preparatoria para toda la comunidad. En todo caso, es opcional.

Quien preside quizás sabe este texto de memoria y, por lo tanto, no necesita el libro del altar. Sin embargo, si no usa libro debe tener cuidado de no mirar alrededor del recinto ni cerrar los ojos durante la oración colecta. La ventaja de tener el libro delante de quien preside es que le da un lugar para fijar los ojos, y transmite claramente que es la oración de la Iglesia, no la devoción personal del que preside o una composición original.

La antigua postura cristiana para rezar es de pie, con los brazos abiertos en posición orante. (Ver "Orar" en el capítulo 8, "Posturas y gestos"). Los símbolos funcionan mejor cuando se usan con consistencia, y así la posición orante debe ser asumida siempre que la persona que preside ore en voz alta. El acólito se aleja con el libro tan pronto el pueblo haya dicho "Amén".

EL HIMNO DE ALABANZA

Aunque el Gloria y los textos alternativos que se dan en el Libro de Oración son oraciones, no es costumbre que la persona que preside asuma la posición de orante durante las aclamaciones cantadas por la asamblea. La rúbrica que precede el Gloria incluye las palabras "canto", "himno" y "cántico de alabanza", dejando claro que este texto debe ser interpretado musicalmente. La rúbrica permite que sea recitado, pero claramente no es la intención del Libro de Oración, y por una buena razón. Que la gente recite suavemente un texto no es suficiente para alcanzar el objetivo general de los ritos de apertura: unificar y preparar a la asamblea. El objetivo se lograría más probablemente con un himno métrico bien cantado que con un Gloria, Kyrie o Trisagion recitado. La rúbrica permite que algún "otro cántico de alabanza" pueda ser utilizado durante la mayor parte del año en lugar de los textos dados, y esta opción debería ciertamente ser considerada si la alternativa es recitar los textos.

El himno de alabanza es de naturaleza aclamatoria. Incluso el Kyrie, que para los oídos modernos podría parecer una súplica más que una aclamación, era originalmente una especie de alegría ofrecida al emperador al pasar, alabando su señorío y poder. El Kyrie es una aclamación del poder salvador de Dios en Jesús, no una lamentación por nuestros pecados.

LA COLECTA DEL DÍA

Cerca del final del himno de alabanza, el acólito trae el libro abierto a quien preside. Este último, con las manos juntas, mira a la asamblea y saluda, lo cual es recibido con reciprocidad, para luego invitar a la oración. Todo esto es un diálogo, y así quien preside no mira el libro hasta después de decir, "Oremos". Después de una breve pausa, la persona que preside asume la posición de orante y reza en nombre de todos. Cuando la asamblea ha dicho el "Amén", quien preside espera a que el acólito cierre el libro del altar y luego regresa al asiento asignado. Dado que todos los ministros litúrgicos, incluida la persona que preside, se esperan unos a otros (ver "Sentarse" en el capítulo 8, "Posturas y gestos"), los ministros se sientan entonces al unísono para la liturgia de la Palabra.

Capítulo 11

LA LITURGIA DE LA PALABRA

RESUMEN

Artefactos necesarios
- Biblia o leccionario
- Carpeta que contenga la oración de los fieles

Artefactos opcionales
- Evangeliario

Ministros necesarios
- Asamblea
- La persona que preside
- Lector para proclamar ambas lecturas, dirigir el Salmo, y dirigir la oración de los fieles
- Ministro ordenado para proclamar el Evangelio (diácono o sacerdote)
- Predicador ordenado o con licencia

Ministros opcionales
- Lectores adicionales
- Salmista o un coro/grupo para dirigir el salmo
- Diácono u otro miembro de la asamblea para dirigir la oración de los fieles
- Portadores de antorchas

- Portador del Evangeliario
- Turífero (y portador de la naveta)
- Instrumentista(s)

Elementos litúrgicos necesarios
- Dos lecturas antes del Evangelio
- Lectura del Evangelio
- Sermón
- Credo Niceno
- La oración de los fieles
- Confesión de pecado (a menos que se haya dicho antes, o se haya tomado la decisión de omitirla "en alguna ocasión")
- Una invitación a la paz dada por quien preside

Elementos litúrgicos opcionales
- El intercambio de un signo de paz

¿Qué hace esta parte del rito?
La tradición judeocristiana se basa en la convicción de que Dios actúa en y a través de la historia humana y que, de una manera particular, Dios ha revelado el ser divino a través de la historia del pueblo judío. Los cristianos ven esta autorrevelación divina alcanzando su plenitud en Jesús y especialmente en su misterio pascual: el patrón de la vida triunfando sobre la muerte, y la salvación sobre el pecado. En la liturgia de la Palabra, la asamblea:
- recuerda la narración;
- se reconoce a sí misma como parte de la narración;
- aclama al Dios que ha actuado y sigue actuando;
- le pide a Dios que actúe de formas específicas en el presente;
- reconoce su fracaso en ser el agente de las acciones salvadoras de Dios de acuerdo con el pacto bautismal y pide el perdón de Dios;
- significa que, como ha sido perdonado, se compromete a ser perdonador.

¿Cómo se logra esta meta?
Esta meta es alcanzada cuando la asamblea escucha la historia judeocristiana como propia y afirma su voluntad de encarnar la acción salvadora de Dios en el presente.

LAS PRIMERAS LECTURAS

LA PROCLAMACIÓN

1. La asamblea acaba de sentarse y la primera lectura no comienza hasta que están completamente quietos y enfocados en el lugar desde el que se proclamará la lectura. Esto no solo permite al rito hacer lo que debe hacer, sino que también es una cortesía para la asamblea. Ya sea que los asientos de los lectores estén junto a los otros ministros litúrgicos o en medio de la asamblea, el movimiento hacia el ambón es rítmico y deliberado, creando tanto una pausa como un foco visual para la asamblea. El lector se pone de pie ante el ambón en silencio hasta que la asamblea está quieta y verdaderamente lista para escuchar.

2. Los lectores deben ensayar cómo moverse al ambón. También deben estar familiarizados con el leccionario. El coordinador litúrgico se reúne con los lectores antes del servicio para señalar cualquier anomalía en los textos del día (que uno de ellos esté impreso en el leccionario bajo un día litúrgico diferente, por ejemplo). En una Eucaristía dominical normal de una parroquia, el lector, si está bien informado y ensayado, sabrá cuándo pasar al ambón. El hecho de que alguien guíe a los lectores al ambón, y luego los lleve de vuelta a sus asientos, sugiere que los ministros litúrgicos son incompetentes y los anima a ser incompetentes. En algunos servicios especiales, se puede pedir a una persona ajena a la Iglesia Episcopal o incluso a un episcopal visitante, que no conoce los patrones de la congregación, que lea. En ese caso, puede ser útil que un ministro (por lo regular el maestro de ceremonias o el sacristán) acompañe al lector al ambón en el momento apropiado.

3. El lector anuncia la lectura. El Libro de Oración permite al lector decir "Una lectura de" o "Una lección de" y luego nombrar el libro. La palabra "lección" tiene como origen la palabra latina *lectio* (leer o lectura). Las dos opciones, entonces, significan exactamente lo mismo. Para los oídos modernos, sin embargo, la palabra "lección" no significa "lectura", sino que más a menudo implica un aprendizaje duramente ganado y a menudo doloroso: "Eso te enseñará una lección". Por lo tanto, la simple palabra "lectura" transmite el sentido más preciso.

4. El Libro de Oración permite la citación de capítulo y versículo. A menos que la asamblea esté siguiendo las lecturas en las biblias, esto es extraño y distrae.

5. El lector no debe mirar alrededor del recinto durante la proclamación, como si lo que se dice fueran las propias palabras del lector. Los ojos deben permanecer en el libro.

6. El lector hace una ligera pausa después del anuncio, proclama el texto, vuelve a hacer una ligera pausa y dice una declaración final como: "Escuchad lo que el Espíritu dice al pueblo de Dios" (de *Enriching Our Worship 1*, 53). En el Libro de Oración y en *Enriching Our Worship 1* se dan varias declaraciones de conclusión. Todas, excepto "Aquí termina la lectura (epístola)", requieren la respuesta, "Demos gracias a Dios". Se prefieren aquellas declaraciones que suscitan una respuesta, ya que permiten al pueblo aclamar y asentir a lo que ha escuchado, apoyando la intención general de esta parte de la liturgia. Dado que esta declaración está dirigida a la asamblea, el lector mira a la asamblea mientras habla y continúa mirándola durante la respuesta. El lector se mueve del ambón solo después de que la asamblea haya respondido.

LA RESPUESTA

1. "Puede guardarse un período de silencio", luego de cada una de las lecturas (LOC 280). Dado que la liturgia de la Palabra no sólo pretende transmitir información histórica o teológica, sino también permitir a la asamblea encontrar su lugar dentro de la narrativa judeocristiana, este silencio es crucial. Permite a los que han oído el texto escuchar los ecos en sus propias vidas y la experiencia de lo que han escuchado. En cierto sentido, el silencio permite a los miembros de la asamblea componer mentalmente sus propios sermones, sus propias aplicaciones personales del texto, y crea un contexto en el que pueden escuchar la voz y buscar el movimiento de Dios. Tal silencio debe ser mucho más prolongado que una pausa momentánea.

Una catequesis sobre el silencio sagrado ayudará a la asamblea a comprender el potencial de esta acción litúrgica a menudo descuidada y omitida. Es pastoralmente sabio aumentar la duración del silencio solo gradualmente. Dado que el silencio es poco común en esta cultura e incluso en la Iglesia, insertar demasiado silencio demasiado rápido puede hacer que la asamblea se sienta incómoda, o que se pregunte si alguien ha olvidado qué hacer a continuación. Hasta puede ser necesario dedicar un año para extender gradualmente los períodos de silencio después de cada lectura a un minuto completo. Sin embargo, cualquier cosa que no sea un minuto no permite la profundidad de la contemplación de la que depende el éxito de la liturgia de la Palabra.

2. Después de cada lectura, puede seguir un salmo, un himno o un cántico de alabanza. Esta tríada sugiere música. Aunque los salmos se recitan a veces en el culto, de hecho, están pensados para ser cantados. La introducción al salterio en el Libro de Oración permite la recitación, que más que un canto es una salmodia, pero el género en sí mismo sugiere que esto no es lo ideal (LOC 582). Como dice la introducción al salterio del título en inglés *Evangelical Lutheran Worship* (El culto evangélico luterano), basado en el salterio del Libro de Oración, "Su significado puede ciertamente ser comunicado cuando es hablado o leído en silencio, sin embargo, esta antigua poesía es intrínsecamente musical". Además, en ningún leccionario episcopal, ya sea para la Eucaristía de los domingos, festivales o días de semana, o para el Oficio Diario, se dan salmos como lecturas. Todo lo que venga

entre las lecturas, entonces, debe ser cantado. Mientras que el Libro de Oración permite himnos (aparentemente piezas interpretadas por el coro) entre las lecturas, la asamblea en su conjunto debe tener la oportunidad de responder a las proclamaciones. Hay que tener cuidado de no perder este importante objetivo de la liturgia de la Palabra. Si, por ejemplo, el himno del coro interviene entre las dos primeras lecturas, el canto de la asamblea debe situarse entre la segunda lectura y el Evangelio.

Las rúbricas adicionales del Libro de Oración concernientes al salterio describen cuatro métodos por los cuales la salmodia puede ser interpretada (LOC 484). Los escenarios musicales están disponibles para todos los salmos del leccionario en cada uno de estos estilos. Los cánones de la Iglesia autorizan el uso de muchas versiones de la Biblia para las lecturas litúrgicas, pero no está claro si esto se extiende a los salmos. En su reconocido *Comentario sobre el* Libro de Oración americano, Marion Hatchett sugiere que sí lo hace cuando señala que la versificación del salterio del Libro de Oración debe guiar al uso de otras versiones, que puedan versificar o incluso numerar los salmos de manera distinta.[11] Además, en las rúbricas adicionales para el Oficio Diario, se da permiso para usar incluso versiones métricas del salmo invitatorio y los cánticos después de las lecturas (LOC 108). Esto sugiere que el Libro de Oración está abierto a varias traducciones y formas de los salmos. Los variados escenarios musicales de los salmos en todas las versiones autorizadas proporcionan un rico recurso para enriquecer el culto episcopal.

La salmodia responsorial tiene mucho de recomendable. Estos escenarios son especialmente abundantes, y la antífona recurrente permite incluso a los niños prealfabetizados y a los adoradores con problemas visuales participar escuchando y repitiendo. Un buen cantor o schola es la clave para el éxito de la salmodia responsorial. Especialmente en la Iglesia romana, los cantores suelen hacer gestos a la asamblea cuando se va a cantar la antífona. Esto es totalmente innecesario si la música está bien hecha, haciendo obvio el lugar para la antífona. Decirle a la asamblea lo que debe hacer, excepto cuando es absolutamente necesario, incluso con una señal no verbal, promete volverlos pasivos y litúrgicamente incompetentes. Los visitantes y buscadores, por supuesto, necesitarán dirección, pero esta puede darse en un orden de culto bien diseñado y rubricado. Además, los visitantes que se encuentran en una asamblea competente y hospitalaria pueden seguir fácilmente el rito siguiendo a los que les rodean.

Muchas liturgias contemporáneas, incluyendo la del libro *Evangelical Lutheran Worship* y el rito romano, sugieren explícitamente un aleluya cantado antes de la proclamación del Evangelio, excepto durante la Cuaresma. El *Common Worship: Services and Prayers for the Church of England* lo sugiere también cuando dice: "Una aclamación puede anunciar la lectura del Evangelio" (252). En *Enriching Our Music 1*, publicado para la Iglesia Episcopal por la Comisión Permanente de Liturgia y Música en 2003, contiene las composiciones musicales para una aclamación del Aleluya previo al Evangelio, junto con "versos de aleluya" para todos los domingos del ciclo trienal del leccionario (144 y ss.).

---

11. Hatchett, *Commentary on the American Prayer Book*, 35.

Se proporcionan más ajustes musicales en *Enriching Our Music 2* (2004). Al igual que con la salmodia responsorial, un extenso cuerpo de música ecuménica está disponible para el aleluya aclamatorio. El mismo escenario puede repetirse, quizás durante toda una estación, haciendo posible una vez más que aquellos que no pueden leer las palabras o la música participen plenamente, con confianza y competencia. Al igual que en el caso de la salmodia responsorial, un hábil cantor o coro es esencial para una actuación exitosa. Cuando no se dispone de ninguno de los dos, un himno métrico fuerte tendrá más impacto aclamatorio que un Aleluya débil o recitado con un verso.

La asamblea permanece sentada tanto para las lecturas como para las respuestas, a menos que las respuestas sean himnos métricos o aleluyas de aclamación. Para esos géneros de respuestas, la asamblea permanece de pie.

LA PROCLAMACIÓN DEL EVANGELIO

1. El Libro de Oración dirige a la asamblea a ponerse de pie para la proclamación del Evangelio. Si un aleluya aclamatorio o un himno métrico precede al Evangelio, el sonido de los instrumentos es la señal para que toda la asamblea, tanto los ministros como los demás, se pongan de pie juntos. Si no hay música de aclamación, la persona que preside se pone de pie como señal para que los demás hagan lo mismo.

2. Si se va a usar incienso y se va a recargar el incensario a la vista de la asamblea, el incensario y la naveta se llevan a quien preside durante la música. Un servicio que no merece la música no merece el incienso.

3. Si va a haber una procesión con el Evangeliario, tiene lugar durante la música. En algunos lugares, la procesión se forma durante un himno o un cántico de alabanza, y luego se mueve durante un aleluya de aclamación. En la mayoría de las congregaciones, la simplicidad es lo mejor. Una pieza de música es suficiente.

El Evangeliario es el foco de atención visual de la procesión del Evangelio y un símbolo primario de Cristo presente en medio de la gente. Es el único símbolo que se lleva. Una cruz procesional es sólo una distracción en este caso y no se lleva en la procesión del Evangelio.

4. Un diácono que asiste a la liturgia proclama el Evangelio. El rito romano ordena al diácono que pida una bendición a quien preside antes de tomar el libro. Esta costumbre se observa en algunas congregaciones episcopales, aunque debido a que a los diáconos se les da la "autoridad de proclamar la Palabra de Dios" (LOC 443) por el obispo en la ordenación,

y ministran "directamente bajo [el] obispo" (LOC 545), este gesto puede ser engañoso, sugiriendo que el diácono ministra a instancias del presbítero que preside. Sin embargo, si la parroquia entiende la eclesiología de la Iglesia Episcopal y entiende que la bendición no es una especie de cuasi-ordenación o comisión, la forma romana es una forma lógica de usar.

- Después de que el incensario ha sido cargado, y mientras los miembros de la procesión se mueven a su lugar, el diácono está de pie ante la persona que preside. Mirando directamente a esta, el diácono pide, "N., dame tu bendición". (En el Misal romano, la petición es, "Padre, dame tu bendición". En el Libro de Oración Común, esto se ajusta de acuerdo con el género y preferencia del que preside: padre, madre, hermano, hermana, o el nombre de pila del que preside).

- El diácono hace una profunda reverencia para recibir la bendición, cuando la o el que preside dice: "El Señor esté en tu corazón y en tus labios para que puedas proclamar dignamente su Evangelio". Luego, haciendo la señal de la cruz sobre el diácono, la persona que preside añade: "En el nombre del Padre, del Hijo y del Espíritu Santo".

- El diácono responde, "Amén", y se mueve inmediatamente para tomar el Evangeliario.

5. Una forma común de organizar la procesión, ya sea que la persona que preside, otro presbítero o un diácono sea el lector del Evangelio, es:

ALTAR

Antorcha—Lector del Evangelio—Antorcha
Turífero

Si el Evangelio va a ser proclamado en medio del pueblo, una persona distinta a la que lo va a proclamar puede caminar delante del lector del Evangelio y luego, mientras se proclama el Evangelio, mantener el libro abierto. Esto debe hacerse si se va a usar incienso para que las manos del lector del Evangelio estén libres para tomar el incensario. Una forma común de organizar la procesión es:

ALTAR

Antorcha—Lector del Evangelio con Evangeliario—Antorcha
Portador del Evangeliario
Turífero

6. Cuando todos están en su sitio frente a la mesa del Señor, los ministros vigilan que el lector del Evangelio tome el libro y se aleje del altar (hacia el oeste litúrgico). Se giran al unísono con el lector del Evangelio, y comienza la procesión.

El lector del Evangelio sostiene el libro por encima de la cabeza, como se sostiene una cruz, hasta que la procesión llega al lugar de la proclamación. Son posibles varios lugares. Aunque se ha convertido en una costumbre en la mayoría de las congregaciones que el Evangelio sea proclamado desde el medio del pueblo, las rúbricas adicionales para la Eucaristía no lo mencionan como la opción preferida: "Es deseable que las Lecciones sean leídas desde un atril o púlpito, y que el Evangelio sea leído desde el mismo atril, o desde el púlpito, o en medio de la congregación" (LOC 329). Esta preferencia de que todas las lecturas se proclamen desde un único atril se repite en *The Church for Common Prayer*: "Un solo mueble prominente para la lectura y la proclamación de la Palabra debe estar ubicado de manera que la congregación pueda escuchar y mantener el contacto visual con el orador. El espacio alrededor del púlpito debe estar lo suficientemente abierto para permitir una procesión con el Evangeliario". Claramente, la expectativa es que la procesión se mueva al atril, no en medio de la gente, y que el Evangelio sea proclamado desde allí. Sin embargo, esta no es la única opción permitida, por lo que se debe hacer una elección pastoral entre tres opciones.

- El uso de un solo atril enfatiza que la Palabra proclamada en todos los textos es la misma, y que la narración está unificada. En la mayoría de los espacios, el atril está elevado y equipado con un micrófono. Esto hace que la proclamación sea visual y audiblemente accesible.

- El uso de un púlpito aparte del atril enfatiza que el Evangelio no es como las otras lecturas. Como el púlpito suele ser elevado y más grande que el atril, da la impresión de que el Evangelio no sólo es diferente sino también superior, es decir, por encima. También aumenta la visibilidad y la audibilidad, como lo hace el atril.

- La proclamación del Evangelio desde el medio del pueblo crea el sentido de que Cristo está viviendo en medio de la asamblea. Pone a los miembros de la asamblea cara a cara, con la Palabra proclamada en su centro: la fuerza unificadora. Sin embargo, en una sala grande, esta disposición puede hacer difícil o imposible que algunos miembros de la asamblea, incluidos los niños, vean a la persona que proclama el Evangelio. Si además hace imposible o difícil que algunos escuchen la proclamación, este arreglo habrá causado un gran perjuicio a la asamblea y socavará uno de los principales objetivos de la liturgia de la Palabra.

7. El camino de la procesión y la forma en que los ministros se preparan para la lectura dependerá de muchos factores, incluyendo la anchura del espacio y los diversos niveles en los que los ministros se pondrán de pie. Por ejemplo, si el Evangelio se va a leer desde el pasillo, la anchura del pasillo determinará cómo se puede organizar la fiesta procesional. Si se va a leer desde un púlpito elevado, puede ser necesario que las antorchas se coloquen al pie del púlpito. En cualquier caso, la disposición general cuando termina la procesión es:

Turífero— Lector del Evangelio
Antorcha — Evangeliario /Portador de Evangeliario — Antorcha

En la mayoría de los espacios de culto, esto pondrá al turífero y al lector del Evangelio de cara al oeste litúrgico, al portador del libro de cara al este litúrgico (o al libro en el soporte para libros), y a los portadores de la antorcha girados hacia dentro, de cara al libro.

El himno debe ser lo suficientemente largo como para cubrir toda la procesión del Evangelio, incluyendo la preparación del incienso y la bendición del diácono. Si no lo es, se insertan interludios. Si se añade un aleluya de aclamación, la procesión se mueve mientras se canta.

Si la proclamación se hace desde el pasillo y una persona distinta al lector del Evangelio sostiene el libro, el lector del Evangelio puede necesitar ajustar la altura y el ángulo del Evangeliario.

8. Justo después de que la música procesional termina, el lector del Evangelio anuncia la lectura, usando la fórmula en el Libro de Oración Común o en *Enriching Our Music 1*, y hace la triple señal de la cruz, si es la costumbre. Después de que la asamblea responda, el turífero, si se va a usar incienso, pasa el incensario al lector del Evangelio, que inciensa el Evangeliario. (Ver capítulo 8, "Posturas y gestos".) El turífero entonces toma el incensario, y se mueve detrás del lector del Evangelio. A lo largo de la lectura, el turífero gira el incensario ligeramente de lado a lado.

9. Con las manos unidas, si la proclamación se hace en medio del pueblo, o con las manos apoyadas en el soporte para libros, en caso de que sea desde el atril o el púlpito, el lector del Evangelio proclama el texto, manteniendo los ojos en el libro. El lector no abre los brazos en posición orante, ya que esto es una proclamación y no una oración.

10. Al final de la lectura, el lector del Evangelio se detiene un poco, mira a la asamblea y dice: "El Evangelio del Señor". Después de que la asamblea ha aclamado al Cristo que han encontrado en la proclamación, el lector del Evangelio besa la página del libro, si es la costumbre. Esto puede hacerse mientras el portador del libro lo sostiene, o el lector del Evangelio puede tomar el libro, besarlo y luego devolvérselo al portador. Esta es la mejor solución si un niño está sosteniendo el libro y el lector del Evangelio no puede inclinarse fácilmente o con gracia para besarlo.

Al decir "El Evangelio del Señor", el lector no eleva el libro. Se invita a la asamblea a aclamar al Señor Cristo presente en el evento que está teniendo lugar, no en el libro. En otras palabras, "El Evangelio del Señor" sugiere que "Acabas de encontrar el Evangelio del Señor, vivo y activo", no "Este libro es el Evangelio del Señor". El Evangelio proclamado en la asamblea es un evento (la revelación y acción de Cristo) no un objeto. Levantar el Evangeliario durante la aclamación final no tiene más sentido que levantar el leccionario durante la frase "Palabra del Señor".

11. Luego la procesión se invierte, con el Evangeliario nuevamente en alto. Al final de la procesión:

- El predicador se habrá trasladado al lugar desde donde se pronunciará el sermón. (Es posible que el predicador no sea la misma persona que proclamó el Evangelio).

- El lector del Evangelio, sino también el predicador, habrá regresado al asiento asignado.

- Las antorchas y el incensario serán devueltos a sus lugares, y los portadores de antorcha y el turífero permanecerán en sus asientos.

- El Evangeliario se habrá dejado en el soporte para libros desde donde se pronunciará el sermón, o se habrá colocado en otro lugar de honor, pero no en el altar.

La forma en que se desarrollará todo esto dependerá de una serie de factores que deben resolverse en cada caso particular. Sin embargo, siempre:

- El turífero lidera el movimiento.

- El ministro ordenado camina al final de la procesión.

- Las antorchas acompañan al Evangeliario o, si el libro se va a dejar en el soporte para libros desde el que se proclamó el Evangelio, las antorchas caminan una al lado de la otra.

Por ejemplo, si el Evangelio se proclama en medio de la asamblea y el lector del Evangelio es también el predicador, la procesión posterior al anuncio procede de esta manera.

- El lector del Evangelio se hace a un lado.

- El turífero da la vuelta y se mueve en la dirección de donde vino la procesión, generalmente este litúrgico.

- Las antorchas y el portador del Evangeliario siguen al turífero, pasando junto al lector del Evangelio.

- El lector del Evangelio ocupa la retaguardia.

- Los portadores de la antorcha acompañan el Evangeliario al lugar donde se colocará, o colocan las antorchas a cada lado del altar mientras el Evangeliario se coloca en un lugar de honor.

- El lector del Evangelio va al atril o púlpito y, solo después de que los otros ministros hayan regresado a sus asientos, comienza el sermón.

EL SERMÓN

El sermón está en un término medio entre la proclamación y la respuesta. Es una lucha contemplativa y profética con la forma en que Dios está actuando en el tiempo y lugar particular de la asamblea a la luz de la acción de Dios en el registro bíblico. El sermón explora cómo, en virtud del bautismo, la asamblea había sido llamada a participar en la obra salvífica de Dios. La predicación litúrgica no se trata de textos o del pasado, sino de personas y del presente. Paul Marshall, obispo de Belén y ex profesor de Homilética en Yale, escribe que la Iglesia no necesita sermones sobre arqueología bíblica: "La puesta de sol [en Jerusalén], o los arreglos domésticos antiguos, pueden ayudar a ilustrar un sermón útil, pero el enfoque debe ser nuestro crecimiento hacia la plena estatura de Cristo y lo que ese concepto significa en el mundo de hoy".[12] ¿Cómo está Dios en Cristo, presente en la Iglesia a través del Espíritu, continuando la obra salvadora ejemplificada en los textos bíblicos? La tarea del predicador no es responder definitivamente a esta pregunta. Más bien, se trata de invitar a la asamblea a mantener en tensión el antiguo relato de la acción de Dios, la situación actual del mundo y la esperanza celebrada en la Eucaristía. En el sermón, la Biblia, la liturgia y la vida se entrelazan.

Debido al papel de la Biblia en esta tríada, el sermón generalmente se predica desde el mismo lugar donde se ha proclamado la Escritura. Debe establecerse un vínculo visual entre la proclamación y la predicación. Algunos predicadores prefieren pronunciar el sermón desde el presbiterio o en medio de la gente. En algunas situaciones pastorales, esto puede tener valor. Sin embargo, puede impedir la visibilidad y la audibilidad, y puede transmitir fácilmente la impresión de que el sermón no está integralmente vinculado al resto de la liturgia y la Escritura proclamada.

1. El sermón debe seguir directamente a la proclamación del Evangelio, ya que es una respuesta directa a esta. Si hay una secuencia de himnos, no debe romperse, con una mitad antes del Evangelio y otra mitad después de él. La música procesional instrumental acompaña el movimiento de los ministros mientras se dirigen desde el lugar donde se proclamó el Evangelio hacia sus próximas estaciones.

2. La costumbre de comenzar el sermón con la señal de la cruz, una oración o un versículo, inició en un momento en el que los sermones no se pronunciaban durante la Eucaristía. Se predicaban después de ella o completamente separados de ella. Algo tenía que marcar el comienzo, y estos tres dispositivos llegaron a ser utilizados. Desde que las Iglesias

---

12. Paul Marshall, *Preaching for the Church Today* (New York: Church Publishing, 1990), 41s.

de la Reforma, y ahora la Iglesia romana, restauraron el sermón a su lugar apropiado en la liturgia, estos dispositivos se han convertido en el equivalente poético de pedir a la asamblea que se siente. Son ciertamente mejores que el torpe "Por favor, siéntense". Sin embargo, para distraer lo menos posible entre el Evangelio y el sermón, cuanto más breve y convencional sea la señal, mejor. Las citas largas, y especialmente las oraciones prolongadas y autorreferenciales, crean un espacio entre el resto de la liturgia y el sermón, y dirigen la atención sobre el predicador más que sobre la predicación.

3. Luego del sermón, el predicador regresa al asiento asignado. Si el sermón ha logrado sacar a la luz la acción de Dios en el mundo, e invitó a la asamblea a una respuesta tanto interior como exterior, es importante, y por la misma razón, un periodo de silencio paralelo al que se produce después de las lecturas. Las realidades profundas y los desafíos significativos no se instalan en el corazón y la mente con rapidez o facilidad. Ya sea que los miembros de la asamblea se sientan más reconfortados o conminados, ameritan un tiempo para escuchar el Misterio que reverbera entre ellos después del sermón. Otras tradiciones litúrgicas reconocen esto, aunque el Libro de Oración, siempre reservado en las rúbricas, no lo hace. Tanto el libro *Common Worship* y el *Evangelical Lutheran Worship* incluyen una rúbrica que sugiere el silencio en este punto del rito. El *United Methodist Book of Worship* en "Una orden de culto dominical", agrega el silencio como una de las respuestas apropiadas al sermón. De manera similar, el *General Instruction of the Roman Missal* ordena que "Luego de la homilía se guarde un breve y apropiado período de silencio". Para que los miembros de la asamblea, incluido el predicador, puedan descansar y reflexionar sobre la experiencia de la Palabra presente en su medio, nada menos que un minuto completo de silencio será suficiente.

El predicador se sienta con el resto de la asamblea para el período de silencio, y modela una postura contemplativa y relajada. A diferencia de las oraciones, el predicador puede cerrar los ojos en la meditación.

4. Si el Credo debe ser recitado, no cantado, la persona que preside se pone de pie cuando ya ha pasado suficiente silencio. Esto indica a la asamblea que se ponga de pie. Es importante que los ministros asistentes no cierren los ojos durante el silencio para que puedan estar atentos a quien preside y listos para ponerse de pie. Sin embargo, si se va a cantar el Credo, el sonido de los instrumentos es la señal para que toda la asamblea, incluida la persona que preside, se ponga de pie. Esto significa que el director de los músicos y la persona que preside deben acordar de antemano cuánto tiempo debe durar el silencio, o deben acordar confiar en el juicio del otro.

EL CREDO NICENO

El Credo Niceno fue compuesto en el Concilio de Nicea (325) para denunciar la herejía, y fue redactado por el Concilio de Calcedonia (451) para aclarar aún más la fe ortodoxa. No pretendía ser una fórmula litúrgica, y se abrió camino sólo gradualmente en la Eucaristía, llegando a ser casi universal sólo setecientos años después de haber sido escrito. Algunos protestantes lo han rechazado históricamente por no ser bíblico y por lo tanto no apropiado para el culto, aunque en el espíritu ecuménico del movimiento litúrgico, ha sido ampliamente reintroducido. Entre los anglicanos, con fugaces excepciones, nunca fue suprimido.

Pastoralmente, el Credo Niceno puede presentar importantes desafíos. Su lenguaje preciso y arcano puede alienar a algunos buscadores e incluso a algunos cristianos bautizados, que lo ven como una prueba de ortodoxia que los deja adentro o afuera. Algunos optan por no participar, sintiendo que no pueden en conciencia declarar pública y formalmente lo que no creen. Otros escogen entre los artículos del Credo, diciendo algunos, y guardando silencio en otros, e incluso alterando algunos según su creencia personal. Esta crisis de conciencia nace al menos en parte de una mentalidad moderna que no reconoce que todo lenguaje religioso es metafórico o analógico. El Credo parece para mucha gente ser una fórmula científica o matemática que es verdadera o no de acuerdo con estándares de laboratorio. Un miembro problemático de mi propia parroquia, para dar un vívido ejemplo, vino a mí con una genuina crisis de conciencia porque en un universo donde las nociones de arriba y abajo no tienen sentido, pensó que era absurdo decir, como lo hace el Credo, que Jesús "ascendió al cielo". Tampoco creía que el "cielo" fuera un lugar físico al que se pudiera ir, ya fuera ascendiendo o descendiendo. Esto creó una verdadera crisis para él. Creía que como no podía aceptar el sentido literal del Credo, no podía recitarlo y, por lo tanto, no podía seguir siendo miembro de la asamblea litúrgica. Este hombre reflexivo y de principios profundos no es único. Creyendo que "la Iglesia" insertó el Credo en la liturgia precisamente para alienar y excluir a personas como él, había concluido que no pertenecía.

Sin contradecir ni una sola palabra del Credo, el clero parroquial y otros educadores religiosos pueden aliviar la conciencia de muchos fieles cristianos explorando en los programas de formación religiosa y en los sermones la naturaleza de todo discurso religioso: que es un intento de expresar en el lenguaje lo que en última instancia está más allá del alcance de la comprensión humana. Dentro de la liturgia, la solución más fértil es tratar el Credo como una aclamación, no como un manifiesto. Doy crédito a mi propio obispo, Paul Marshall, con la idea de que, al cantar, en lugar de recitar el Credo, la asamblea lo experimenta como una aclamación de lo que ha experimentado en la proclamación de la Palabra. El himnario episcopal de 1982 ofrece tres arreglos musicales del Credo; especialmente la partitura de Calvin Hampton (S-105) crea un sentido de festividad y aclamación, y socava cualquier noción de que el Credo, al menos en su uso litúrgico, es una serie de pruebas de lealtad.

1. Dos gestos, no mencionados en el Libro de Oración, se realizan a veces durante el Credo.

- Durante las palabras "por obra del Espíritu Santo se encarnó de María, la Virgen, y se hizo hombre", se hace una genuflexión o, más comúnmente, una profunda reverencia. (En las actuales rúbricas romanas, la genuflexión sólo se hace en Navidad y en la fiesta de la Anunciación, aunque anteriormente se hacía siempre que se recitaba el Credo. Ahora, la reverencia es suficiente). Esta frase del Credo celebra lo que comúnmente se llama "la condescendencia divina", es decir, la voluntad de Dios de humillarse a sí mismo por el bien de la humanidad. En asombro ante tal humildad divina, la asamblea se humilla y hace un gesto simbólico de gratitud. En las comunidades donde este tipo de piedad es común y aceptable, se debe invitar a toda la asamblea a participar en ella, y se debe proporcionar catequesis. Si solo la persona que preside o los ministros realizan el gesto, es mejor omitirlo. Puesto que toda la asamblea celebra la liturgia, se debe evitar todo gesto que aísle o singularice a algunos miembros. (Este principio general no se aplica, por supuesto, a los gestos que debe realizar un ministro en el ejercicio del ministerio).

- Al final del Credo, durante la frase "y la vida del mundo futuro", algunos episcopales se persignan. Este gesto tiene un precedente antiguo y fue incluido en las rúbricas de la Misa Tridentina, pero no es parte del actual rito romano. La muy difundida guía de rúbricas del libro de oración del renacimiento anglocatólico conocida en inglés como *Ritual Notes* también tiene este criterio. Llegó a la tradición anglicana moderna durante el siglo XIX. El significado es oscuro: ¿Es un intento de evitar la muerte? ¿Una reacción temerosa a la mención de la muerte? ¿Un recordatorio de que uno está sellado con la cruz contra "el gran y terrible día"? La costumbre se está volviendo cada vez menos común, y ciertamente no es parte del patrón ecuménico occidental.

LA ORACIÓN DE LOS FIELES

La oración de los fieles consiste en intercesiones hechas, en palabras del Libro de Oración, "por el bienestar de la Iglesia de Cristo y del mundo" (LOC 250). No son oraciones sobre el pueblo reunido o sus preocupaciones personales, sino que son oraciones del pueblo reunido por todo el orden creado. Son un ejercicio del sacerdocio bautismal.

1. Uno de los cuatro lugares en los que se pueden hacer anuncios es justo antes de la oración de los fieles; también se pueden hacer antes de la liturgia, antes del ofertorio o al final del servicio (LOC 330). Hacer los anuncios antes de las oraciones permite la explicación de ciertos asuntos que pueden no haber quedado bien comprendidos. Esto es especialmente apropiado si se menciona algo, como una defunción, que pueda confundir o escandalizar a la asamblea y distraerla de la oración. Los anuncios prácticos, sin embargo, deben hacerse en otro momento del servicio.

2. El púlpito y el atril son para la proclamación y la predicación de la Palabra, y pueden ser utilizados para la oración de los fieles. No son para leer los anuncios. Estos muebles son tratados como sagrados porque se usan para un propósito sagrado. Debido a que son tratados como sagrados, la reverencia por lo que sucede en ellos es resaltada.

3. El Libro de Oración requiere explícitamente que se incluyan seis categorías en la oración de los fieles (LOC 305):
- La Iglesia universal, sus miembros y su misión
- La nación y sus autoridades
- El bienestar del mundo
- Los intereses de la comunidad local
- Los que sufren y los atribulados
- Los difuntos, con una conmemoración opcional de un santo, presumiblemente el patrón local o el santo del día.

4. Dado que los diáconos son ordenados para interpretar "a la Iglesia las necesidades, preocupaciones y esperanzas del mundo" (LOC 445) y han sido tradicionalmente los líderes de las intercesiones litúrgicas, el diácono es el líder apropiado de la oración de los fieles.

5. Las fórmulas que se adjuntan a la liturgia ilustran las diversas maneras como se pueden construir las súplicas de la oración de los fieles. Dado que estas oraciones deben ser oportunas y concretas, las fórmulas dadas se entienden mejor como modelos a seguir, no como textos litúrgicos a leer. Las fórmulas son:

- Fórmula I: peticiones, es decir, invitaciones, dirigidas a la asamblea al estilo de una letanía, con una respuesta repetida, seguida de un silencio y una oración colecta.

- Fórmula II: peticiones dirigidas a la asamblea, con un tiempo de silencio después de cada una en el que los miembros de la asamblea pueden rezar en silencio o en voz alta.

- Fórmula III: una lectura responsorial, alternando entre el líder y la asamblea, concluyendo con una oración libre y una colecta.

- Fórmula IV: una serie de oraciones, cada una seguida de silencio y la porción de un versículo con respuesta que se repite, concluyendo con una colecta.

- Fórmula V: una letanía dirigida a Dios con una respuesta repetida, seguida de silencio y una colecta.

- Fórmula VI: una lectura responsorial, que alterna entre el líder y la asamblea, y termina con una oración libre, que conduce directamente a una confesión opcional (que sustituye a la confesión), con absolución o una colecta.

6. Es común para el líder de la oración de los fieles pararse en medio de la asamblea, sugiriendo que estas son verdaderamente las oraciones del pueblo, laicas y ordenadas. Especialmente en las iglesias dispuestas de forma longitudinal y con presbiterio, el hecho de centrar la acción litúrgica en varias partes de la sala tiene la ventaja de transmitir que la liturgia es celebrada por todos los presentes, no sólo por los que están en el santuario. Es importante, sin embargo, que el líder pueda ser escuchado por todos.

7. Después de que se haya dado tiempo para explicar las intenciones de oración, el diácono o quien preside señala que estas están a punto de comenzar diciendo: "Oremos", "Oremos por la Iglesia y el mundo", o una breve frase similar.

- La asamblea se levanta y el líder se mueve rápidamente a su lugar. Cuando la asamblea está quieta, el líder comienza.

- Cuando se pide un silencio, debe ser lo suficientemente largo para que la gente haga lo que se le pide: recordar y mencionar necesidades específicas en cada una de las categorías. Si el líder se esfuerza por recordar necesidades concretas durante cada pausa, incluso mientras la asamblea lo hace, el líder tendrá una buena idea de cuándo pasar a la siguiente unidad. No obstante, quien preside y el grupo de planificación litúrgica pueden decidir que es mejor predeterminar la duración de los períodos de silencio. Si es así, esto debe ser comunicado al líder e, idealmente, debe ser indicado en el texto impreso del cual el líder se guía.

- Cuando el líder invita a la asamblea a mencionar las necesidades, estas deben ser dichas claramente para que todos los presentes puedan interceder por lo que se está pidiendo. A menudo, los miembros de la asamblea murmuran oraciones personales durante estas pausas. Aunque no es un patrón destructivo, tampoco anima a toda la asamblea a ejercer su sacerdocio rezando por las necesidades de la Iglesia y del mundo de las que todos los miembros pueden no estar conscientes. En la formación cristiana y la predicación, los líderes de la comunidad pueden explorar cómo la oración de los fieles es una oportunidad para solicitar las oraciones de toda la comunidad en toda su diversidad.

◆ Cuando las oraciones incluyen las peticiones, como las fórmulas I a la V, al final de las peticiones, la persona que preside, permaneciendo en la silla, abre los brazos en posición orante, dice la colecta final y junta las manos justo antes del "Amén" de la asamblea. Sin embargo, si se usa la Fórmula VI, los miembros de la asamblea pueden arrodillarse cuando se les invita a hacer la confesión. Los ministros también se arrodillan, o, como se indica en la siguiente sección, pueden inclinarse profundamente. Se permite un período de silencio lo suficientemente largo para que la gente recuerde sus pecados y debilidades, al menos un minuto completo. El líder entonces lee la primera línea de la oración, y la asamblea continúa. Cerca del final de la oración, la persona que preside se pone de pie, se para frente a la asamblea y, después del "Amén", pronuncia la absolución. (Los gestos manuales para esto se describen en la siguiente sección sobre la confesión). Después de la absolución, el pueblo se pone de pie.

◆ El líder permanece en su lugar, de pie o de rodillas con el resto de la asamblea, hasta después de la colecta o la absolución.

LA CONFESIÓN DE PECADO

La confesión de pecado se celebra normalmente después de la oración de los fieles, a menos que la liturgia haya comenzado con el orden penitencial (LOC 273). El uso del orden penitencial al comienzo del servicio establece un tono penitencial para toda la liturgia, y es especialmente apropiado para la Cuaresma. En general, sin embargo, es mejor que la confesión siga la oración de los fieles. Esa ubicación vincula las palabras de reconciliación al gesto de reconciliación, la paz, que sigue inmediatamente. La confesión puede ser omitida "en ocasiones" (LOC 282). El Concilio de Nicea (325) prohibió arrodillarse durante los cincuenta días de Pascua, por lo que la temporada de Pascua podría considerarse un momento apropiado para omitir la confesión. Es apropiado omitirla también en otras fiestas.

1. Después de la oración de los fieles, la persona que preside puede leer una de las frases del texto del Orden penitencial. Si es así, un acólito sostiene el libro del altar ante quien preside, abierto en la página apropiada. No obstante, por lo general, es mejor omitir los textos no esenciales, especialmente en una sección del rito cargada de palabras. Puesto que se acaban de leer tres lecturas, un sermón, el Credo si no es cantado, los anuncios y las oraciones, más palabras solo serían gravosas.

2. El diácono o la persona que preside, mirando a la asamblea, les invita a confesar sus pecados.

3. Toda la asamblea, incluyendo los ministros, se arrodilla. Si no es posible que los ministros se arrodillen debido a sus vestimentas o a la falta de cojines para arrodillarse, hacen una profunda reverencia al unísono y permanecen inclinados mientras el resto de la asamblea está arrodillada.

4. El Libro de Oración indica que "se puede guardar silencio". Para que la asamblea pueda comprometer su corazón y su mente en un genuino acto de penitencia, este silencio es crucial. Debe ser lo suficientemente largo para que la oración de confesión que sigue surja de una conciencia genuina y concreta de no vivir la vida de bautizados. Como todos los períodos de silencio en la liturgia, el silencio para considerar los propios pecados no puede imponerse de una sola vez. Será necesaria la discreción pastoral y un plan para construir gradualmente un silencio adecuado. La catequesis ayudará a la asamblea a saber cómo se debe hacer este silencio, ya que a muchos les parecerá inusual y potencialmente incómodo.

5. El diácono o quien preside lee la primera línea de la oración de confesión, y toda la asamblea se encarga del resto. Además de la forma dada en el Libro de Oración, *Enriching Our Worship 1* proporciona un texto que está más enfocado en el pecado social.

6. Cerca del final de la confesión, quien preside se pone de pie y se coloca de frente a la asamblea. Si el que preside está en cualquier lugar menos en el eje central de la sala, se mueve al centro cuando la oración se acerca a su fin.

7. Si la persona que preside no conoce la fórmula de la absolución de memoria, un acólito se pone de pie al mismo tiempo y sostiene el libro del altar ante quien preside, abierto en la absolución. Mirando al pueblo la persona que preside se dirige a ellos con las palabras de la absolución. Como esto es una bendición, se acostumbra a trazar la señal de la cruz sobre la asamblea mientras se lee el texto (ver capítulo 8, "Posturas y gestos"). El trazado de la señal debe hacerse coincidiendo a lo largo de la absolución. Al final, quien preside lleva la mano derecha a la izquierda, que ha estado apoyada en el pecho.

LA PAZ

El pueblo entonces se pone de pie para el intercambio de la paz.

1. La persona que preside, mirando a los reunidos, abre los brazos ampliamente y les desea la paz del Señor. Este gesto no es como la posición orante. En este gesto, la persona que

preside se extiende hacia afuera, como se hace con los amigos que se acercan. Quien preside continúa mirando a la asamblea hasta que hayan respondido al saludo.

2. Aunque el rito no ordena, sino que sólo permite, que el pueblo se salude, la opción se toma casi universalmente. El saludo de paz es un gesto de igualdad y respeto mutuo basado en un bautismo común. Si bien quien preside y los demás ministros deben tener cuidado de no aislarse del resto de la asamblea durante la paz, tampoco deben circular ampliamente por la sala como si su saludo de paz fuera "especial". Esto retrasa la liturgia y es contrario a la eclesiología bautismal del Libro de Oración. Es importante que el clero y los demás ministros revestidos modelen en este momento que son miembros de la comunidad bautizada, no de una casta superior, cuyo saludo cuenta más que el de cualquier otra persona. La paz es un gesto simbólico que no tiene por qué ser personal y no debe prolongarse. (Ver capítulo 8, "Posturas y gestos".)

- Puede ser necesario que se defina una señal para concluir el saludo de la paz, como una campana, si la comunidad tiene la tendencia a prolongarlo. Si el grupo responsable de preparar y dirigir la liturgia determina que la paz se ha extendido de forma desproporcionada con relación al resto del rito, o se ha convertido en un evento social más que en un gesto ritual, una catequesis cuidadosa y sensible debe preceder a cualquier intento de frenarla.

3. El pueblo se sienta después de la paz. Si no se ha dado ninguna señal de que la paz se ha completado, la asamblea necesitará una señal para sentarse. En general, aunque las instrucciones directas son eficientes, no son elegantes y ponen a la persona que preside en un papel de control innecesario. "Por favor, siéntense." no es la mejor opción. Es mejor usar una frase del ofertorio, o el comienzo de la música de ofertorio, a menos que se haga un breve anuncio (ver más abajo) en este punto, en cuyo caso se necesitará alguna pauta. Lo importante es que haya una demarcación cuando la comunidad pase de estar de pie a estar sentada. La paz, como el resto de la liturgia, es una acción común, no privada, por lo que la gente no debe tomar asiento cuando decida individualmente que ya ha tenido suficiente. Deberían tomar sus asientos como un cuerpo.

LOS ANUNCIOS

Las rúbricas adicionales para la Eucaristía permiten hacer anuncios en este punto. Los comentarios pastorales relacionados con la Sagrada Comunión, especialmente explicando que todas las personas son bienvenidas a acercarse a la mesa del Señor para una bendición o para recibir el sacramento, y para dar instrucciones sobre cómo hacerlo, son especialmente apropiados aquí. No obstante, por lo general, los anuncios prolongados, especialmente en lo que se refiere a temas mundanos (como la recaudación de fondos de la parroquia o las políticas de aparcamiento), no pertenecen a este lugar. Son una intrusión en la liturgia y, emparejados con la paz, pueden hacer que ambos parezcan un "tiempo fuera" o un intermedio más que momentos rituales integrales.

Capítulo 12

LA LITURGIA DE LA SANTA EUCARISTÍA

RESUMEN

Artefactos necesarios
- Un recipiente que contenga pan
- Un cáliz que contenga vino, con un purificador
- El libro del altar

Artefactos opcionales
- Una jarra de vino
- Un recipiente de agua para la mezcla
- Los recipientes para el lavabo: un tazón de agua o un tazón vacío con una jarra de agua, y una toalla para secar las manos de la persona que preside.
- Un incensario y su naveta

Ministros necesarios
- Asamblea
- La persona que preside
- Un acólito o un diácono para trasladar las vasijas a la mesa del Señor durante el ofertorio y la fracción y para colocar el libro del altar en ella, para ayudar con el lavabo y para realizar otras numerosas tareas.
- Ministros para recoger las ofrendas de la asamblea y llevarlas a la santa mesa

LA LITURGIA DE LA SANTA EUCARISTÍA

Ministros opcionales
- Un equipo de acólitos para dividir las tareas entre ellos
- Ministros de la Eucaristía

Elementos litúrgicos necesarios
- Presentar el pan y el vino y ofrendas y ponerlos en el altar
- La gran plegaria eucarística, durante la cual la persona que preside debe tocar el pan y el vino
- La fracción del pan y el verter del vino en los cálices, si se necesita más de uno
- Un himno para la fracción
- La invitación a la Comunión
- Compartir la Comunión
- La oración de poscomunión

Elementos litúrgicos opcionales
- La incensación del pan, el vino, las ofrendas, la santa mesa, los ministros y el resto de la asamblea
- El lavabo

¿Qué hace esta parte del rito?
En la liturgia de la Eucaristía, Cristo acoge a la Iglesia en comunión consigo mismo, uniendo a su vez a los miembros de una manera profundamente íntima los unos con los otros. A medida que se forman más perfectamente a la imagen de Cristo, son enviados como su Cuerpo para servir al mundo y proclamar la Buena Noticia.

¿Cómo se logra este objetivo?
Mientras la asamblea ofrece su sacrificio, Jesús lo une a su único y suficiente sacrificio. La asamblea expresa su agradecimiento y alabanza por los actos salvíficos de Dios en la historia, y especialmente lo que Dios logró en Jesús. Por la invocación del Espíritu Santo, el pan y el vino se convierten en el medio por el cual Jesús se hace tangiblemente presente a la asamblea, y al participar de estos dones, la comunidad se entrega a Cristo para que corporalmente puedan ser su Cuerpo en el mundo de hoy.

AL PREPARAR LA MESA

1. Quien preside puede señalar el comienzo del ofertorio proclamando una de las frases de que se dan en el Libro de Oración, o alguna otra frase de la Escritura, o la invitación,

"Presentemos al Señor con alegría las ofrendas..." (LOC 300). Todas estas frases marcan la transición entre la liturgia de la Palabra y la liturgia de la mesa, y dan la señal para que la asamblea se siente. Nada de esto es necesario si hay música durante la presentación de las ofrendas. Mientras la asamblea está sentada, quien preside y los ministros que no están directamente involucrados en la preparación de la mesa también se sientan. Solo el diácono o el ministro litúrgico que preparara la santa mesa, los acólitos que ayudarán en la preparación y los ministros que recogerán y traerán las ofrendas permanecen de pie.

2. Se inicia la recolección de las ofrendas. En algunas congregaciones, los que llevan los dones de pan y vino los traen al diácono o al acólito antes de la colecta monetaria para que el ministro pueda comenzar a preparar el pan y el vino en el altar mientras se recogen las ofrendas. Sin embargo, en este punto del ofertorio, todo lo que se necesita es que se ponga la mesa, y la rúbrica del Libro de Oración parece más bien imaginar una sola ofrenda de pan, vino, dinero y otras ofrendas, todo presentado en una sola acción.

3. Durante la recolección de las ofrendas, si no ha sido abierto un corporal en la mesa del Señor antes de la liturgia, el diácono o los acólitos lo hacen ahora. El propósito del corporal es recoger las partículas que caen del pan eucarístico y las salpicaduras del vino. Los corporales se reutilizan a menudo varias veces entre lavados, y las migajas pueden acumularse. Para asegurar que las migajas no se dispersen, el corporal doblado se coloca en el centro de la mesa y se despliega solapa por solapa. No se abre con sacudidas sobre el altar.

4. Los acólitos traen un cáliz con un purificador y el libro del altar a la mesa del Señor. El purificador se coloca sobre el corporal, alineado con la esquina inferior derecha. El libro del altar y el cáliz (y el pan y el vino que pronto serán llevados al altar) pueden ser dispuestos de varias maneras. Cada arreglo funciona de manera diferente. Lo que es óptimo en cada situación pastoral dependerá de una serie de factores personales y arquitectónicos. La experimentación, especialmente durante el ensayo, dejará clara la mejor solución.

> ◆ El arreglo más común es colocar el libro del altar en un soporte a la izquierda del corporal, y poner el cáliz, el flagón y el pan sobre el corporal. Este arreglo eleva el libro y facilita a algunos de los que presiden la lectura del texto. También hace que el libro del altar sea evidente y señale que la persona que preside está recitando la oración de la Iglesia, no una idea personal. Sin embargo, obliga a quien preside a apartar la mirada del eje central, lo

que debilita el enfoque visual del pan y el vino. En muchos casos, el atril es tan grande o adornado que compite visualmente con los recipientes que contienen los elementos: los objetos esenciales.

- El libro del altar puede ser colocado plano en el centro del borde del altar más cercano al que preside, con el cáliz, el pan y el flagón detrás de él. Debido a que quien preside mira hacia adelante cuando el libro está en el centro del altar, este arreglo crea un fuerte y centrado impacto visual. Los ojos y el cuerpo del que preside, así como los elementos eucarísticos, se alinean en el eje central. Además, esta disposición, al situar los elementos a mayor distancia del celebrante, los relaciona más con el conjunto de la asamblea. Se sitúan entre quien preside y el resto de la asamblea y, al ser los elementos más grandes y elevados de la mesa, se convierten en el centro de atención. Sin embargo, a menos de que el libro del altar se coloque de forma deliberada, este arreglo puede hacer creer que la persona que preside está leyendo una oración extemporánea en lugar del texto litúrgico de la Iglesia. Por otro lado, la lectura de un libro plano puede ser difícil para algunas personas y puede causar que la cabeza del que preside se incline sobre el libro durante la mayor parte de la plegaria eucarística, a menos que el que preside se pare unos pasos atrás del altar.

- El libro del altar puede ser colocado sobre mesa del Señor, en el borde más lejano del corporal, con el cáliz y los otros artículos entre él y quien preside. Esto permite un enfoque visual central, y le permite levantar la cabeza y los ojos más que si el libro está en el borde más inmediato del altar. Sin embargo, los recipientes pueden bloquear al que preside la visión del libro, y dar vuelta a las páginas con el altar dispuesto de esta manera amenaza con derribar el cáliz. Esta disposición también relaciona los elementos más con la persona que preside que con la asamblea en su conjunto.

5. En algunos lugares, se ha dado la desafortunada práctica de llenar el cáliz de una vinajera o flagón traída de la credencia durante la recolección de las ofrendas. Esto es aparentemente para "avanzar" antes de que los dones sean traídos. El Libro de Oración claramente indica, sin embargo, que un flagón debe ser llevado al altar y de él debe llenarse el cáliz. Hacerlo de otra manera socava el signo eucarístico de unidad: una jarra de vino (con la que se llena un cáliz) y un recipiente para el pan (idealmente, una sola hogaza).

Sin embargo, para una asamblea inusualmente grande, puede ser necesario consagrar numerosas jarras de vino o recipientes para el pan. En el espíritu del Libro de Oración, todos son llevados a la mesa del Señor y colocados sobre ella al mismo tiempo, en una acción unificada. A pesar de eso, no importa cuántas jarras se presenten, sólo se llena un cáliz, y se vierte de una de las jarras que se presentan. (Véase el capítulo 5, "Vestimenta y recipientes", en lo que respecta al uso de numerosas jarras de vino y recipientes para el pan).

6. Cuando el libro del altar y el cáliz han sido colocados en el altar, los representantes de la asamblea presentan el pan, el vino y las ofrendas a la mesa del Señor. A menudo, los que han recogido las ofrendas monetarias las presentan, aunque otros pueden realizar este ministerio. (Ver capítulo 7, "Ministerios litúrgicos").

- El pueblo se pone de pie mientras se presentan las ofrendas (LOC 277). Este es un signo multivalente que sugiere, por ejemplo, que la asamblea se une a las ofrendas del altar y expresa su deseo de ser "un sacrificio vivo". Sin embargo, ese es solo uno de los significados que esta acción puede despertar en los corazones y las mentes de la gente. No debería decirse que tiene un único y estático significado.

- Muchas congregaciones cantan lo que comúnmente se llama la doxología, que es un verso del himno "A Dios, el Padre celestial" de Thomas Ken, a medida que son traídas las ofrendas. Esta costumbre probablemente se arraigó durante los días en que la oración matutina era el servicio dominical principal, pero en medio de la Eucaristía oscurece el hecho de que la plegaria eucarística es la doxología, la oración de agradecimiento y alabanza. No necesita ser complementada o, peor aún, ensombrecida. La presentación de ofrendas es simplemente la preparación de la comida, bebida y ofrendas para la gran plegaria eucarística. No debe adelantarse ni competir con ella. A menudo, el acompañamiento de la doxología surge de una modulación dramática del himno, que conduce a un gran crescendo, y entonces la gente con gusto canta el verso. Compare la interpretación de la doxología en la mayoría de las iglesias con el "Amén" de la asamblea al final de la plegaria eucarística. ¿Cuál expresa e inculca la sensación de que se ha alcanzado un pináculo del rito?

7. Cuando la recolección de las ofrendas haya terminado y la procesión esté lista para comenzar, el o la ministra que las recibirá se traslada al lugar determinado para ello. El diácono o diácona es el ministro predilecto, aunque la persona que preside o un sacerdote asistente también puede desempeñar este ministerio.

- Las ofrendas pueden ser recibidas en varios lugares: en el escalón del coro, frente al altar, o por encima, o a través de él. Recibirlas a través del altar es lo más sencillo, ya que pueden ser colocadas directamente sobre él. Esto también lleva a los representantes de la asamblea hasta el altar y los involucra más directamente en la preparación. Si la persona que preside recibe las ofrendas a través del altar, puede besarlo al acercarse a él.

- Los dones sólo se colocan sobre el altar. No se levantan en un gesto que sugiera que se están ofreciendo. Como señala Marion Hatchett en su comentario sobre el Libro de Oración de 1979, la edición actual, a diferencia de su predecesora, no aporta una frase para la presentación de las ofrendas "ya que la oblación es dicha en la oración eucarística que sigue inmediatamente. El uso de tal frase de manera proléptica disminuye la fuerza de la oblación en la propia oración".[13] En otras palabras, la ofrenda no ocurre durante el llamado "ofertorio", sino durante la plegaria eucarística. El culto de la Iglesia de Inglaterra omite la palabra "ofertorio" por completo. Llama a esta parte de la liturgia "Preparación de la mesa, presentación del pan y del vino". En esto, es similar al Misal romano, que usa el título "Preparación de las ofrendas". Dado que la oblación ocurre durante la plegaria eucarística, entonces, no se hacen gestos que sugieran un ofrecimiento, ya que el pan, el vino y otras ofrendas se colocan sobre el altar. Sobre todo, los dones monetarios no se elevan dramáticamente ni se tratan con más seriedad que el pan y el vino, las cosas esenciales.

- Las ofrendas monetarias, y quizás otras, junto con el pan y el vino, se colocan en la mesa del Señor. Son símbolos de la asamblea, y la rúbrica del Libro de Oración es totalmente razonable. Muchas parroquias no siguen esta rúbrica, sin embargo, tal vez en imitación del rito romano, que prohíbe específicamente poner dinero en el altar (ver Instrucción general del Misal romano, II.73). Las rúbricas del Libro de Oración deben seguirse, no solo porque son obligatorias, sino porque presentan la expresión más tangible de la autodonación de la asamblea sobre el altar en el momento en que debe ser.

- También hay que señalar que el Libro de Oración no sugiere que, si el diácono o un ministro que no sea la persona que preside recibe las ofrendas, deben ponerlas al lado del corporal para que la persona que sí está presidiendo pueda formalmente incorporarlas en este. Tal acción sugiere que quien preside, como un sacerdote haciendo sacrificio, realiza una ofrenda sacerdotal. El diácono u otro ministro simplemente recibe las ofrendas, las coloca en la mesa del Señor y llena el cáliz.

8. Mientras se colocan las ofrendas en el altar, un o una acólita lleva un recipiente con agua al diácono o al sacerdote que está preparando la mesa. El acólito se acerca hasta el centro de la mesa para que el ministro pueda simplemente tomar el recipiente. El ministro añade agua al vino del cáliz. El agua es una adición simbólica. No es un ingrediente

---

13. Hatchett, *Commentary on the American Prayer Book*, 348.

necesario en una poción mágica o un catalizador en una fórmula química. El agua se añade sólo al cáliz, no a cada recipiente, como si fuera necesario para que la consagración del vino en ese recipiente "funcione".

- Cuando se vierte un líquido en un recipiente de la santa mesa, se sostiene un purificador al borde del recipiente y se lo hace pasar por encima cuando se completa la acción. Esto atrapa cualquier gota que se aferre al labio y evita que caiga sobre las cubiertas del altar.

- Si el diácono o un sacerdote asistente ha preparado la mesa del Señor, se retira, y la persona que preside se acerca al centro de la mesa y puede besarla. Los dones, los ministros y la asamblea pueden ser incensados. (Ver capítulo 8, "Posturas y gestos").

9. Quien preside puede lavarse las manos. El rito romano ordena a la persona que preside que recite el Salmo 51:2 en privado mientras se lava las manos: "¡Lávame de mi maldad! ¡Límpiame de mi pecado!". En la Iglesia Episcopal, tanto el versículo como toda la acción están a discreción de quien preside.

- Si un acólito va a ayudar a la persona que preside con el lavabo, se coloca una toalla sobre su brazo izquierdo. El acólito sostiene un tazón de agua con ambas manos, o un tazón vacío en la izquierda y un recipiente de agua en la derecha y se acerca a la persona que preside. Quien preside sumerge las manos en el tazón de agua o las mantiene sobre el tazón vacío mientras el acólito vierte agua sobre ellas. El acólito lleva el brazo izquierdo delante del cuerpo para que la toalla esté cerca del que preside. Quien preside se seca las manos, dobla la toalla sin ceremonia y la coloca de nuevo sobre el brazo del acólito. El acólito entonces devuelve los artículos a la credencia. (El plegado de la toalla es incidental y, aunque no debe ser descuidado, no debe ser exagerado ni prestársele mayor atención de la que merece el plegado de una toalla de mano).

- Si dos acólitos van a ayudar a la persona que preside, el más cercano al altar sostiene un tazón de agua con ambas manos, o un tazón vacío en la izquierda y un recipiente de agua en la derecha. La otra persona sostiene una toalla estirada entre las manos al nivel del tazón. Los acólitos se mueven hacia la persona que preside. Esta última sumerge las manos en el tazón de agua o las mantiene sobre el tazón vacío, y el acólito con el recipiente vierte agua sobre ellas. Habiendo lavado sus manos, toma la toalla del otro acólito y las seca. Doblándola como antes, la persona que preside la devuelve al acólito. Los dos acólitos devuelven los artículos a la credencia.

AL HACER EUCARISTÍA

El Libro de Oración dirige a la asamblea a ponerse de pie para el comienzo de la plegaria eucarística. Esto ya habrá sucedido, de hecho, cuando las ofrendas fueron presentadas a la mesa del Señor. En la mayoría de las edificaciones de iglesias, la congregación en este punto simplemente vuelve su atención hacia el altar. Sin embargo, en los recintos donde el altar está rodeado de un gran espacio, la asamblea también puede reunirse alrededor de la mesa. También pudieron aproximarse a la mesa antes, durante la presentación de las ofrendas.

Quien preside se coloca de cara a la asamblea, como indica el Libro de Oración. Si la santa mesa está contra la pared este, se aparta de ella hacia los otros miembros de la asamblea. Sin embargo, si la persona que preside está de cara a la asamblea detrás el altar, o la asamblea está reunida alrededor de él, simplemente comienza la gran plegaria eucarística.

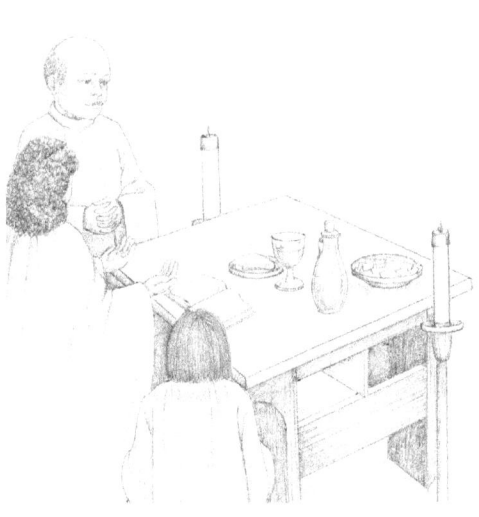

El diácono generalmente se para a la derecha de quien preside, aunque si el libro del altar está a la izquierda y el diácono pasa las páginas, el arreglo se invierte. Un acólito o ministro eucarístico también puede pararse a la izquierda de quien preside y pasar las páginas. El diácono debe pararse lo suficientemente cerca para ayudar la persona que preside y poder alcanzar los objetos del altar en los momentos apropiados. Al mismo tiempo, el diácono debe dejar un amplio espacio para que el que preside pueda asumir la posición de orante y no debe parecer que está presidiendo también.

EL SURSUM CORDA

1. La asamblea y la persona que preside intercambian el diálogo del prefacio, a veces llamado *Sursum corda*. Como se trata de un diálogo genuino, quien preside mira a la asamblea durante toda la extensión de este.

2. Los gestos que hacen la mayoría de los que presiden durante el diálogo no son recomendables:

   ♦ "El Señor sea con ustedes". La persona que preside abre las manos y los brazos en un modesto gesto hacia la asamblea.

- "Elevemos los corazones". La persona que preside levanta las manos hacia arriba, como para ilustrar el mandato.

- "Demos gracias a Dios nuestro Señor". La persona que preside mueve las manos hacia afuera y hacia arriba, en un movimiento circular, bajándolas por la frente y la cara, y uniéndolas en el pecho.

A pesar de su intención, estos gestos parecen, por un lado, artificiosos (el movimiento circular al final), y, por otro lado, simplistas (el levantamiento literal de las manos durante el mandato a la asamblea de levantar metafóricamente sus corazones). Una forma más natural de usar el cuerpo, y que unifica estos tres intercambios en un solo diálogo, es que la persona que preside mantenga una sola postura durante todo el tiempo. Las manos se unen libremente en el pecho, y los ojos se mantienen en la asamblea hasta la respuesta final, "Es justo darle gracias y alabanza". Se logra mucho más cuando la persona que preside mira a la asamblea mientras habla con Ella, que haciendo una serie de complicados gestos con las manos.

3. El que preside se vuelve hacia la santa mesa si está contra la pared este, abre los brazos en posición orante, y continúa con la gran plegaria eucarística.

EL PREFACIO

La primera sección, llamada "el prefacio", es una parte integral de la gran plegaria eucarística. No es un preludio de esta. El título de cada plegaria eucarística en la edición actual del Libro de Oración viene antes del diálogo introductorio y ningún otro título aparece antes del "Amén" final. El Libro de Oración Común de 1928 siguió una convención diferente, insertando un nuevo título, "La oración de consagración", después del *Sanctus*. El Libro de Oración de 1979 dirige a toda la asamblea a ponerse de pie durante el prefacio. Para que quede clara la unidad de la gran plegaria eucarística, la asamblea debe permanecer de pie incluso después del prefacio, durante el resto de la plegaria eucarística. Aunque el Libro de Oración permite arrodillarse como opción para la segunda parte de la oración, la postura preferida es la de estar de pie. (Ver la discusión sobre la posición de pie en el capítulo 8, "Posturas y gestos", especialmente el comentario de Marion Hatchett).

Cabe señalar que la rúbrica aquí, en paralelo a otras rúbricas del Libro de Oración, dice lo que "el pueblo" podría hacer. No se refiere a los miembros individuales, aunque a menudo se lee de esa manera. Se refiere a las personas como grupo. La postura común es un elemento de la oración común. "El pueblo se arrodilla o permanece de pie." no significa que algunas personas puedan hacer una cosa y otras otra. "El pueblo" es un sujeto colectivo e implica una acción colectiva. En las congregaciones donde algunos se ponen de pie y otros se arrodillan, la homilética y la educación cristiana deben explorar de qué manera esto es contrario al espíritu de la oración común, sin ser dictatorial u ofensivo para la piedad de nadie.

1. La plegaria eucarística está dirigida a Dios, no a la asamblea. Quien preside, por lo tanto, mira en el libro del altar durante toda la oración, excepto cuando se refiere directamente al pan o al vino. Entonces los ojos se vuelven hacia ellos.

2. Cerca del final del prefacio, justo antes del *Sanctus*, la persona que preside comienza a cerrar los brazos para que, mientras el *Sanctus* comienza, las manos se encuentren en el pecho. Cerca del final del *Sanctus*, quien preside abre de nuevo los brazos en posición orante. Dos gestos son comunes durante el *Sanctus*:

- Desde el principio "Santo, santo, santo" hasta el final del primer "Hosanna en el cielo", la asamblea puede hacer una profunda reverencia. Si el gesto se hace, debe ser hecho por toda la asamblea. No es un gesto presidencial o ministerial y no debe ser reservado a los ministros revestidos. La catequesis puede ayudar a explicar el gesto a la asamblea y animarla a realizarlo junto con los ministros, si los planificadores litúrgicos lo adoptan y la cultura parroquial lo apoya.

- Con la palabra "bendito" algunos episcopales hacen la señal de la cruz sobre sus cuerpos. Esta costumbre se basa en un malentendido. Cuando se invoca una bendición, algunas personas se persignan cuando la persona que preside dice la palabra "bendecir". Por ejemplo, cuando quien preside dice, "Que Dios Todopoderoso te bendiga", muchos episcopales empiezan a persignarse. Cuando la palabra "bendito" aparece en el *Sanctus*, también lo hacen, por asociación. En el *Sanctus*, sin embargo, la palabra no está relacionada con la invocación de una bendición. Por lo tanto, aunque no se puede prohibir la costumbre, el hecho de que los ministros designados, especialmente la persona que preside, lo hagan a la vista de la asamblea perpetuaría esta mala interpretación.

LA NARRACIÓN DE LA INSTITUCIÓN

Algunas notas generales están en orden con respecto a la función de la narración de la institución en la plegaria eucarística, dada la variedad de concepciones (y conceptos erróneos) sobre el significado y el propósito de esta parte de la gran plegaria eucarística. El Libro de Oración ordena que quien preside levante o imponga una mano sobre el pan y el cáliz, tal como se menciona en la narración de la institución. Este gesto es comúnmente, si no casi universalmente, mal entendido. No es, de hecho, una oportunidad para que el sacerdote se haga pasar por Jesús, aunque los sacerdotes a menudo lo tratan de esa manera. Levantan el pan y miran a la asamblea, diciendo, "Tomen y coman", como si la Eucaristía fuera un retablo de la Última Cena y el sacerdote hiciera el papel de Jesús. A menudo, giran con el pan y luego con la copa, sosteniéndolos hacia el pueblo como si Jesús (interpretado por el sacerdote) estuviera recreando la Última Cena.

Toda la plegaria eucarística es precisamente una oración, y por lo tanto está dirigida a Dios. *El memorial de la Última Cena incrustado en la plegaria eucarística también está dirigido a Dios, no a la asamblea.* Se enumeran una serie de momentos clave en la vida de Jesús por los que la asamblea da gracias a Dios. La Última Cena está entre ellos porque constituye el mandato de lo que hace la asamblea.

De hecho, la Última Cena no tiene que ser mencionada para que la plegaria eucarística sea auténtica y ortodoxa. En al menos una antigua plegaria eucarística, comúnmente llamada Plegaria de Addai y Mari, las palabras de la institución están completamente ausentes. Los liturgistas y teólogos sacramentales, sin embargo, reconocen que es una plegaria eucarística completa, válida y ortodoxa. En 2003, incluso el Papa romano reconoció que las iglesias que han utilizado esta oración desde la época patrística celebran una Eucaristía que no es en absoluto defectuosa.

La celebración de la unción de los enfermos, para sugerir un ejemplo paralelo, no depende de que la Iglesia recuerde explícitamente el mandato de lo que está haciendo. La carta de Santiago es el mandato: "Si alguno está enfermo, que llame a los ancianos de la iglesia, para que oren por él y en el nombre del Señor lo unjan con aceite" (5:14). El *Libro de oración* incluye esta lectura como una opción, pero no la requiere; claramente, omitir el texto de Santiago no hace que el rito sea ineficaz.

Esto no significa que la Iglesia occidental deba abandonar la costumbre de recitar la narración de la institución durante la plegaria eucarística. La Iglesia debería, sin embargo, tener claro lo que está haciendo. Está recordando ante Dios la institución de la cena del Señor, no recreando la Última Cena que Jesús compartió con sus discípulos. Cuando la persona que preside levanta el pan y el vino o les impone una mano, este no está imitando a Jesús. Quien preside designa qué pan y qué vino se consagra. (Parecería, dado que la Iglesia claramente pretende consagrar lo que se ha puesto en el altar, que el gesto no es estrictamente necesario. Aun así, el Libro de Oración ordena el gesto y la persona que preside no puede omitirlo).

Para aclarar otro concepto erróneo: El gesto de tocar los elementos no es necesario porque el sacerdote tenga manos "mágicas". Del mismo modo, ninguna de las palabras es mágica. No hay palabras específicas que efectúen la transformación eucarística o que se requieran para efectuarla. La gran plegaria eucarística, toda la acción, y no ciertas palabras o gestos particulares dentro de ella, transforma el pan y el vino. Por lo tanto, todo el sonido de las campanas junto con las reverencias y genuflexiones después de la narración de la institución, aunque común en Occidente durante muchos, muchos siglos, está mal concebido y no puede ser defendido. Como la consideración de la *epíclesis* (la invocación del Espíritu Santo sobre los elementos) mostrará, la estructura misma de las plegarias eucarísticas en la Iglesia Episcopal deja claro que las palabras de la institución y los gestos que las acompañan no son consagratorias.

1. La persona que preside permanece en la posición orante desde el final del *Sanctus* hasta el final de la gran plegaria eucarística, excepto en la narración de la institución y la *epíclesis*. En la narración de la institución, quien preside junta las manos y vuelve los ojos hacia la comida y la bebida.

- Si el pan y el vino deben ser levantados: Sólo se levanta un recipiente con pan y otro con vino, aunque se hayan colocado numerosas vasijas en la mesa del Señor. La persona que preside pone una mano sobre los otros recipientes antes de levantar el principal. Por ejemplo, si se consagra una jarra de vino además del cáliz, pone una mano sobre la jarra al principio del texto relativo al vino, pero luego levanta sólo el cáliz. Los elementos se levantan sólo unos centímetros por encima de la mesa, ni siquiera a la altura del pecho, para no sugerir que se trata de un gesto consagratorio. El pan se sostiene durante la parte de la narración de la institución que se refiere a él, y luego se vuelve a colocar en el altar. El vino se sostiene de la misma manera. Al elevar el cáliz, quien preside coge el nudo (el anillo en forma de perilla situado en el tallo del cáliz) en una mano y sostiene la base con la otra.

- Si el pan y el vino deben ser tocados, pero no levantados: Quien preside puede usar una o ambas manos, en proporción al tamaño de los recipientes. El gesto debe ser fuerte y deliberado. Si se usa una mano, la otra permanece en el pecho. Si hay muchos recipientes, toca cada uno de ellos a propósito. La persona que preside debe atender con reverencia a cada recipiente y no simplemente tocarlos, uno tras otro.

LA *EPÍCLESIS*

La *epíclesis* es un elemento esencial de las clásicas plegarias eucarísticas. Expresa el entendimiento de la Iglesia de que el Espíritu Santo es la fuerza activa en la transformación tanto de los elementos como de la asamblea. Además de ella, no es necesario invocar ninguna otra bendición sobre la comida y la bebida, y las plegarias eucarísticas autorizadas de la Iglesia Episcopal no contienen ninguna. Los gestos adicionales de bendición, como los numerosos signos de la cruz sobre los elementos, no solo son innecesarios, sino que también restan valor a la única invocación del Espíritu y provocan confusión teológica.

Durante la Edad Media, es cierto, los signos de la cruz se multiplicaron durante la plegaria eucarística. El sacerdote la trazaba una y otra vez sobre los elementos, generalmente en conjuntos de tres. No obstante, este tipo de multiplicación no tiene base teológica y confunde la visión de la asamblea sobre lo que está haciendo. Los teólogos modernos, de acuerdo con sus antiguos predecesores y las grandes mentes de la Reforma, enseñan que el Espíritu Santo es la fuerza activa en la Eucaristía. El ritual (la *lex orandi*) debe reflejar este consenso (la *lex credendi*), y no implicar que la invocación del Espíritu no es suficiente para realizar la Eucaristía.

Los textos episcopales autorizados siguen el patrón de las más antiguas plegarias eucarísticas, que es el patrón que aún se utiliza en las Iglesias orientales. Este patrón coloca la invocación del Espíritu Santo después de la narración de la institución. Si la narración de la institución es la fórmula consagratoria, invocar al Espíritu Santo sobre los elementos después es absurdo. Claramente, de acuerdo con la lógica de nuestras oraciones autorizadas, la narración de la institución no es una fórmula consagratoria y los gestos del que la preside durante ella no son gestos consagratorios. Toda la gran plegaria eucarística debe considerarse como un solo acto consagratorio, y ninguna palabra o gesto en ella debe ser señalado, ni ningún momento demarcado, como el momento de consagración.

1. En la invocación del Espíritu Santo sobre los elementos: La persona que preside, luego de estar en posición orante, junta las manos uniéndolas en el pecho. Luego se extienden sobre los elementos y se mantienen allí durante la invocación del Espíritu. Este es el mismo gesto de imponer las manos sobre las personas e invocar el Espíritu Santo sobre ellas. Colocar las manos en una postura rígida con los pulgares entrelazados de una manera particular no es necesario e incluso puede ser una distracción. El gesto epiclético es esencialmente la imposición de manos, algo que todo sacerdote sabe instintivamente cómo hacer con oración y reflexión. Quien preside vuelve las manos al pecho.

2. En la *epíclesis* de la asamblea: Se invoca durante la plegaria eucarística al Espíritu Santo sobre toda la asamblea, incluida la persona que preside. Comúnmente, los episcopales, incluyendo a quien preside, se persignan durante esta *epíclesis*. Si hacer la señal de la cruz no es la costumbre local, una profunda reverencia sería apropiada en su lugar. En todas las plegarias eucarísticas autorizadas, excepto en una, la *epíclesis* sobre el pueblo sigue directamente a la *epíclesis* sobre la comida y la bebida. La mano derecha se usa para trazar el signo de la cruz sobre el cuerpo mientras se invoca el Espíritu sobre la asamblea, y luego la mano derecha se lleva de nuevo al pecho, volviendo a la posición orante.

3. Ese es el patrón habitual. Sin embargo, la plegaria eucarística número 3 de *Enriching Our Worship 1*, invierte las dos *epíclesis*, de modo que se invoca el Espíritu primero sobre la asamblea y luego sobre el pan y el vino. Al rezar esta oración:

- ◆ La persona que preside une las manos al principio de la aclamación conmemorativa ("Con tu muerte has destruido nuestra muerte") y las lleva al pecho, y le pide a Dios que "envíe el Espíritu Santo sobre nosotros", y simultáneamente traza la cruz sobre el cuerpo con la mano derecha sin mover la izquierda. La mano derecha es llevada al pecho y luego ambas manos se extienden sobre los dones. Finalmente, las manos son llevadas de nuevo al pecho, y luego se abren en posición orante.

LA DOXOLOGÍA EN LA ORACIÓN EUCARÍSTICA

La presencia eucarística surge de la oración de agradecimiento de toda la comunidad reunida alrededor del pan y el vino. El "Amén" que concluye la gran plegaria eucarística, por lo tanto, es la culminación y el sello del corazón mismo de la liturgia eucarística. Este es el lugar apropiado para la energía y el drama que a menudo es desviado a la doxología en el ofertorio.

1. El rito romano instruye a quien preside a elevar el pan y el vino durante toda la doxología, comenzando en "Por él…". Este gesto es apropiado, no porque sea romano, sino porque armoniza la teología, el texto litúrgico y la acción corporal. La doxología de la plegaria eucarística es un crescendo, y por la combinación de un gesto fuerte, una música y un texto fuertes, el significado de este momento se vuelve vívido. Una actuación tan clara y fuerte no sólo expresa una comprensión litúrgica y teológica, sino que también la inculca en la asamblea. Como toda la liturgia, este es un momento formativo.

2. El gesto puede hacerse de varias maneras. La más común es que quien preside tome una hostia en una mano, y luego la sostenga por encima del cáliz en la otra, y luego las eleve juntas. Mientras que esto hace visible el pan, solo involucra un pedazo de él. Otra posibilidad es elevar un recipiente lleno de pan junto al cáliz de vino. Este es un gesto más fuerte, especialmente si se hace con vigor y los recipientes se mantienen en alto.

3. El diácono que asiste a la mesa del Señor eleva la copa. El que preside no entrega la copa al diácono. En cambio, durante la última frase de la gran plegaria eucarística, justo antes de la doxología, el diácono se acerca a la mesa para que, mientras el que preside tome el recipiente con el pan, el diácono pueda tomar la copa. De esta manera, el texto doxológico con su gesto acompañante fluye directamente de la plegaria eucarística

sin fisuras ni torpezas. Los dos ministros elevan los recipientes uno al lado del otro, de modo que los recipientes casi se toquen y se mantengan al mismo nivel. La Presencia eucarística es una presencia bajo dos formas, por lo que los recipientes deben estar relacionados entre sí. Quien preside permanece en el lugar central, presidencial, durante la elevación. El diácono está a la derecha de la persona que preside. Los recipientes se mantienen quietos hasta que la asamblea haya completado el "Amén", aunque se cante numerosas veces con una elaborada y prolongada melodía. Entonces, los ministros vuelven a colocar el pan y el vino en la santa mesa.

4. Si la costumbre es hacer una profunda reverencia o una genuflexión ante el pan y el vino eucarísticos, se hace ahora, habiéndose rezado toda la gran plegaria eucarística.

LA FRACCIÓN DEL PAN

1. Si la asamblea está arrodillada, ahora se ponen de pie. El "Amén" de la gran plegaria eucarística es su señal.

2. Mirando a la asamblea, la persona que preside les invita a rezar el Padre Nuestro. Quien preside asume la posición de orante y se une al resto de la asamblea en el Padre Nuestro. Cuando la oración se acerca a su fin, quien preside comienza a bajar los brazos para que las manos se unan justo en el "Amén".

3. Entonces se aleja lo suficiente de la mesa, ya sea aquí o antes de la invitación al Padre Nuestro, para que el diácono y los acólitos puedan preparar el altar para la Fracción del pan. La persona que preside no se coloca a un lado, fuera del eje central. Tanto como la configuración de la sala lo permita, quien preside debe estar siempre en un lugar que denote presidencia, mas no dominio.

4. Dos acólitos se acercan al altar. Uno retira las ofendas monetarias y otras. Como el único texto que le queda a la persona que preside es la invitación a la Comunión ("Los dones de Dios…"), el otro acólito quita el libro del altar. Todo sacerdote tiene este texto en la memoria, o debería tenerlo. Retirar la limosna y el libro debe ser simultáneo por razones de simplicidad y para minimizar el desorden visual.

5. Los acólitos traen a la mesa del Señor los recipientes auxiliares en los que se partirá el pan y será vertido el vino. Los colocan al lado del corporal, no sobre él, para que la

persona que preside tenga fácil acceso a la comida y bebida eucarística. También se traen purificadores.

6. Si de la celebración se va a llevar la Comunión a los enfermos, los recipientes en los que se llevará, viales para el vino y píxides para el pan, también se colocan ahora en la mesa del Señor. Al igual que en la Eucaristía se fracciona para los miembros presentes en la sala, también se fracciona para los que necesariamente están ausentes. Esto expresa la unidad de los miembros ausentes con el resto de la iglesia, e inculca esa conciencia en la asamblea.

7. Cuando los acólitos se alejan, la persona que preside regresa al altar, toma el pan y lo sostiene en alto. De forma pausada y deliberada, quien preside parte el pan. Es la única vez en todo el rito eucarístico en que el Libro de Oración exige un tiempo de silencio. Este silencio no es una opción. Como en la mesa de Emaús, esta fracción del pan en la mesa del Señor es un momento hierofánico. Está lleno de expectativa de que el Santo, que seguramente está presente, se haga evidente, aunque sea por un momento, antes de desaparecer de nuevo. "Sus ojos se abrieron", se maravilla la Escritura, y esa es la expectativa de la liturgia: que los ojos de la asamblea se abran. La fracción del pan no es un gesto funcional, sino un gesto muy cargado. "Déjate ver, Señor Jesús", canta el himno, "en la fracción del pan". Y así la iglesia mira y, llena de expectativa, espera.

◆ Durante la Fracción del Pan, mientras la persona que preside sostiene el pan partido ante la asamblea, es conveniente que mire hacia abajo si los dos trozos están muy separados, o, si están suficientemente juntos, que los mire incluso mientras la asamblea los mira también. Toda señal visual debe apuntar hacia el pan. Nada debe desviar la atención de él.

◆ El silencio que se produce no es superficial. Debe ser prolongado. Está lleno de promesas.

8. Después de un marcado silencio, comienza el Himno de la fracción. Quien preside baja el pan y comienza a partirlo en pedazos suficientes para toda la asamblea. Sostiene el pan

para que el resto de la asamblea pueda ver lo que está haciendo, y lo fracciona pedazo por pedazo, colocando los pedazos a medida que se van partiendo en el recipiente o recipientes de donde se administrará la Comunión. Todo esto debe hacerse de manera que la asamblea pueda presenciar la fracción.

◆ Cuando la persona que preside comienza a partir más el pan, el diácono o un sacerdote asistente comienza a llenar los cálices auxiliares desde las jarras. Si no hay un ministro asistente, la persona que preside vierte el vino después de que todo el pan haya sido fraccionado. Cuando cada jarrón se vacía, un acólito se acerca al altar y lo lleva a una credencia.

◆ El himno de la fracción debe acompañar a toda la acción. El *Libro de ritos ocasionales* da múltiples estribillos y sugiere versos de salmo para que el himno de la fracción pueda ser ejecutado responsablemente y extendido tanto tiempo como sea necesario (BOS 20f). Algunos músicos han compuesto versiones "tropicales" del Agnus Dei en las que se cantan varios títulos para el Cristo (*Bread of Life, Prince of Peace, Saving Lord*) en lugar de "Cordero de Dios" hasta que se prepare toda la comida y bebida eucarística. Sea cual sea el método elegido, el equipo de preparación litúrgica, especialmente los músicos, deben idear formas de alargar el Himno de la fracción para que acompañe a la fracción entera.

◆ El o la que preside y el diácono colocan los recipientes en el corporal o, si son muchos, en el altar. Cuando todo está listo para la Comunión, el Himno de la fracción termina.

AL COMPARTIR LOS DONES DE DIOS

1. De cara al pueblo, la persona que preside invita a la asamblea a comulgar. Si el altar está fijado a la pared, quien preside toma un recipiente con pan en una mano y un cáliz en la otra, se vuelve hacia la asamblea y extiende los recipientes hacia el pueblo. Hace la invitación. Si está de cara a la asamblea detrás del altar o están reunidos alrededor de él, levanta los recipientes y hace la invitación. Si un diácono está ministrando, puede sostener el cáliz.

O, si quien preside está de cara a la asamblea desde atrás del altar o la asamblea se reúne alrededor de él, puede dejar los recipientes en la mesa, tomar distancia, y con un gesto firme hacia ellos, decir: "Los dones de Dios". Luego, extendiendo los brazos como si envolviera a la asamblea, continúa, "para el Pueblo de Dios". Este gesto es especialmente apropiado si hay más recipientes en la santa mesa de los que se pueden elevar a la vez (por ejemplo, un recipiente con pan, dos cálices, un flagón y recipientes que contengan la Comunión para los enfermos).

2. Todos los ministros y ministras de la Comunión, ordenados y laicos, se dirigen al altar inmediatamente después de la invitación, de pie a un lado y justo detrás de él. Esperan allí para recibir la Comunión y para que les den sus recipientes.

3. El Libro de Oración ordena al clero que reciba la Comunión primero y, sin demora, la administre al resto de la asamblea. La Comunión de la asamblea debe seguir a la invitación tan cerca como sea posible y no verse retrasada por la Comunión del clero. Si hay un diácono o un sacerdote asistente:

- La persona que preside consume el pan y el vino eucarísticos, procediendo con reverencia, pero sin demora. Al concluir, limpia entonces el labio del cáliz con un purificador.

- Mientras tanto, el diácono o el sacerdote asistente se acerca al altar y está de pie justo al lado y de cara a quien preside, que le ofrece el pan y el vino eucarísticos para que comulgue y retenga el cáliz y el purificador.

- Si otros miembros de la asamblea ayudan a administrar la Comunión, la persona que preside les administra el pan y el diácono el vino. Los ministros del vino retienen el cáliz y el purificador después de comulgar. El diácono o sacerdote asistente toma otro cáliz del altar para cada ministro laico.

- Los ministros laicos que administran el pan devuelven el cáliz y el purificador al diácono o al sacerdote asistente. Quien preside entonces les entrega recipientes con pan.

- Cuando cada grupo de ministros ha recibido sus recipientes, se mueven inmediatamente a sus estaciones y comienzan a compartir el Sacramento.

Si no hay diácono o sacerdote asistente:

- Quien preside administra el pan eucarístico a todos los ministros, luego el vino. Al recibir la copa, los ministros la retienen, junto con el purificador.

- Si uno de los ministros laicos va a distribuir el pan eucarístico, ese ministro no retiene el cáliz, sino que se lo devuelve a quien preside. Después de que todos los ministros hayan recibido el vino, el que preside entrega un recipiente con el pan a ese ministro.

- Los grupos de ministros se mueven a sus puestos tan pronto como todos tienen sus recipientes en mano.

4. La procesión de la asamblea comienza inmediatamente después de la invitación. En muchas iglesias, los ujieres o ministros de hospitalidad coordinan la procesión. La configuración del espacio litúrgico determinará la mejor manera de organizar la procesión.

- Desafortunadamente, es común que la asamblea se siente justo después de la invitación y se ponga de pie, fila por fila, solo cuando es su turno para recibir la Comunión. Después de recibir la Comunión, se sientan de nuevo o se arrodillan según el gusto. Estos son cambios posturales extremadamente privatizadores que sugieren que durante la Comunión los miembros de la asamblea, como individuos, se dedican uno por uno a actos devocionales privados: rezar en privado o recibir la Comunión en privado. De hecho, mientras que la Comunión tiene ciertamente un fuerte aspecto personal, la recepción de la Comunión es, como la palabra lo sugiere, una acción comunitaria. Es el Cuerpo en su conjunto participando del Cuerpo que lo une. Idealmente, entonces, toda la asamblea se solidariza durante la procesión de la Comunión. Estar de pie, además, expresa y fomenta la reverencia por la presencia eucarística. Arrodillarse tiene un impacto similar, pero arrodillarse durante la Comunión no es una señal tan fuerte de unidad ya que, en cualquier momento, algunos estarán arrodillados y otros de pie moviéndose hacia la Comunión.

- Si la Comunión se distribuye en las estaciones en lugar de hacerlo en el comulgatorio, las estaciones deben colocarse en el recinto de manera que todos los miembros de la asamblea se muevan hacia el altar, no lejos de él. Los ministros del vino eucarístico deben pararse a cierta distancia del ministro del pan para permitir que el pueblo espere entre los dos. De lo contrario, la procesión de la Comunión se atascará.

5. Ninguna de las fórmulas de administración en el Libro de Oración incluye el nombre del comulgante, y los ministros normalmente no se dirigen a los comulgantes por nombre. Los ministros sabrán los nombres de algunos, pero probablemente no de todos, y ciertamente no de los extraños. Nombrar a algunos y a otros no es una actitud parcializada, excluyente, aunque aspira a ser hospitalaria e inclusiva. Los ministros pueden interactuar con los comulgantes de acuerdo con cualquiera de los dos principios siguientes:

- Para no entrometerse en este encuentro singularmente personal entre quien comulga y Cristo, el ministro no hace contacto visual con el comulgante. El contacto humano se minimiza para que interrumpa lo menos posible la oración del comulgante y la experiencia de la Presencia. Mantener este tipo de distancia e impersonalidad subraya que el sacramento no depende del ministro. Las manos apenas se tocan y el ministro no se demora. Si se hace así, el ministro debe evitar ser frío o mecánico, o correr de un comulgante a otro.

- Debido a que Cristo está presente en y a través de las relaciones humanas, y porque la Comunión une a la persona con el Cuerpo de Cristo, la Iglesia, así como con Cristo en la gloria, el contacto humano transmite un aspecto central y esencial del misterio eucarístico. El ministro mira al comulgante a los ojos durante la fórmula, y deliberadamente toca la mano del comulgante al administrar el sacramento. Si se adopta este enfoque, el ministro debe evitar ser "amistoso" o personal.

6. El *Libro de oración*, como opción, dirige a quien comulga a decir "Amén", en respuesta a cada una de las fórmulas del pan y del vino. La costumbre es muy antigua: San Agustín lo atestigua en el siglo IV. Al responder "Amén", el comulgante consiente en lo que el ministro ha dicho, y toma un papel más activo en el intercambio sacramental. El comulgante recibe el sacramento, incluso bajo la forma de vino, solo después del "Amén".

- Mientras que todos los miembros de la asamblea asumen, idealmente, iguales posturas al mismo tiempo cuando se distribuye la Comunión en el altar, en la mayoría de las congregaciones algunos se paran y otros se arrodillan. Sería pastoralmente insensible sugerir, incluso sutilmente, a cualquiera de los comulgantes que su piedad viola alguna "regla". Sin embargo, homiléticamente y en las clases de educación cristiana, explorar la postura como oración y, por lo tanto, la postura común como elemento de la oración común, daría a la gente la oportunidad de considerar cómo usan sus cuerpos en la liturgia.

- Las ediciones anteriores del Libro de Oración eran claras en cuanto a que el pan eucarístico debía ser entregado en las manos del comulgante; la edición actual no lo hace. Algunos episcopales prefieren recibirlo directamente en la lengua, presumiblemente en imitación de las Iglesias romana y orientales, y como testimonio de la presencia real. Sin embargo, como esta costumbre es relativamente poco común, sin una preparación adecuada el ministro del sacramento puede confundirse y transmitir involuntariamente al comulgante su disgusto o incomodidad. Se debe hacer todo lo posible para evitar tales señales. Al colocar el pan en la boca del comulgante, el ministro debe tener cuidado de no tocar la lengua y transferir la saliva a los dedos. Solo el pan, y no las manos del ministro, debe tocar cualquier parte del cuerpo del comulgante.

◆ El Libro de Oración es claro en que la práctica normativa es recibir el pan y el vino eucarísticos por separado, pero los dos pueden recibirse a la vez, generalmente por intinción, es decir, mediante la inmersión del pan en el vino antes de ser consumido. Esto puede hacerse de varias maneras. Un ministro puede tomar un pedazo de pan, sumergirlo en el vino que tiene otro ministro y colocarlo en la lengua de quien comulga, que también puede recibir el pan en sus manos y luego sumergirlo en el vino. Quien comulga también puede recibir el pan y esperar a que el ministro de la copa lo tome, lo moje en el vino y lo ponga en la boca del comulgante. Las rúbricas adicionales sugieren que le corresponde al obispo establecer la política diocesana con respecto a la manera en que se recibe la Comunión (LOC 329).

◆ Los miembros de la asamblea que no puedan acercarse físicamente a la mesa del Señor para la Comunión deben alertar a un ministro designado, normalmente uno de los ujieres o el coordinador. Un ministro del pan eucarístico y uno del vino se desplazan juntos a la persona que administrará el sacramento, normalmente al final de la Comunión. Lo ideal sería que los miembros más débiles de la asamblea recibieran primero, pero eso significaría retrasar la procesión de la Comunión, que debería comenzar tan pronto como se haga la invitación. Aunque cualquier ministro puede llevar el sacramento a los enfermos, tiene un valor pastoral el hecho de que la persona que preside (el representante oficial de toda la comunidad) administre el pan eucarístico.

◆ Tradicionalmente, se instruye a la gente a cruzar los brazos sobre el pecho para señalar que desean una bendición en lugar del Sacramento. Solo los obispos y sacerdotes pueden impartir oficialmente una bendición, no los ministros eucarísticos laicos ni los diáconos. Ni las palabras ni los gestos para tal bendición se dan en los libros litúrgicos. A menudo, el ministro traza una cruz sobre la cabeza de la persona o pone una mano sobre ella y dice la bendición trinitaria, pero esto es totalmente a discreción del ministro. Sin embargo, lo que se haga no debe ser tan prolongado o personal que interrumpa el flujo del rito de la Comunión, u oscurezca el hecho de que se trata esencialmente de un encuentro común, más que privado.

◆ En las Iglesias orientales, la Comunión se da a los niños de igual modo que a los adultos, usando una cuchara litúrgica, aunque los niños solo reciben el vino eucarístico, no el pan. Como las Iglesias occidentales no distribuyen la Comunión con una cuchara, el ministro eucarístico puede dar la Comunión a los niños mojando un dedo en el vino y tocando los labios del niño. El dedo se seca con el purificador. A menudo, los bebes amamantan cuando se les administra la Comunión de esta manera.

- Si quien comulga está de pie, el ministro eleva el cáliz al nivel de la boca del comulgante. El ministro no obliga al comulgante a inclinarse hasta el nivel del cáliz de una manera indigna e incómoda. El ministro permite que el comulgante agarre el cáliz y lo guíe hacia la boca para evitar que la copa golpee los dientes del comulgante.

- Los ministros del cáliz limpian el borde de la copa después de que cada persona ha recibido del mismo, y giran el cáliz. Si en la jarra queda más vino consagrado, un ministro es asignado para distribuirlo en los cálices a medida que la Comunión progresa. Cuando los cálices se vacían, los ministros del vino señalan al que lleva el flagón con una señal acordada, quizás girando hacia el altar. El ministro que lleva la jarra también trae consigo un purificador y lo desliza sobre el borde de la jarra después de verterla.

- Aunque la Comunión bajo las formas de pan y vino es una parte importante de nuestra herencia de la Reforma, ambos no son necesarios. En otras palabras, el encuentro sacramental con Cristo no se frustra cuando se recibe una sola especie. Aquellos que no son capaces de consumir gluten, sulfitos o alcohol pueden no ser capaces de recibir ambas especies de la Eucaristía, pero esto no disminuye de ninguna manera la presencia real de Cristo en su Comunión. También es posible desarrollar formas de honrar el sacramento sin consumirlo; los que no pueden beber alcohol, por ejemplo, a veces besan el cáliz cuando se les presenta, o lo tocan con la frente.

Algunas congregaciones consagran un poco de pan sin gluten para los miembros que se sabe que tienen alergia al gluten. Si se usan hostias, el hecho de que algunas de ellas no tengan gluten no disminuye la fuerza simbólica del sacramento, ya que cada comulgante recibe un pedazo de pan separado y "personal" de todos modos. Cuando se parte una hogaza de pan y se distribuye a todos los comulgantes excepto a uno o dos, el hecho de tener obleas sin gluten para esos pocos puede debilitar ligeramente el impacto del símbolo de unidad para los que distribuyen la Comunión, pero nada de esto es visible cuando la congregación mira la mesa durante la gran plegaria eucarística. Sin embargo, cuando se consagra un cáliz de jugo de uva junto al cáliz de vino, el impacto visual es inevitable; se pierde el símbolo de un pan y una copa.

La sensibilidad pastoral debe entrar en juego aquí, ya que las congregaciones con personas que no pueden compartir el vino eucarístico disciernen cómo abordar esta preocupación sin disminuir el símbolo de la copa única. Recordando que cuando las personas reciben en una sola especie su Comunión permanece la plena y real presencia de Cristo, parecería mejor preservar el símbolo común de un pan, una copa. El cuidado pastoral que estos temas exigen no puede ser enfatizado con suficiente fuerza.

8. Si quedó pan y vino consagrados luego de la Comunión, los ministros pueden consumirlos inmediatamente en la santa mesa o en una credencia. También pueden cubrirlos en una credencia y consumirlos después. No todos los ministros necesitan realizar esta tarea. Los otros colocan sus recipientes de Comunión (y purificadores) en el altar o en la credencia y, sin ceremonia, regresan a sus asientos. Si los elementos sobrantes se consumen en el altar, los acólitos llevan los recipientes, vacíos a la credencia. Nada debe permanecer en el altar después de la Comunión, excepto los recipientes para llevar el sacramento a los enfermos.

El corporal puede ser doblado y trasladado a la credencia cuando se retiren los últimos recipientes, o después de la liturgia. El lavado final de los recipientes no se hace sino hasta después de la liturgia. Los elementos sobrantes no se llevan de la iglesia (por ejemplo, a la sacristía), ni durante ni después de la liturgia. Para aquellos que no están bien formados en el entendimiento episcopal de la presencia eucarística, quitar el sacramento puede crear la impresión de que el pan y el vino sobrantes serán desechados o almacenados para su reconsagración. La forma en que se tratan los elementos sobrantes puede dar forma a la teología y la piedad eucarística de la comunidad.

9. Si se va a llevar la Comunión a los enfermos luego de la celebración:

- Durante la Comunión o inmediatamente después de ella, los acólitos llevan al altar contenedores en los que se colocarán las píxides y los viales de vino para llevarlos a los enfermos. Los acólitos, entonces, pueden colocar los recipientes en los contenedores, o quien preside puede hacerlo inmediatamente después de la Comunión, mientras los otros ministros consumen el pan y el vino sobrantes.

- Si los visitantes eucarísticos, que antes se llamaban ministros eucarísticos laicos (véase el canon III.4.7), serán enviados inclusive antes de que termine la liturgia, quien preside les presenta los recipientes después de la Comunión, pero antes de la oración de poscomunión. Los recipientes deben serles entregados directamente de la mesa del Señor. El equipo de preparación litúrgica, el grupo de atención pastoral y otros asociados con el ministerio parroquial a los enfermos, pueden componer un texto para ser leído mientras se entregan los elementos a los ministros. Debe incluir los nombres de aquellos a los que se llevará el sacramento. Los visitantes eucarísticos se dirigen inmediatamente a los enfermos. No llevan el sacramento a sus propios asientos. Llevar el sacramento a los enfermos inmediatamente después de la Comunión es lo ideal, ya que vincula la Comunión de los enfermos más directamente con la Comunión de la asamblea.

- Sin embargo, si los visitantes eucarísticos van más tarde ese mismo día (quizás después de la hora del café), los recipientes se dejan en el altar y las velas del altar se mantienen encendidas hasta que se hayan llevado el sacramento. En este caso, los nombres de aquellos a quienes se llevará la Comunión se mencionan en la oración de los fieles.

- Si los ministros van a visitar a los enfermos más adelante en la semana, quien preside u otro ministro mueve los contenedores al sagrario mientras los otros ministros están consumiendo el pan y vino que quedan. Una vez más, aquellos a quienes se llevará el sacramento deben ser mencionados en la oración de los fieles.

DESPUÉS DE LA COMUNIÓN

1. La persona que preside, clérigos asistentes, los acólitos y otros ministros que han ayudado a consumir los elementos eucarísticos sobrantes y a despejar el altar, vuelven a sus lugares. El acólito encargado de sostener el libro del altar para la persona que preside lo lleva desde la credencia, donde fue trasladado antes de la fracción, a la silla.

2. La asamblea puede sentarse para un período de oración en silencio. Así como después de las lecturas y el sermón, un tiempo de silencio permite a la asamblea reflexionar sobre su experiencia y escuchar los ecos de la voz de Dios, el tiempo después de la Comunión pide un tiempo similar de quietud. El Libro de Oración Común no menciona este silencio, aunque otros ritos sí lo hacen, incluyendo *The Book of Alternative Services of the Anglican Church of Canada*, el Orden número uno del *Culto común* de la Iglesia de Inglaterra y el Misal romano.

3. "Puede cantarse un himno antes o después de la oración de poscomunión" (LOC 332). Si es antes, entonces el sonido de los instrumentos hace que la asamblea se ponga de pie. Un acólito lleva un himnario u orden de culto a quien preside para que este pueda unirse al canto. Si no se canta un himno antes de la oración de poscomunión, la persona que preside, cuando ha pasado suficiente silencio, dice: "Oremos", y la asamblea se pone de pie.

4. Asumiendo la posición orante, la persona que preside dirige la oración de poscomunión. Los brazos se bajan durante las palabras finales de la oración y se unen justo en el "Amén". Un acólito puede sostener el libro del altar abierto ante el que preside la oración.

5. Si un himno no ha precedido a la oración de poscomunión, se puede cantar ahora. Un acólito lleva un himnario o una orden de culto a quien preside para que este o esta se una al resto de la asamblea cantando el himno.

Capítulo 13

LOS RITOS DE CIERRE

RESUMEN

Artefactos necesarios
- El libro del altar

Artefactos opcionales
- Una carpeta que contiene los anuncios semanales

Ministros necesarios
- Asamblea
- La persona que preside
- Acólito para sostener el libro de textos

Ministros opcionales
- Diácono
- Líderes de la parroquia y coordinadores de los eventos parroquiales
- Equipo de acólitos

Elementos litúrgicos necesarios
- La despedida

Elementos litúrgicos opcionales
- Un himno después de la oración de poscomunión
- Anuncios
- Música para la procesión de salida

¿Qué hace esta parte del rito?
Los ritos de conclusión ponen fin a la liturgia y envían a la asamblea a su misión en el mundo.

¿Cómo se logra este objetivo?
Sin detenerse, la liturgia cambia su enfoque de lo que está sucediendo en el espacio de culto a lo que está sucediendo más allá de él. El rito hace esto, ya sea enviando inmediata y explícitamente al pueblo fuera del recinto, o permitiendo que se hagan anuncios sobre la vida más amplia de la parroquia, la Iglesia y el mundo. Luego, el rito envía a la asamblea de vuelta. Entre la Comunión y el momento en que se despide a la asamblea es muy poco lo que interviene.

PANORAMA GENERAL

Los ritos de conclusión requeridos por el Libro de Oración son la despedida y nada más. Tres adiciones son opcionales: un himno después de la oración de poscomunión, una bendición presidencial y anuncios (LOC 330). Un himno entre la bendición y la despedida, o después de la despedida, se ha convertido en omnipresente en la Iglesia Episcopal. El Libro de Oración, sin embargo, no lo prevé.

La estructura del rito, especialmente su brevedad, sugiere que el envío de la Iglesia al mundo en misión está ligado directamente a la Comunión. El pueblo recibe el Sacramento, reza la oración de agradecimiento (que sigue siendo parte de la acción de la comunión) y sale a encarnar lo que ha recibido y a expresar lo que es.

LA BENDICIÓN

1. Aunque es costumbre en la mayoría de los lugares que la persona que preside invoque una bendición sobre la asamblea, es de hecho opcional. El Libro de Oración no da una

fórmula en el Rito II, pero sí dos en el Rito I (LOC 261). Un acólito sostiene el libro del altar ante la persona que preside, si el texto no está memorizado.

- Puede trazar la cruz sobre la asamblea al nombrar a la Trinidad en cualquiera de las dos fórmulas. Al mismo tiempo, los miembros de la asamblea se persignan o hacen una profunda reverencia. (Ver las descripciones de la cruz y la reverencia en el capítulo 8, "Posturas y gestos").

- Dado que quien preside se dirige a la asamblea, mantiene su vista sobre ella durante la bendición.

2. El *Ritual para ocasiones especiales* proporciona bendiciones para las temporadas de Adviento, Navidad, Epifanía, Pascua, Pentecostés, Domingo de la Trinidad y Todos los Santos. Si se utiliza una de estas, el o la acólito debe tener ese libro a mano, o los textos apropiados deben ser copiados e insertados en el libro del altar.

- Algunas de las bendiciones de las temporadas son triples y requieren que la asamblea responda "Amén" a cada una de las tres líneas. No obstante, como no hay nada en el lenguaje de estos textos que sugiera a la asamblea cuándo responder, la música que ofrece tales indicaciones se proporciona en el apéndice musical del libro del altar. Una bendición trinitaria se adjunta a cada triplete y, de nuevo, el pueblo responde "Amén". Estos textos están dirigidos al pueblo, no a Dios, de modo que la persona que preside mire al pueblo en todo momento.

- Los textos para la Cuaresma no son, de hecho, bendiciones, sino oraciones sobre el pueblo, una antigua forma litúrgica.

    - El o la diácona (o quien preside, si no hay diácono) pide al pueblo que se incline. Extrañamente, una rúbrica en el *Ritual para ocasiones especiales* dice que deben arrodillarse. Es probable que esto cause confusión. Si el ministro dice "Inclínate ante el Señor", siguiendo el texto en el *Ritual*, se espera que el pueblo se incline. Si el equipo de planificación de la liturgia decide que la asamblea se arrodille, la fórmula debe ser alterada a "Arrodíllense ante el Señor".

    - La persona que preside puede extender las manos sobre toda la asamblea, no en posición orante, sino en un gesto *epiclético*, de palmas planas, durante la oración. Es el gesto históricamente asociado con este tipo de texto. Cada oración termina "por Cristo, nuestro Señor" o "por los siglos de los siglos", así que la gente naturalmente responde "Amén".

    - Estas son oraciones, así que se mantienen los ojos enfocados en el libro durante ellas.

    - No se añade una bendición trinitaria.

LOS ANUNCIOS

Como el rito pasa tan rápidamente de la Comunión a la vida más allá de los confines de la liturgia, este es el momento lógico para hacer anuncios prácticos, aunque también pueden ser insertados antes de la bendición. Estos anuncios son el primer paso de la asamblea para comprometerse con el mundo.

1. Los guardianes y otros líderes de la parroquia, especialmente los coordinadores de proyectos y comités pueden hacer los anuncios. El hecho de que los líderes de la parroquia, además de quien preside, hagan los anuncios, muestra los dones ministeriales repartidos por toda la comunidad. También permite a los feligreses identificar visualmente a los líderes que coordinan los diversos aspectos de la vida común.

2. El vínculo entre la Comunión y el envío se perderá si estos anuncios se prolongan. Deben ser indicaciones rápidas más allá de la liturgia, no explicaciones complejas. Es mejor que los detalles se proporcionen en forma impresa, generalmente en la parte posterior del folleto del domingo. Si los anuncios son tan largos que la asamblea debe sentarse, son demasiado largos.

LA DESPEDIDA

Cuando todo ha finalizado, el o la diácona (o, en su ausencia, quien preside) despide a la gente.

1. Si hay una procesión de los ministros hacia fuera de la sala, el inicio de la procesión es el comienzo efectivo de su salida. No deben empezar a salir hasta que el diácono o la persona que preside los despida. El diácono o quien preside, por lo tanto, debe dar la despedida antes de que alguien haga un movimiento para salir. La despedida no debe esperar hasta el final del (omnipresente pero no previsto) himno de la procesión de salida, a menos que los ministros se mantengan en su lugar durante todo el himno. Si se mueven durante el himno, la despedida debe darse antes de que comience el himno.

2. El Libro de Oración proporciona cuatro formas. La última, "Bendigamos al Señor", tiene asociaciones históricas con ocasiones penitenciales. Claramente, esa no es la intención del Libro de Oración ya que permite que se le añadan aleluyas festivas durante la Pascua. Las otras despedidas le dicen claramente al pueblo que puede irse, sugiriendo que, de hecho, deben irse inmediatamente. A primera vista, la despedida "Bendigamos al Señor" no supone que la gente se vaya de forma inmediata. Esta entonces parece ser la forma más apropiada cuando la gente de hecho no se va a ir. Cuando se añade un rito a la Eucaristía o la parroquia celebra una reunión general, por ejemplo, "Bendigamos al Señor" sería una forma adecuada de concluir la liturgia.

3. Cuando se añaden aleluyas festivas a cualquiera de las despedidas, se añaden también a la respuesta del pueblo.

LA ASAMBLEA SE RETIRA

Así como el Libro de Oración no da ninguna directriz sobre cómo debe reunirse la asamblea, tampoco la da sobre cómo debe disolverse. Cada comunidad debe llegar a la mejor solución, teniendo en cuenta cómo empezó el rito, qué le seguirá y dónde. La simetría parece apropiada para que, por ejemplo, una liturgia que comenzó con una reunión informal generalmente no debe terminar con una gran procesión. Si la liturgia va a terminar con el retiro formal de los ministros, el orden es el siguiente.

1. Después de la despedida, los que van a dirigir la procesión se reúnen y se colocan delante de la mesa del Señor. El que va a dirigir la procesión ocupa el lugar más alejado del altar, mientras que la persona que preside y el diácono, los más cercanos. Quien preside puede reverenciar el altar con un beso antes de pasar a su lugar en la procesión.

- Los ministros, con excepción del turífero, se reúnen en el mismo orden en el que entraron en procesión, aunque a la inversa, de modo que los que habrían llegado primero al altar están ahora más lejos de él, y la persona que preside, que habría llegado de último al altar, está ahora más cerca de él. El turífero, sin el incensario, puede caminar directamente detrás de la cruz procesional.

- Después de que la persona que preside se mueva a su lugar, el grupo puede inclinarse profundamente ante el altar al unísono. Todos observarán a quien preside para hacer juntos la reverencia. Todo el grupo se une para que la acción se haga al unísono. Los ministros que llevan objetos que no sean libros o folletos no se inclinan ni hacen genuflexiones. (Ver capítulo 8, "Posturas y gestos", sobre la reverencia profunda.)

- Si el sacramento está reservado en el eje central de la iglesia, y si es costumbre en la parroquia hacer una genuflexión ante el sacramento, esto puede reemplazar la reverencia del altar. No obstante, si el sacramento no está reservado no es apropiado hacer una genuflexión. Al altar se le hace una reverencia, no una genuflexión.

- Cuando la persona que preside se aleja del altar, el resto de los ministros se dan vuelta al unísono. (Ver la discusión sobre el giro en el capítulo 8, "Posturas y gestos").

2. A medida que avanza la procesión, los que no estaban dispuestos frente al altar, como el coro revestido o una comitiva bautismal con ocasión de un bautismo, entran en la procesión en el lugar indicado según el capítulo de los ritos de apertura o en el capítulo sobre el bautismo durante la Eucaristía dominical. Los ministros que se han colocado ante el altar se detienen para permitir que estos otros se unan a la procesión.

- La procesión generalmente se mueve fuera del espacio de culto por la misma ruta por la que entró. El clero y otros líderes parroquiales pueden dejar la procesión y moverse a la puerta de la iglesia para saludar a los fieles y recibir a los visitantes. Los otros ministros continúan en procesión hacia la sacristía o el coro con el mismo respeto que emplearon en la iglesia.

- Los objetos litúrgicos, cruces, antorchas, etc. deben ser manejados con la misma reverencia después de la liturgia que durante ella. La capacidad de estos objetos para evocar y expresar la piedad de la iglesia depende de que se traten como objetos sagrados, no como accesorios teatrales. A diferencia de la utilería, siguen siendo lo que son incluso después de que el evento público ha terminado.

Capítulo 14

LA CELEBRACIÓN DEL BAUTISMO DURANTE LA EUCARISTÍA DEL DOMINGO

RESUMEN

Artefactos necesarios
- Una pila bautismal y una jarra de agua o varias, o una piscina de inmersión
- El libro del altar (si se canta la acción de gracias sobre el agua)

Artefactos opcionales
- Un recipiente con el crisma
- Un tazón de agua con jabón y una toalla de algodón para quitar el crisma de las manos de quien preside.
- Una toalla para secar a cada neófito
- Una manta para envolver a cada neófito
- El cirio pascual cerca de la fuente bautismal
- Una prenda de bautismo para cada neófito
- Una vela bautismal para cada neófito

Ministros necesarios
- Asamblea
- La persona que preside
- Letanista
- Dos asistentes: diáconos o acólitos, o ambos.
- Dos padrinos o más para cada candidato al bautismo

LA CELEBRACIÓN DEL BAUTISMO DURANTE LA EUCARISTÍA

Ministros opcionales
- Diácono
- Un gran equipo de acólitos
- Catequistas y otros líderes parroquiales para ayudar a la comitiva bautismal

Elementos litúrgicos necesarios
- La presentación de los candidatos
- El examen de los candidatos y los padrinos
- La promesa de apoyo de la congregación
- El Pacto bautismal
- El llenado de la pila bautismal, a menos que de esté permanentemente llena.
- La acción de gracias sobre el agua
- La efusión de agua con la fórmula trinitaria
- La signación de la frente
- La colecta "Padre celestial, te damos gracias" (LOC 228)
- La declaración de bienvenida de la asamblea

Elementos litúrgicos opcionales
- Canciones congregacionales o música instrumental durante la procesión a la pila bautismal y al secar y vestir a los neófitos
- Crismación
- La investidura de los neófitos con un traje bautismal
- La presentación de la luz del cirio pascual

¿Qué hace este rito?
Este rito inicia a los miembros en la Iglesia, el Cuerpo de Cristo, y forja un vínculo indisoluble entre el neófito y Dios. Invita al resto de la iglesia a participar indirectamente en la experiencia de los iniciados. Hace recordar a la asamblea su propia conversión e iniciación, y la desafía a vivir la gracia que recibió en el bautismo.

¿Cómo se logra este objetivo?
El rito cumple su propósito cuando el candidato al bautismo o los padrinos solicitan libremente la iniciación, profesando explícitamente la fe de la Iglesia, y sometiéndose al bautismo de agua en un rito llevado a cabo por toda la asamblea local durante su Eucaristía semanal.

EL BAUTISMO EN LA IGLESIA DE HOY

Desde hace siglos, y casi milenios, ser ciudadano de muchas naciones era ser al menos nominalmente cristiano. Sin embargo, cada vez más, en un mundo que se ha convertido en "postcristiano", ser miembro de la Iglesia es una elección, no un accidente de nacimiento. La mayoría de las personas no se sienten presionadas por sus familiares para ser bautizadas, ni de niños, ni mucho menos de adultos. El bautismo, por lo tanto, marca para muchos, si no para la mayoría, una elección consciente y contracultural por Cristo y la Iglesia. La Iglesia debe tratar cada bautismo como un momento de verdadera conversión, cuando una persona, contra viento y marea, elige el camino cristiano.

Mientras que la mayoría de los que se bautizan son niños, el candidato normativo, es decir, la más completa encarnación de lo que este rito pretende, es un adulto que, a través de un proceso de discernimiento y conversión, ha elegido libremente la vida cristiana. La Iglesia del siglo XXI no está dispuesta a dar por sentado ni un solo bautismo, lo trata como un piadoso acontecimiento familiar: el bautismo de un lindo bebé seguido de una celebración doméstica. Mejor dicho, la iglesia moderna debe ver cada bautismo como una elección revolucionaria, no solo en la vida de la persona que se bautiza o en la vida de la Iglesia, sino en la vida del mundo. La liturgia del santo bautismo debe reflejar la importancia de sus efectos.

El Libro de Oración, en todos sus ritos, asume que cada miembro de la Iglesia comparte el sacerdocio de Cristo mediante el bautismo. Honrosamente, el Catecismo enumera a los bautizados como los primeros entre los ministros de la Iglesia. En otras palabras, contrario a los patrones y suposiciones de un tiempo atrás, la Iglesia no es una consecuencia de la ordenación sino del bautismo. Siempre fue así, pero ahora esta es la teología operativa. La vida de la Iglesia Episcopal, incluyendo la liturgia, se ordena cada vez más alrededor de un centro bautismal.

El Libro de Oración privilegia en gran medida cuatro fiestas para la celebración del Santo Bautismo: la Gran Vigilia Pascual, el día de Pentecostés, el día de Todos los Santos o el domingo siguiente (si la fiesta es trasladada a ese día), y la Fiesta del Bautismo de Nuestro Señor, aunque no se excluyen otros domingos y fiestas (LOC 233, 218). También es adecuado hacerlo cuando el obispo está presente, pero este libro no considera las liturgias episcopales. Debido a que la Cuaresma es por naturaleza un período de preparación bautismal, los domingos de Cuaresma, aunque no están excluidos por el Libro de Oración, no son días apropiados para celebrar el sacramento. Dado que "El Santo Bautismo es la iniciación completa, por medio del agua y el Espíritu Santo, en el Cuerpo de Cristo que es la Iglesia" (LOC 298), debe celebrarse siempre en el marco de una asamblea mayor, con la presencia del mayor número posible de representantes del Cuerpo.

Al igual que los oficios pastorales y episcopales, de igual manera celebrados durante la Eucaristía, la mayor parte del rito tiene lugar después del sermón y antes del ofertorio. Es aquí cuando más se ve alterado el modelo normal de la Eucaristía dominical. La celebración del bautismo también altera el inicio de la liturgia insertando versículos y respuestas después de la aclamación de apertura; a la liturgia de la Palabra, proponiendo que los padrinos del bautismo proclamen las lecturas; y al ofertorio, sugiriendo que los padrinos presenten las ofrendas. Además, aunque el Libro de Oración no lo menciona, la celebración del Bautismo también afecta a la distribución de la Comunión, ya que el o la recién bautizada debe ser lógicamente el primero en participar de la mesa del Señor.

EL AGUA: EL SÍMBOLO PRINCIPAL EN LA CELEBRACIÓN DEL BAUTISMO

El signo primario y esencial en el bautismo es verter agua sobre una persona mientras se dice la fórmula trinitaria. Nada debe ensombrecerlo, y se debe hacer todo lo posible para resaltarlo.

El agua es un elemento primordial que resuena profundamente en la mente humana, y resuena con asociaciones específicamente cristianas. Las dos imágenes primarias de la tradición cristiana que se han asociado con el agua bautismal son el líquido amniótico (destacando que el bautismo es un renacimiento) y el caos primordial (destacando que el bautismo es un entierro del antiguo "yo" en una tumba acuática). Las lecturas de la Gran Vigilia Pascual, la ocasión por excelencia del bautismo, están repletas de referencias al agua, y todas ellas abren una ventana a lo que significa ser un bautizado en una comunidad bautizada. Y ni aun así, son exhaustivas.

Una multiplicidad de imágenes, pensamientos y sentimientos no específicos de la tradición judeocristiana pueden ser suscitadas al verter el agua. El agua refresca la lengua seca y el cuerpo cansado. Limpia las manchas, da vida a las plantas, señala la llegada de la primavera y cae en cascada de las montañas con un rugido ensordecedor. La gente nada y juega en el agua. El agua del océano parece que se extiende hacia la eternidad. Todas estas imágenes, y otras que fascinan a la mente y emocionan el corazón, revelan algo de lo que hace el bautismo.

En cada cultura y para cada persona, el agua puede evocar innumerables ideas, a menudo incipientes, sobre lo que el bautismo hace a una persona, a una comunidad y al mundo. Sin embargo, para que el agua del bautismo tenga este impacto total, debe ser experimentada plenamente como tal. Unas pocas gotas de agua que caen de una concha son suficientes para que un bautismo sea válido, pero apenas son suficientes para comunicar al consciente e inconsciente de los participantes los complejos cambios que el bautismo crea. La liturgia bautismal exige un gran volumen de agua.

EL ESCENARIO ARQUITECTÓNICO PARA EL BAUTISMO

Todas las principales tradiciones litúrgicas occidentales coinciden en que una piscina en la que se pueda sumergir un adulto es el ideal. En *The Church for Common Prayer*, por ejemplo, se sugiere que "se debe proveer agua en abundancia. Lo ideal sería que la pila bautismal pudiera acomodar la inmersión de un adulto. Debería ser al menos lo suficientemente grande para sumergir a un bebé, o verter agua sobre un adulto". (Eso no significa solo sobre la cabeza de un adulto). Asimismo, El libro de servicios alternativos de la Iglesia anglicana del Canadá (*Book of Alternative Services*, 1985) es muy directo al decir: "En la celebración del bautismo, deben destacarse los aspectos simbólicos del agua. Debe haber agua en cantidad, suficiente para que los miembros de la congregación vean y escuchen cuando se vierte. Un acto de inmersión expresaría vívidamente la participación del cristiano en el bautismo, en la muerte, sepultura y resurrección de Cristo" (BAS 148).

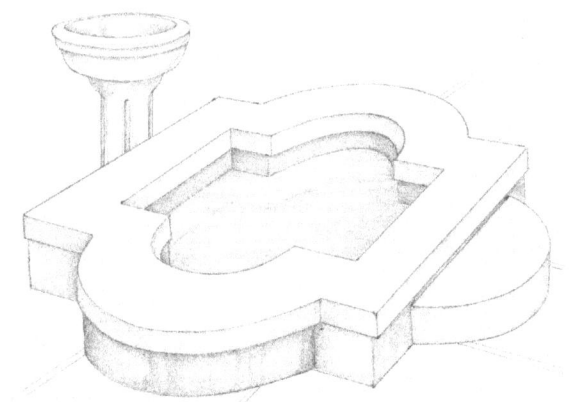

Otras tradiciones cristianas también fomentan el modelo de inmersión para el bautismo. El culto evangélico luterano, por ejemplo, coloca la inmersión en primer lugar entre las opciones para la administración del baño con agua. La ilustración que aparece en la primera página del rito bautismal de ese libro muestra una asamblea reunida alrededor de una pila cruciforme hundida en el suelo. Una persona está de pie en la fuente bautismal, aparentemente un hombre, con el agua llegando por encima de la cintura. Está desnudo, al menos de la cintura para arriba. Un miembro de la asamblea espera al final de la pila con una toalla de baño de tamaño normal, una señal de lo mojado que está el recién bautizado. La elección de esta imagen por parte de la Iglesia evangélica luterana en los Estados Unidos no puede haber sido hecha sin la clara intención de ilustrar un nuevo y a la vez antiguo modelo.

El *Acompañante del libro de culto común* de la Iglesia presbiteriana estadounidense, una publicación oficial de dicha Iglesia está de acuerdo en afirmar que: "El poder del simbolismo del agua es particularmente dramático cuando una piscina o pila bautismal se mantiene llena de agua corriente". Ya en 1978, el Comité de Obispos Católicos Romanos de los Estados Unidos sobre la Liturgia aconsejó, en su publicación *Environment and Art in Catholic Worship*: "Las nuevas pilas bautismales... deben ser construidas para permitir la inmersión de los niños, por lo menos, y para permitir verter agua sobre todo el cuerpo de un niño o un adulto". El más reciente y más autorizado documento católico romano de los Estados Unidos, *Built of Living Stones* (2000), repite este principio.

Por último, la Iglesia Unida de Cristo sigue una línea intermedia en su libro de adoración, señalando que "la presencia y el uso del agua deben ser audazmente dramatizados en el servicio", pero agrega que "los candidatos, o sus padres y padrinos, en consulta con el pastor, pueden elegir la aspersión, la inmersión o efusión" (BW 130). Esto es testimonio de una reapropiación evolutiva de la antigua forma de usar el agua en el rito bautismal. Si la persona que preside y los ministros asistentes, diáconos y acólitos, se ponen de pie en una piscina bautismal, los bordes de sus albas deben ser pesados. Algunos fabricantes producen estas vestimentas. También se pueden coser pesos de cortinas inoxidables en el dobladillo de un alba común.

La forma como los candidatos al bautismo se vestirán para la inmersión es una consideración importante, y será determinada por la sensibilidad y la edad de la persona y la cultura de la congregación. La costumbre más antigua, por supuesto, era que la persona, sin importar su edad, se quitara todo, incluyendo joyas y pinzas para el cabello. La modestia se mantenía gracias a la segregación de los sexos en el bautisterio y a que solo unas pocas personas estaban presentes para este auténtico baño de agua. Hay evidencia de que ministras, muy probablemente diáconas, acompañaban a las mujeres a la pila bautismal mientras el obispo o el sacerdote, un hombre, se paraba del otro lado de una cortina para así pasar su brazo por una abertura y verter el agua.

Aunque el bautismo tomaba lugar en un espacio semiprivado, no era un evento privado en absoluto. La liturgia comenzaba con los candidatos al bautismo en medio de la asamblea. Para la inmersión en agua, la persona, los padrinos y los ministros iban a una habitación separada (un bautisterio) para el baño. Mientras tanto, la asamblea continuaba con cantos u oraciones. Los recién bautizados eran formalmente traídos de vuelta a la asamblea y, en algunos lugares, ungidos por el obispo, incluso si habían sido ya ungidos en la pila bautismal.

Esta antigua solución, sin embargo, no funcionará en la iglesia contemporánea. Difícilmente un adulto hoy en día elegiría ser bautizado desnudo, no importa cuán poca gente estuviera presente o cuán segregado por sexo. Además, tener el bautismo en una habitación aparte disminuiría la participación de la asamblea en el momento esencial del rito. Entonces, quizás, sería adecuado como alternativa a la desnudez, un traje de baño o un traje de gimnasia en negro u otro color neutro a fin de hacer contraste con la ropa blanca postbautismal. Nada de esto, sin embargo, puede decidirse por decreto. Todo el grupo, incluyendo el comité de preparación litúrgica, la junta parroquial, los ministros, los bautizados y sus padrinos, y la persona que preside, deben trabajar en ello, teniendo en cuenta la dignidad del rito y la sensibilidad de todos los interesados.

Para la mayoría de las tradiciones cristianas históricas, este es un territorio nuevo. (En realidad, la inmersión o el "sumergir" ha sido entendida como la primera opción para realizar el bautismo en el Libro de Oración Común desde el comienzo. El tamaño de las pilas bautismales en las iglesias anglicanas hasta ahora, sin embargo, muestra que la realidad no coincidió con la rúbrica). Considerar la desnudez, los trajes de baño, y cómo lidiar con una persona escurriendo agua sobre el granito parece inusual, si no inapropiado, en un libro sobre liturgia. Sin embargo, la liturgia trata precisamente sobre el uso de la materia creada por Dios, incluyendo los cuerpos humanos, como un medio de gracia. Esto no siempre es algo ordenado, y a veces no debería serlo.

No hay nada que impida que un bebé esté desnudo para el bautismo. Sigue siendo la norma en todas las Iglesias orientales hasta el día de hoy. Algunos padres ansiosos en las Iglesias occidentales imaginan todo tipo de cosas que pueden suceder mientras el niño está desnudo, especialmente cuando se le lleva al agua. Las Iglesias ortodoxas son la prueba de que no suele pasar nada y, cuando pasa, se puede solucionar. Incluso con un niño desnudo e impredecible, el rito puede desarrollarse con dignidad. Los padres pueden llevar al niño a la iglesia en pañales y envuelto. Después de bendecir el agua, los padres quitan la manta y el pañal, y entregan al niño en los brazos de quien preside para que sea sumergido.

Hasta en las iglesias donde una pila, en lugar de una piscina, contendrá el agua para el bautismo, se debe utilizar un volumen significativo de agua. Si la pila es tan pequeña que no puede contener suficiente agua para tener un fuerte impacto sensorial, se debe colocar un cuenco más grande en ella. En estos casos, la preocupación no debe ser sobre la validez del rito. El bautismo puede ser celebrado en una UCI neonatal por un ministro, no necesariamente un ministro ordenado, y un bebé, con nada más que agua de un gotero. Debido a que los sacramentos son "medios seguros y ciertos" de gracia, Dios actúa en ellos, no importa cuán mínimos sean los símbolos (LOC 750).

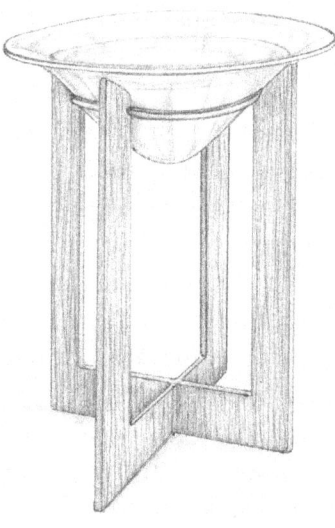

Más que la validez, la cuestión es cómo la celebración puede expresar lo más plenamente posible lo que la Iglesia cree que hace este sacramento, e imprimir esa creencia en la Iglesia con la mayor firmeza posible. La cuestión es la edificación del Cuerpo de Cristo.

Cuando se escojan los recipientes temporales o auxiliares, deben ser, como todos los objetos litúrgicos, de alta calidad. Una tina de plástico, por ejemplo, no es un recipiente adecuado para bautismos, aunque sea muy grande y se coloque donde todo el conjunto pueda verla. Encontrar objetos y recipientes adecuados es algo que vale la pena hacer. El bautismo produce una transformación que cambia a la persona y cambia el cuerpo de Cristo para siempre. Nada de mala calidad o desechable tiene cabida en un evento tan profundo y atemporal.

Si la pila bautismal está fija en una parte de la iglesia que no es accesible a la asamblea, debe dejarse sin uso y otra debe ser colocada en un lugar más accesible. Ya que el bautismo marca la entrada a la Iglesia, es conveniente que la asamblea pase por la fuente bautismal al entrar en el espacio de culto. Debe estar cerca de la puerta.

LA CELEBRACIÓN DEL BAUTISMO DURANTE LA EUCARISTÍA

SÍMBOLOS BAUTISMALES OPCIONALES

LA PRENDA BLANCA

Desde los primeros siglos de la Iglesia, los cristianos se han vestido de blanco luego de ser bautizados. Al ser despojados de sus viejas ropas y bautizados con agua, fueron ungidos y vestidos con un traje blanco, el predecesor de nuestra alba. Lo viejo era desechado, y algo nuevo y puro lo reemplazaba, envolviendo completamente al neófito. La antigua costumbre ha perdurado en aquellos lugares donde se suele llevar a los niños a la pila bautismal vestidos con trajes blancos. No obstante, la colocación de la vestimenta blanca se encuentra fuera de lugar en la secuencia ritual.

Lo ideal sería que la persona se vistiera de blanco solo después del bautismo, y esto está totalmente dentro del alcance de lo que permite el Libro de Oración. Para ser sumergida una persona, según propone el Libro de Oración, esta debería estar desnuda, o casi desnuda. Por ello, aunque el Libro de Oración no mencione explícitamente el vestirse como parte de los ritos postbautismales, la inmersión lo exige. Se podría argumentar, entonces, que el Libro de Oración no solo permite, sino que incluso prevé esta acción de vestirse en el neófito luego del bautismo. (Ver la discusión sobre el alba en el capítulo 5, "Vestimenta y Vasos").

LA CRISMACIÓN

Después de someterse al bautismo de agua, el neófito es sellado con la cruz en la frente y puede ser ungido con el crisma. Solo el obispo u obispa puede consagrar el crisma, por lo que esta unción sugiere el vínculo entre esta persona, la parroquia y la vida de la Iglesia en general. Aunque la crismación en el bautismo no es lo mismo que la confirmación en la Iglesia Episcopal, que valora el contacto personal entre el obispo y el confirmando en el momento de una profesión de fe madura, recuerda que el bautismo es la iniciación en la Iglesia más amplia, no solo en la congregación.

El ministro del sacramento marca una cruz en la frente del neófito y lo declara "sellado con el Espíritu Santo" y "marcado como propiedad de Cristo para siempre". La crismación bautismal es una especie de señal que significa que la persona ahora pertenece a Cristo. Los registros del siglo IV describen a los neófitos siendo ungidos de pies a cabeza, y brillando cuando entraban en la asamblea. Esta era una unción que iba mucho más allá de una pequeña cruz en la frente: era una respuesta irrestricta ante una gracia ilimitada. Las Escrituras hablan de usos similares del aceite en la unción de sacerdotes, profetas y reyes, cuando el aceite fluía sobre ellos como el "óleo precioso" que fluía de la cabeza de Aarón, sobre su barba y sobre sus vestiduras (Salmo 133:2-3). El bautismo inicia a una persona en una comunidad que es sacerdotal, profética y real, porque es el cuerpo de Cristo, que es el profeta, sacerdote y rey. Como dice la oración para la consagración del crisma: "te suplicamos consagres este óleo, para que cuantos sean sellados con él, participen del real sacerdocio de Jesucristo" (LOC 227). El uso del crisma, entonces, como el uso del agua, es altamente evocador, pero solo si se usa de manera generosa y fuerte.

Hay que señalar que el crisma, además de ser un aceite, es un perfume. El perfume también es rico en su potencial evocador, pero se desperdiciará si el ministro usa tan poco crisma que nadie, y especialmente no toda la asamblea, pueda olerlo. La diócesis debe proveer a las parroquias con una amplia cantidad de crisma, o al menos ponerlo a disposición, si este rico signo va a lograr todo lo que es capaz de hacer.

LA LUZ PASCUAL

Una vela, opcionalmente encendida del cirio pascual, puede ser entregada al neófito después del bautismo (LOC 234). Como sería muy difícil para una persona que sostiene un cirio ser profusamente ungida o vestida ritualmente de blanco, la entrega de la luz debe hacerse al final de la secuencia postbautismal.

Encender el cirio del neófito de cualquier cosa que no sea el cirio pascual debilita la red de vínculos simbólicos dentro del sistema litúrgico del Libro de Oración. El agua, la prenda blanca y el cirio pascual son una tríada enlazada. Se usan para la iniciación cristiana, el ministerio y el entierro. Como grupo simbólico, asocian estos momentos en la vida de la Iglesia y del cristiano individual con el nacimiento, el servicio y la resurrección de Cristo. Ahora bien, para que la luz del cirio pascual tenga significado, la Gran Vigilia de Pascua debe tener primero un poderoso impacto en la asamblea, de modo que el acontecimiento quede grabado a fuego en los corazones y las mentes de la Iglesia e incida en el resto del año.

LA LITURGIA BAUTISMAL

LA PREPARACIÓN DE LOS MIEMBROS DE LA COMITIVA BAUTISMAL

La celebración del Santo Bautismo requiere la participación activa y confiada de un número de personas que pueden no ser ministros litúrgicos: el o la candidata, los padres y los padrinos. Un ensayo cerca del día del bautismo es esencial. El ensayo debe incluir tanto una explicación del servicio como una práctica. Los ministros de la liturgia y la comitiva bautismal deben ensayar juntos. El ensayo permitirá que el rito se desarrolle sin problemas. Esto beneficiará a la asamblea en su conjunto, pero especialmente a los candidatos, padres y padrinos. Podrán participar en la liturgia con confianza y calma. Como todos los demás ensayos litúrgicos, un ensayo bautismal debe animar a todos los participantes a explorar cómo hacer que el rito fluya de la forma más natural y poderosa posible.

Dado que los padrinos elegidos pueden no ser episcopales e incluso ni siquiera feligreses habituales, el director del ensayo debe ser particularmente paciente y cálido. Esta es una oportunidad para dar la bienvenida a la iglesia y un momento para que la iglesia se muestre lo más acogedora posible. Los padrinos de bautismo deben ser cristianos practicantes, pero las realidades de la vida pastoral a menudo significan que "practicante" debe tener una definición muy amplia.

Los textos que los miembros de la comitiva bautismal recitan al unísono deben ser cuidadosamente ensayados. Puede ser necesario practicarlo varias veces, ya que los candidatos y sus padrinos deben aprender a hablar al unísono y a proyectar sus voces para ser escuchados por toda la asamblea, y para transmitir convicción.

Se debe pedir a los padrinos que tomen la iniciativa en la liturgia propiamente dicha para que los candidatos y los padres no tengan que preocuparse de los detalles prácticos. Si los padrinos parecen incapaces de proporcionar el liderazgo, los ministros de hospitalidad o los representantes adecuados de la parroquia, como los catequistas o los guardianes, deben ayudar con paciencia, pero de forma efectiva, a la comitiva bautismal durante la liturgia.

Justo antes de la liturgia, quien la coordina da a los miembros de la comitiva bautismal copias de los textos que necesitarán para participar en el rito. Estas deben estar en el mismo formato que las copias que usaron en el ensayo.

LOS RITOS DE APERTURA

1. La entrada de la asamblea a la iglesia y el posicionamiento de los ministros puede proceder según cualquiera de los modelos descritos en el capítulo de los Ritos de apertura de la Eucaristía, u otro patrón creado por la comunidad. Por ejemplo, los que van a ser bautizados y sus padrinos, junto con los ministros y el liderazgo de la parroquia, podrían saludar a la asamblea entrante. Puede ser necesario reservar asientos para la comitiva bautismal, pero también pueden sentarse informalmente entre la asamblea.

2. La aclamación de apertura, como siempre, es el primer elemento requerido en el rito. El Libro de Oración incluye tanto la aclamación trinitaria, prevista para la mayor parte del año litúrgico, como la aclamación cuaresmal. (Esto implica que los bautismos pueden ser celebrados durante la Cuaresma, pero solo por una seria necesidad pastoral).

3. Después de la habitual aclamación de apertura, se añaden dos versículos y respuestas (LOC 220). Quien preside saluda a la asamblea como de costumbre y reza la colecta del día.

♦ Alternativamente, el Gloria puede ser cantado antes de la colecta del día (LOC 220). Si la asamblea no canta un himno de apertura, un Gloria cantado podría ayudar a unir a la asamblea. Si la asamblea canta un himno o un salmo, un Gloria cantado tendería a sobrecargar el comienzo del rito con música.

LA LITURGIA DE LA PALABRA

1. La liturgia de la Palabra procede como de costumbre. Aunque, si le parece útil desde el punto de vista pastoral, entonces "una o más de las Lecciones señaladas para usarse en el Bautismo (página 780) pueden sustituir al Propio del Día" (LOC 233). Esto está permitido, incluso los domingos y fiestas mayores. El predicador, por ejemplo, puede decidir que el uso de una lectura más directamente relacionada con el bautismo contribuiría a un sermón más eficaz.

2. Los padrinos de bautismo pueden servir como lectores (LOC 233), aunque solo los padrinos que asisten regularmente al culto público y tienen las habilidades requeridas de cualquier lector son adecuados.

3. El sermón debe referirse directamente a los bautismos que le siguen, aunque no se haya proclamado ninguna de las lecturas bautismales.

PRESENTACIÓN Y EXAMEN DE LOS CANDIDATOS

1. Durante la liturgia de la Palabra, después del silencio que sigue al sermón o inmediatamente después del sermón, la persona que preside, junto con el diácono y el acólito que lleva el libro de los textos, va al eje central del recinto. El resto de la asamblea permanece sentada.

2. Un acólito mantiene el libro abierto ante la persona que preside durante todo el rito hasta la paz. Como este rito no se celebra con frecuencia, la persona que preside puede necesitar consultar el libro regularmente. Debe tenerse en cuenta que el escenario musical para la acción de gracias sobre el agua está impreso solo en el libro del altar, que no contiene todos los demás textos.

Por lo tanto, si se va a cantar la acción de gracias:

♦ los textos no contenidos en el libro del altar pueden ser impresos e insertados en él; o

♦ las copias del material recogido del libro del altar y del Libro de Oración pueden ser compiladas en una carpeta adecuada; o

♦ el Libro de Oración Común y el libro del altar pueden ser usados, con el acólito tomando la responsabilidad de pasar con gracia de uno al otro.

3. La persona que preside invita a la presentación del candidato o candidatos, mirando todo el tiempo a la asamblea. El primer candidato se mueve con los padrinos a un lugar central, y los padrinos presentan al candidato.

4. Quien preside pregunta a los candidatos que tienen edad para hablar por sí mismos si desean el bautismo. No aparta la vista hasta que los candidatos hayan respondido. En el caso de los candidatos que no tienen edad para hablar por sí mismos, el celebrante examina a los padrinos de cada candidato (niño por niño) y les pregunta si están dispuestos a facilitar la formación cristiana del niño o la niña y a modelar la vida cristiana. Los padres y padrinos de cada niño responden como una unidad.

5. Lo ideal es que las comitivas bautismales se sitúen en un lugar dentro de la sala que permita a quien preside mirarlas mientras les habla, pero que también las relacione con la asamblea en su conjunto. Esto se llevará a cabo de diferentes maneras en salas de distinta configuración. Por ejemplo, si se va a bautizar a varias personas en un espacio tradicionalmente dispuesto, cada grupo bautismal podría presentarse primero ante la persona que preside, que se sitúa al borde del coro. Después de responder a las preguntas de quien preside, se mueven hacia el oeste, por el pasillo central, y vuelven a girar hacia el este. Luego el siguiente candidato y los padrinos salen de la asamblea, se hace la presentación y el proceso continúa. Esto pone a cada grupo en contacto con quien preside, pero también con la asamblea en su conjunto.

6. La persona que preside pregunta a los candidatos y padrinos, como grupo, sobre su disposición a la conversión cristiana. Estos responden a cada pregunta. Los miembros de la comitiva bautismal necesitarán el texto completo, no así los miembros de la asamblea. Es mejor que los miembros de la asamblea miren a los candidatos en lugar de fijarse en sus órdenes de culto.

7. La última pregunta que se le hace a la comitiva bautismal es: "¿Prometes seguirle y obedecerle como tu Señor?". Ellos responden que sí. A este punto, ya el resto de la asamblea se habrá sentado. Ahora deben ponerse de pie. Una rúbrica impresa podría dirigir del siguiente modo, "Quien preside pregunta a los candidatos si prometen seguir y obedecer a Cristo como su Señor. Después de que los candidatos respondan, 'Sí', toda la asamblea se pone de pie". Un maestro de ceremonia, el verger o el diácono también pueden hacer

un gesto para que la asamblea se ponga de pie. La asamblea puede necesitar más ayuda y dirección para participar en este rito que en una Eucaristía dominical normal.

8. La persona que preside, mirando a la asamblea, pregunta si apoyarán la vida cristiana de los candidatos al bautismo. Esta es una pregunta genuina que exige una respuesta honesta.

Quien preside continúa mirando a la asamblea hasta que hayan respondido. Entonces, aún mirando a la asamblea, quien preside les pide que se unan a los candidatos que profesan el Pacto Bautismal. Quien preside puede leer el Pacto tal como está en el Libro de Oración o puede usar "palabras similares". Aunque, si se eligen otras palabras, deben ser breves y no extenderse en un segundo sermón.

EL PACTO BAUTISMAL Y LAS ORACIONES POR LOS CANDIDATOS

1. La persona que preside, mediante preguntas, guía a la asamblea por el Credo de los apóstoles y continúa con más preguntas y respuestas (LOC 225). Debido a que estas preguntas están dirigidas a la asamblea, la persona que preside la mira durante cada pregunta, y continúa mirando a la asamblea mientras esta responde. El acólito sostiene el libro de textos ante el celebrante para que le sirva de referencia, pero el celebrante mira a la asamblea cuando se dirige a ella, y sigue mirándola mientras responde. Mantener el contacto visual sugiere que las preguntas son genuinas y que las respuestas importan.

2. Al final del diálogo, se invita a la gente a rezar por los candidatos, diciendo: "Oremos ahora por estas personas que van a recibir el Sacramento del nuevo nacimiento" (LOC 225). El pueblo permanece de pie para las oraciones.

- Mientras la persona que preside habla, un letanista se mueve al lugar desde el que se suele dirigir la oración de los fieles. Si las comitivas bautismales aún están allí, el letanista se coloca en otro lugar entre el pueblo.

- El rito permite que estas peticiones puedan ser dirigidas por uno de los padrinos (LOC 233). Sin embargo, al igual que con la lectura de las lecciones, solo una persona con habilidades para hablar en público y que participe regularmente en el culto corporativo debe cumplir este rol.

- Las oraciones, como se dan en el Libro de Oración, no terminan cada una con una frase que haga que la asamblea responda. Al añadir la palabra "pedimos" al final de cada oración, el líder da una señal a la asamblea para que responda y los libera de la necesidad de mirar el texto. Entonces pueden mirar a aquellos por los que están rezando.

3. El Libro de Oración ordena que los ministros, candidatos, padres y padrinos se acerquen a la pila bautismal antes o durante estas oraciones (LOC 233). No obstante, parece inútil pararse ante una pila bautismal vacía (ya que el Libro de Oración ordena que se llene solo en el momento de la acción de gracias sobre el agua). Moverse durante las peticiones parece una distracción. Aunque no es lo que el Libro de Oración indica, sería mejor moverse justo antes de llenar la fuente bautismal.

4. Después de estas oraciones, la persona que preside extiende los brazos en posición orante y reza la colecta comenzando: "Concede, oh, Señor, que todos los que son bautizados", uniendo las manos justo cuando la asamblea agrega su "Amén".

ACCIÓN DE GRACIAS SOBRE EL AGUA

1. Si la pila bautismal está diseñada para la inmersión, los acólitos ayudan a la persona que preside a quitarse la casulla y la estola (y el cíngulo) y al diácono a quitar la dalmática y la estola (y el cíngulo). Estos pueden ser cuidadosamente colocados en las sillas o en los puestos de quien preside y del diácono. Ya sea en la silla o al llegar a la pila bautismal, quien preside también debe quitarse los zapatos y calcetines o medias. Tal vez esta sea una ocasión en la que la persona que preside pueda usar sandalias.

2. Quien preside dirige a la comitiva bautismal hacia la fuente. Los acólitos los acompañan a la fuente bautismal y se preparan para sus diversas tareas. Si la fuente bautismal está a distancia o la comitiva bautismal es grande, la música instrumental, un himno congregacional o un salmo proporciona un contexto para la procesión. Debe coincidir lo más cerca posible con la procesión. Un salmo responsorial es ideal, ya que puede terminarse tan pronto como el grupo haya llegado a la pila bautismal y tomado los lugares correspondientes.

3. Quien preside se coloca detrás de la pila bautismal o, si se trata de una fuente bautismal de inmersión, desciende al agua con el diácono, y/o el acólito quien sostiene los textos. Los que van a ser bautizados con sus padrinos se paran cerca de la pila, dispuestos para que el resto de la asamblea pueda verlos. Lo ideal es que la asamblea vea el rostro de cada candidato, ahora y durante todo el rito.

4. La pila bautismal se llena, a menos que el sacramento se administre en una piscina de inmersión ya llena o en un cuerpo de agua natural. El agua en una jarra muy grande o en un número de recipientes más pequeños que coincidan se lleva solemnemente a la pila bautismal. Los acólitos o los líderes parroquiales deben llevar el agua. Debe ser llevada a una altura y a un ritmo que todos en la asamblea puedan verla. El agua debe estar tibia.

Si los recipientes se llenan de agua caliente antes de la liturgia, el agua habrá alcanzado una temperatura adecuada en este momento.

◆ El agua se vierte en la pila bautismal lentamente y desde una altura tal que la asamblea puede verla y oírla. Un poco de agua puede salpicar fuera de la pila bautismal. Lejos de ser un inconveniente, esto puede suscitar ideas e imágenes sobre lo que es y lo que hace el agua. *The Companion to the Book of Common Worship* de la Iglesia Presbiteriana de Estados Unidos afirma que "el ministro vierte agua de un aguamanil, o jarra grande, sostenida a una altura suficiente sobre la pila bautismal para que el agua que cae sea visible y audible para todos". En el rito del Libro de Oración, un ministro que no sea la persona que preside debe verter el agua.

5. Cuando el agua ha sido preparada, el acólito abre el libro de textos ante la persona que preside. El libro se mantiene a una altura que le permite ver el texto, pero no bloquea la vista de la asamblea sobre la pila bautismal. Si se utiliza una piscina de inmersión o un cuerpo de agua natural, el acólito sostiene el libro como para cualquier otra oración. La persona que preside, mirando a la asamblea, comienza la acción de gracias sobre el agua con el diálogo introductorio, el *Sursum corda*. Quien preside mira a la asamblea durante todo el diálogo, incluyendo las respuestas de la asamblea.

6. Quien preside extiende los brazos en la posición orante y reza la acción de gracias, manteniendo los ojos en el texto. Cuando el rezo menciona la pila bautismal o la piscina para ser bendecida (LOC 227), la persona que preside mira al agua, junta las manos sobre ella y las sumerge, pidiendo a Dios que envíe el Espíritu sobre el agua. Como la *epíclesis* de los elementos en la plegaria eucarística, esto es una imposición de manos. En una piscina de inmersión en la que el agua llega solo hasta las rodillas o justo por encima, sería difícil inclinarse y tocar el agua con gracia. A través de la experimentación y el ensayo, la persona que preside puede encontrar otra forma. Si no, el celebrante puede simplemente extender las manos sobre el agua. El celebrante mantiene las manos en el agua o sobre ella hasta que la oración haya terminado y la asamblea haya añadido su "Amén".

EL BAUTISMO

1. El primer candidato, junto con los padrinos, se acerca o entra en la pila bautismal.

> ◆ *Para verter agua sobre la cabeza*: Si quien preside no va a bajar a la persona al agua, sino que va a verter agua sobre ella, un acólito le lleva un cántaro mientras el candidato se acerca. Una pequeña concha, ya sea real o de imitación, es apenas apta para recoger suficiente agua para tener algún impacto visual o auditivo en la asamblea, o algún impacto táctil en el candidato bautismal. Las conchas bautismales intentan vincular el bautismo actual con el bautismo de Jesús por Juan en el Jordán. La imitación histórica, sin embargo, generalmente no es útil en la liturgia. Incluso si lo fuera, Juan ciertamente no habría goteado un poquito de agua de una concha sobre Jesús. Las dos imágenes predominantes asociadas con el agua bautismal, el líquido amniótico y una tumba acuosa, piden agua como para desbordarse y, potencialmente, sumergirse en ella.

> ◆ Para una pila bautismal de inmersión: Si el candidato es un niño que puede caminar o un adulto, la persona desciende al agua. Si el candidato es un infante, el infante es entregado en los brazos de quien preside.

> ◆ Para una fuente o tazón poco profunda: La persona que está siendo bautizada es llevada al agua por los padrinos. Si es un bebé o un niño muy pequeño, los padres, no los padrinos, sostienen al niño o a la niña para que su cabeza esté sobre la fuente. Los padrinos pueden poner una mano sobre los hombros de los padres mientras estos últimos sostienen al bebé sobre la fuente. Si el candidato es un niño de suficiente altura o un adulto, se coloca junto a la fuente con la cabeza inclinada sobre ella. Los padrinos pueden poner una mano directamente sobre la persona. Es útil en el ensayo instruir a la persona para que mire directamente al agua. Esto asegura que la cabeza esté en la posición correcta. Si parece apropiado, también se puede pedir a la persona, después de haber mirado en el agua, que gire la cabeza hacia la asamblea para que todo el grupo pueda ver el rostro de la persona. Como con la mayoría de las otras cosas, esto es a discreción de quien preside en consulta con otros grupos.

2. Quien preside se dirige a la persona, sin incluir el apellido, y luego dice: "Yo te bautizo en el Nombre del Padre, y del Hijo y del Espíritu Santo". Mientras nombra a la Trinidad, vierte agua tres veces sobre el bautizando, una por cada persona de la Trinidad. Esto puede hacerse vertiendo un tercio del recipiente o concha bautismal cada vez, o llenándolo de

nuevo y vertiendo tres recipientes enteros de agua sobre cada persona. Como alternativa, el que preside puede sumergir al candidato en la mención de cada persona de la Trinidad. En cualquier caso, el contacto de la persona con el agua debe tener un impacto auditivo y visual en toda la asamblea, y un impacto táctil en la persona que está siendo bautizada.

3. El Libro de Oración permite que la signación (marcar la cruz sin crisma) se haga inmediatamente después del baño de agua. Si se ha utilizado tan poca cantidad de agua que el recién bautizado no necesite secarse, o si se debe omitir la vestimenta bautismal, la signación (y la crismación) se puede llevar a cabo en este momento y se pueden omitir los tres pasos siguientes.

4. Si los neófitos están bastante mojados, cada uno es llevado de la asamblea inmediatamente después del bautismo para secarse. Los que han sido sumergidos o estuvieron de pie en una piscina pueden ser cubiertos con una manta (blanca) al salir del agua para absorber el exceso de agua y proporcionar calor. Se puede cubrir con una gran toalla los hombros de aquellos que, aunque no fueron sumergidos, tienen el pelo largo y, por lo tanto, cargado de agua.

5. En el lugar donde se secan, los recién bautizados se visten con un alba o, si el neófito es un niño o una niña, con un vestido bautismal. Los recién bautizados deben disponer de zonas privadas para vestirse. Mientras los neófitos son secados y vestidos, la asamblea puede cantar un himno bautismal. De lo contrario, se deja un silencio sin propósito en medio del rito. Especialmente apropiado es "Los que somos bautizados" (Himno 240 en *El Himnario* 1998). Este himno y otros similares sitúan el sacramento del bautismo y los bautismos particulares en un contexto eclesial. Reconocen que este es un evento en la vida de la iglesia, no solo en la vida de los neófitos y sus familias.

6. Si la persona que preside y otros ministros entran en una piscina para administrar el bautismo por inmersión, también salen de la asamblea para ponerse albas secas. Los acólitos llevan las vestiduras presidenciales y diaconales a la pila mientras los ministros están ausentes, y la persona que preside y el diácono se las vuelven a colocar a su regreso.

7. Al terminar el himno (y cuando el que preside y el diácono han regresado y se han revestido), los neófitos, vestidos de blanco, son llevados de nuevo a la asamblea, idealmente con acompañamiento instrumental, y toman sus lugares cerca de la pila, parados donde estaban antes de los bautismos.

8. Un acólito lleva el recipiente de crisma a quien preside, si se va a utilizar. Los neófitos son marcados con la cruz (y crismados). Vienen uno por uno con sus padrinos a la pila para recibir el sello de la cruz, en el orden en que fueron bautizados. Si se va a usar el crisma, la unción puede hacerse de dos maneras.

- Si la unción va a ser solo la marca de una cruz en la frente, el neófito se pone de pie o se mantiene de cara al que preside. La asamblea debe ser capaz de ver el rostro del neófito para poder presenciar la crismación. La persona que preside sumerge el pulgar derecho en el crisma y, trazando la cruz en la frente del neófito, llama a la persona por su nombre y dice: "Quedas sellado por el Espíritu Santo en el Bautismo y marcado como propiedad de Cristo para siempre".

- Si el crisma ha de ser usado más libremente, la cabeza del neófito se sostiene sobre la pila como para el bautismo. La persona que preside vierte el crisma en la cabeza del neófito, cerca de la frente. El exceso de crisma caerá en el agua bautismal. Quien preside esparce el aceite sobre la cabeza de la persona y, finalmente, traza una cruz con él sobre la frente mientras dice la fórmula. Un acólito o el diácono toma el recipiente del crisma del que preside después de cada crismación para liberar las manos de la persona que preside.

9. Mientras tanto, un acólito enciende una vela del cirio pascual y se la da a la persona que preside, quien se la entrega al neófito o, en el caso de los bebés y niños muy pequeños, a los padres o padrinos. Ese grupo se mueve de nuevo a su lugar cerca de la pila bautismal y el siguiente neófito, con padres y padrinos, se acerca. Este patrón se repite para cada uno de los recién bautizados.

10. El acólito que lleva el libro de los textos se presenta ante la persona que preside, quien, mirando a la gente, dice: "Oremos". Luego, extendiendo los brazos en la posición orante, quien preside reza el texto "Padre celestial, te damos gracias" (LOC 228).

11. La persona que preside invita a toda la asamblea a dar la bienvenida a los recién bautizados. El Libro de Oración proporciona un texto para esto, pero muchas asambleas simplemente rompen en aplausos. En el ensayo, los ministros y el grupo del bautismo deben ser instruidos para comenzar el texto inmediatamente y con fuerza, tan pronto como la persona que preside lo inicie. Esto hará que la asamblea se una al texto. Entonces, invariablemente, y como debe ser, la asamblea aplaudirá.

- Inmediatamente, un acólito trae a quien preside un gran tazón de agua con jabón y una toalla de algodón gruesa. Mientras los aplausos continúan, La persona que preside, con prisa, sumerge las manos en el agua jabonosa, se lava el crisma y seca las manos. Para no manchar la ropa de los demás miembros de la asamblea, o incluso para no manchar las vestimentas presidenciales, quien preside debe limpiarse el crisma de las manos antes de dar la paz.

LA PAZ Y EL OFERTORIO

1. Quien preside, mirando a la gente, extiende la paz. Saluda al recién bautizado antes de saludar a los demás miembros de la asamblea. Los neófitos pueden moverse o ser llevados por toda la iglesia para que el pueblo los salude, pero no debe permitirse que esto domine al resto del rito. Los padrinos se mueven con los neófitos durante la paz, sosteniendo las velas para que las manos de los neófitos estén libres. Los miembros de la comitiva bautismal toman asiento en la asamblea y apagan las velas bautismales.

2. El Libro de Oración permite que la oración de los fieles siga aquí (LOC 305). Esto, sin embargo, parecería una intrusión. Las intenciones por las cuales se pedirían las oraciones podrían ser impresas en el orden de culto, o el diácono u otro representante de la dirección de la parroquia podría mencionarlas brevemente en el momento de los anuncios. Al menos las necesidades que surgieran después de la impresión del folleto deberían ser mencionadas.

3. Muchos visitantes de otras tradiciones cristianas y otras religiones asisten a menudo a los bautismos, y puede que no conozcan las prácticas eucarísticas de la Iglesia Episcopal. La persona que preside debe usar los anuncios antes del ofertorio para dar la bienvenida a los visitantes en nombre de la iglesia, para animar a todos a acercarse a la mesa del Señor, y para explicar que incluso aquellos que no van a recibir la Comunión pueden pedir una bendición.

EN LA EUCARISTÍA

1. "Las ofrendas de pan y vino en la Eucaristía bautismal pueden ser presentadas por el recién bautizado o por sus padrinos" (LOC 234).

2. La persona recién bautizada debe ser la primera en recibir la Comunión. Los ministros que coordinan la procesión de la Comunión deben facilitarlo. Si la persona recién bautizada se presenta sola, el resto de la asamblea puede presenciar su Comunión.

DURANTE LOS RITOS DE CIERRE

- Si la liturgia concluye con una procesión formal, el neófito, junto con los padres y padrinos, puede caminar justo delante de quien preside y el diácono.

- Si quien preside se sitúa habitualmente en la puerta de la iglesia, o en la puerta del salón social, para saludar a los miembros de la asamblea de forma individual, los neófitos y sus padrinos (y sus padres) deben estar de pie junto a él o ella. Esto permitirá que todos los miembros de la asamblea les den la bienvenida y les feliciten personalmente. Sabiendo que se les dará esta oportunidad, los miembros de la asamblea pueden ser menos propensos a usar la paz para hacerlo.

CPSIA information can be obtained
at www.ICGtesting.com
Printed in the USA
JSHW050609131121
20449JS00004B/37